U0052816

錢穆

秦漢史

東大圖書公司

序

民國二十年秋，余膺國立北京大學史學系講座，開始撰寫講義兩種。一為近三百年學術史，一為秦漢史。越一年，秦漢史寫至王莽，近三百年學術史寫至李穆堂，皆未完編。自後乃專力撰寫學術史。二十二年秋，又開始講通史，計劃為通史編講義。而秦漢史一稿，遂竟擱置，未獲續成。二十六年，奔亡湘滇，秦漢史講義舊稿，亦未攜帶，蓋視同敝帚，不屑以自珍矣。

三十八年，再度奔亡來香港。越年冬，去臺北，北大舊同學張君基瑞來謁。談次，袖出秦漢史油印講義一冊。曰：此書於流離中常置行篋，迄今且二十年，吾師殆已忘棄。願為題數字，聊作紀念。因率題數行歸之。

四十年冬，重去臺北，越年春，清華舊同學陶君元珍來謁。談次，復及此稿。曰：昔在清華研究院，聽吾師講秦漢史，油印講義，尚留行篋中。此稿已越二十年，吾師曷不刊而布之，以惠學者。余曰：此稿未終編。即西漢一代，亦尚多重要節目，須續寫東漢時再牽連補及。且此稿歷二十年，始終未再加整理，當時編寫匆促，殆不足復存。陶君曰：不然。師此稿，實多創見。《國史大綱》論述秦漢，有語焉不詳，不如此稿之暢竭者。復多絕未提及者。此二十年來，雖不斷有關於秦漢史之著述問世，然師此稿所創見，實多並世學人所未及。且師此稿，其行文體裁，亦屬別創，堪為後來寫新史者作參考。著述行世，各有影響，何必一一求如精金美玉，絕無瑕疵，乃可刊布乎？越日，陶君持油印講義來，曰：以此相贈。師返港，可即付梓人也。乃余賡奇禍，幸得不死。秋返港，即創始屬草宋明理學概述。此稿插書架，未暇理會。友人某君見之，曰：暫借一讀，不日可歸。事隔有年，渾忘借者何人。遍詢相知，皆曰未借。則此稿雖在人世，固已杳如黃鶴，一去不復返矣。

四十五年夏，重去臺北，偶與北大舊同學數人談此事。或曰：張君基瑞有此稿，當囑其送來。越日，張君果攜來，赫然見舊題，乃頓憶前事。余笑曰：余於此稿，初不自珍惜。自陶君一本失去，乃若人面桃花，倍滋眷念。今重獲此本，真是自由天壤間惟一孤本矣。此亦二十五年前一番心血所注也。子當以此相贈，吾歸，必亟刊行之。張君曰：此固某等之所望也。然此本流竄相隨，越二十年，師付印後，盼仍保此原本見歸。余諾之。然為張君此一語，彌感於陶君有歉然。抑陶君所贈本，乃由清華油印，尚在此本之後，或於此本文字有異同，今亦漫不記省，無可再校核矣。秋返港，乃始開卷細讀，恍如晤對二十餘年前故人，縱談秦漢間事，雖不能一一盡如我意，要之此君所言，如出我肺腑間，真所謂相視莫逆，心悅而解，其為快何如耶。因遂校其譌文，稍稍補申其語氣未足，而一仍其內容舊貫，以付梓人焉。

排字既竟，因備述付印經過，而復有一事，必鄭重告讀吾書者。蓋此書僅是一講義，備便講述。學者就吾所講，退而循誦馬班兩史，庶有窺乎秦漢兩代史跡之大概。即有精治馬班原史，涉獵吾書，亦足供討論鑽研之一助。若讀者嬾窺舊史，謂治吾書，即是讀秦漢史，此則吾罪滋甚，決非余刊行此稿之用意也。

中華民國四十六年三月二十四日錢穆自識於香港九龍鑽石山寓廬

秦漢史
目次

第一章　秦人一統之局

第一節　春秋以下政治社會學術之劇變

中國自春秋以來，迄於戰國，舉凡政治社會學術思想諸端，均走上一急劇變動之狀態。雖其變動之起，或先或後，孰主孰從，有難一言判者。要其相激相盪，以同趨於急劇之變動則一。今試扼要言之。

春秋時代中國諸夏活動之疆土，西限於秦，僅屬陝西之東南部。南止於楚，僅屬湖北之西北部。北極於晉衛諸國，晉惟山西之南部，衛僅河南之北部。東達齊魯，治化不及於海濱。所謂中國者，如此而止。然諸侯錯處，見經傳者略凡百三十九。其間又雜以戎狄蠻夷。蓋當時所謂一國，其意義僅屬於一城。與後世所謂國者大異。國之大事，在祀與戎。一國之元首，即一族之宗子。其下則為宗子之同姓近戚，或分封采邑，或同治國政。是一國即一宗一族之異稱。其國際間之往來，則朝聘盟會宴享慶弔，亦無異於數大宗族間之家庭酬酢。此以言其政治。若論庶民，則惟務稼穡。貴族築城郭居中央為領主。其四鄙則劃井為耕地，農人居之。又間以林地或牧場，藪澤或池塘，以及於郊封而止。所謂封疆之內，莫非王土。食土之毛，莫非王臣。凡土地之所有權，則全屬王侯。山林藪澤，漁獵樵采之利，直屬封君地主，農民並不得與。而農民之耕於地者，則納稅與服役，而為之臣屬焉。以言學術，則政教不分，官師合一。大率一國之歷史宗教政治，三者每混而不別。其典籍掌之史祝，藏之宗廟，即其一宗一姓之父兄子弟，亦未必盡曉，無論下民也。

此等狀態，春秋二百四十餘年，固已日馳月驟，變動而不可止。及於戰國，而其為變益烈。循至造成一絕異之階段。其先諸侯兼并，次則大夫篡奪。一姓一宗封建世襲之諸侯，漸次淪亡，而軍政國家之規模於以形成。在內則務開闢，在外則事吞并。遍設郡縣以直轄於中央，食俸任職之官吏，代分邑受土之貴族而興。各國爭務於盡地力，剗阡陌，廢封疆畔岸，而肆農力於畎畝。於是耕者一夫不定於百畝，而民田亦得自由賣買。井田之制廢，而土地之所有權乃自封君轉入於庶民。同時山澤解禁，自由工商業勃起。大都市如臨淄邯鄲，數百里相望。國家又興募軍，養武士。築城開渠，建宮室，製兵械，諸大工役競起，不得不廣備奴役。而游士朋興，君卿貴族，爭養食客。而社會之劇變，遂與春秋以來大殊其貌相。

然此一時代潮流中劇變之尤堪注目者，則厥為社會學術之勃興。王官之學散而為諸子，其後著錄於《漢書・藝文志》之書籍，凡七十九家，一千二百四十三篇，而詞賦兵法之類不與焉。可想其著述之富。而一大師之所號召，其朋徒之盛，風聲之廣，蓋尤後世之所少見也。然燕惟龐煖二篇列縱橫家，秦則自呂不韋後乃有著述。然不韋固亦東方人也。則其時各國學術，高下盛衰亦遠異。大抵先起者為儒墨，孔丘、墨翟皆魯人，其學風所被，亦以齊魯東方為盛。繼起乃有法家、兵家、縱橫家，如李克、吳起、商鞅、尸佼、申不害、公孫衍、張儀之徒，則三晉之士為多。論其學風，不徒先後有殊，亦復東西有別。東方齊魯學人，大率尚文化，重歷史，其學風對象，以整個社會為主。重一般之人生，不以狹義的國家富強為出發點。故其議論思想，往往求為整個社會謀澈底之改進。此為儒墨兩家所同。其後道家繼起，其論學態度亦復同也。至三晉之士，則其目光意氣，往往僅限於一國，僅以謀其國家之富強為基準。其用意所在，僅就現狀粗加以革新，並不能注意及於整個之社會，全部之人生。其思想大體，僅為因利就便，趨於目前之功利而止。故其議論，往往尚權力而薄文化，重現實而輕歷史。則法家、兵家、縱橫家皆然。此則其大較也。至於秦，僻處西垂，其文化程度較東方為遠遜。其所賴以興國措政，以追逐於時代潮流急轉之下者，則盡東土之士也。

第二節　文化之西漸

秦人僻居西土，就文化言，較東方遠為落後。故秦之措施，大抵襲自東方，其任用以見功者，亦率東土之士也。秦自襄公始國，與東方諸侯通聘享之禮。及繆公，與晉通婚姻，與東方交涉益頻。重用虞遺臣百里傒、蹇叔，稱霸西戎。然東侵之路，為晉所扼。終春秋世，秦人未獲逞志於東方。自此以往，直至孝公變法而其勢遂變。而東方文化之西漸，亦自孝公後而其跡益著。

一、商鞅及張儀范雎諸人

商鞅衛人，孝公變法，全出商鞅之主張。為鞅之參謀者有尸佼，晉人。其人殆出於儒，今《穀梁傳》尚有其遺說。鞅之創制變法，大體受之李悝。《晉書・刑法志》言：悝「撰次諸國法，著《法經》六篇，商鞅受之以相秦」，是也。商鞅之措施，又時時與吳起相似。商鞅吳起，蓋同承李悝之遺意也。今據《史記・商君列傳》，商鞅變法有極關重要者幾端：

（一）廢貴族世襲　宗室非有軍功論，不得為屬籍。

（二）行縣制　集小都鄉邑聚為縣，置令丞，凡三十一縣。

（三）禁大家族聚居　民有二男以上不分異者倍其賦。

令民父子兄弟同室內息者為禁。

（四）行新田制　為田開阡陌封疆而賦稅平。

（五）推行地方自治　令民為什伍，而相收司連坐。

（六）制軍爵　有軍功者各以率受上爵。

（七）獎農織　耕織致粟帛多者復其身，事末利及怠而貧者舉以為收孥。（收錄為官奴婢。）

（八）建新都　築冀闕宮庭於咸陽，自雍徙都之。

（九）統一度量衡　平斗斛權衡丈尺。

（一〇）法律上之平等　太子犯法，刑其師傅。

要之商鞅新法之意義，務在破棄舊傳封建貴族制度之種種束縛，而趨於新軍國之建設也。舊傳封建制度之積弊，在東方文化較高諸邦，久已呈露。有識之士，激於世變，咸思改革。然以受古代文化之染縛較深，種種因襲牽制，蕩滌匪易。魏文侯以大夫篡位，其自身地位之演進，本亦崛起於新時代機運之下，故其對於當時要求改革之新潮流，比較易於接受。然李悝雖相魏，似未大施其抱負。吳起於武侯世，亦不久遭讒而去。其在楚，終以變法改制見殺。商鞅較二人為後起。而秦人在文化歷史上之演進，較之東方諸國，乃遠為落後，故轉得為種種之創新。其實商鞅變法，其最重要者，如上列一、二、三、四諸項，在東方晉楚諸國，本屬早已推行。商鞅不過攜帶東方之新空氣，至西方如法泡製，使西方人趕上東方一步。而結果則後來居上，新軍國之創建，惟秦為最有成功焉。

史稱孝公立，河山以東強國六，力政爭相併。秦僻在雍州，不與中國諸侯之會盟，夷翟遇之。可見當時東方諸邦對秦人之鄙視。自商鞅入秦，其勢遂一變。自後有張儀、范睢，皆魏人，仕秦，建偉績。甘茂、公孫衍亦籍三晉。秦用客卿，其效大著。蓋三晉之與秦，一則壤地相接。二則三晉學風多尚功利務實際，亦與秦土舊風易於相得。則此所謂文化西漸者，其實以受三晉之影響為大。至於東方齊魯諸邦，當時認為中國歷史文化正統之代表，其學風思潮，每喜以整個社會之改造為職志者，似尚未與秦人發生多少關係也。

范睢秉政時，荀卿入秦。荀卿趙人，亦籍三晉，然游學齊之稷下，精儒業，得當時東方文化之深義。范睢問之曰：入秦何見。曰：「佚而治，約而詳，不煩而功，治之至也。秦類之矣。然而縣之以王者之功名，則倜倜然其不及遠矣。則其殆無儒耶？」（《荀子・彊國篇》。）是荀卿亦贊許秦之法治，而譏其無儒。可證秦至昭王時，尚未受齊魯東方文化之感染，故荀子嫌之也。而其法治之美，則自商君以來，迄於范睢，蓋成於三晉人之手者為多。秦之富強，則皆三晉法治新統之成績也。

秦人本無文化可言。東方游士之西入秦者，又大多為功名之士。對其故土文化，本已抱不滿之感，欲求別闢新局以就功業。秦人之視文化，亦僅以為致國富強之捷徑。於東土文化本身之佳美，及其意味之深邃處，則並未能認識接受而消融以為我有也。故東土文化之西漸之在秦人視之，仍為一種客體，並未能真有栽根立腳之點。商鞅車裂，張儀見逐，范睢退絀。其他如公孫衍、甘茂之徒，均不能安身於秦廷。觀於秦人對東方游士及客卿之態度，即可見其對東土文化感情之一斑矣。其大規模的為東方文化西漸之鼓動者，厥為呂不韋。

二、呂不韋及其賓客

呂不韋亦籍三晉，然其在秦所努力者，實欲將東方學術思想之全部，移殖西土。不僅如商鞅、范睢諸人，只求在政治上有所建白而已。史稱呂不韋為秦相國，時魏有信陵君，楚有春申君，趙有平原君，齊有孟嘗君，皆下士，喜賓客，以相傾。呂不韋以秦之彊，羞不如，亦招致群士，厚遇之，至食客三千人。是時諸侯多辯士，如荀卿之徒，著書布天下。呂不韋乃使其客人人著所聞，集論以為八覽六論十二紀，共十二萬言。以為備天地萬物古今之事，號曰《呂氏春秋》。當時東方諸國，以武力言，固已遠不敵秦。而言文化，則仍不脫其鄙視秦人之舊見。邯鄲之役，東方諸國議欲帝秦。魯仲連慷慨陳辭曰：「彼秦者，棄禮義而上首功之國也。權使其士，虜使其民。彼則肆然而為帝，過而為政於天下。則連有赴東海而死耳，不忍為之民也。」即其語已可見。藺相如使秦，直斥其君自繆公以來，未嘗有堅明之約束。又澠池之會，強秦君擊盆缻以辱之。此均是東方人於文化上輕傲秦人之證。至呂不韋乃欲將東方學術文化大傳統，移殖西土。其願力固宏，其成績亦殊可觀。即今傳《呂氏春秋》一書，便是其成績之結晶品也。然當時呂氏賓客，雖居秦土，彼等觀念上，亦並不尊秦，似仍抱其以東方文化輕傲秦土之素習。明儒方孝孺謂：「其書數秦先王之過無所憚，而秦不以罪，則秦法猶寬。」其實非秦法之寬，此特當時東西文化高下一種應有之現象而已。今姑拈數例為說。《呂氏・謹聽篇》：

> 今周室既滅，而天子已絕。亂莫大於無天子。無天子則彊者勝弱，眾者暴寡，以兵相殘，不得休息。今之世當之矣。

呂氏著書，已在始皇世，至始皇八年而成。其時周室已滅，而六國皆未亡，故篇中之言如是。然呂不韋為秦相國，其賓客著書，全不為秦留地步，僅以與六國同列，豈不可怪。又〈功名篇〉：

> 欲為天子，民之所走，不可不察。今之世至寒矣，至熱矣。而民無走者，取則行鈞也。欲為天子，所以示民，不可不異。行不異亂，雖信今，（信，伸也，猶言得志。）民猶無走。民

無走，王者廢矣，暴君幸矣，民絕望矣。

此明譏秦政，雖以武強伸於一時，猶不為民所走也。不韋書成，布諸咸陽市門，而其言猶如此。則當時呂氏賓客，口談議論，其所不見於文字者，又當如何乎。憑此推想，則無怪不韋之終必招忌賈禍矣。舊史述不韋事跡，其實多可疑處。最著者如稱秦始皇為呂不韋子，其說實無根。同時楚相春申君見殺，而殺之者楚幽王悍，亦流言是春申君子。其情跡與呂不韋大體相似。同時發生此二怪事，較之古史傳說，桀紂暴行，先後相類，更為出奇。昔人辨始皇非呂出者，本已多有其說。（詳見《史記志疑》。）余考〈秦策〉，呂不韋為子楚遊秦，已在孝文王時。所說乃孝文后弟陽泉君。與《史記》所載不同。若依〈秦策〉，不韋入秦，始皇已生十年，不韋豈能預為釣奇。至不韋納姬事，〈秦策〉亦無之。史公不取〈秦策〉，由其好奇。而不韋之死，其幕後殆有政治上之背景，未必真由嫪毐也。〈魏策〉有一節：「或謂魏王曰：秦自四境之內，執法以下至於長輓者，故畢曰與嫪氏乎？與呂氏乎？今王割地賂秦，以為嫪功，太后之德王也深，天下畢舍呂氏而從嫪氏，則王之怨報矣。」據此，則呂氏與嫪氏為政敵，太后袒嫪氏。嫪氏得志，秦政必亂。故諸侯之怨可報。此亦未見有嫪氏由呂氏進身之跡。至以大陰關桐輪等種種醜聞，竟不知其何由而四播。大抵不韋在秦，雖居相國尊顯之位，而兵權實力，則並不在握。始皇既忌之，故因治嫪毐而牽連誣陷不韋。嫪毐既自稱為始皇之假父，呂氏賓客，實力不足以抗秦，遂造為飛謠以自快。因謂不韋是始皇真父耳。〈秦始皇本紀〉載十二年不韋死，「其舍人臨者，晉人也，逐出之。秦人六百石以上奪爵，遷。五百石以下不臨，遷，勿奪爵。」可見秦廷忌視不韋賓客，尤以晉人為甚。故借入不韋罪而盡逐之。其年秋，復嫪毐舍人遷蜀者，而呂氏門下賓客，終無明文許復，則此事後面有政治上之關係甚顯。呂氏之在當時，是否有取秦而代之意，今雖不易輕斷。然東方賓客在文化的見地上輕傲秦人，而秦人對東方文化亦始終不脫其歧視與嫉視之意，則為呂氏取禍之最大原因也。其後因始皇遷太后於雍，齊人茅焦說之，曰：「秦方以天下為事，而大王有遷母太后之名，恐諸侯聞之，由此倍秦。」秦王乃迎太后入咸陽。茅焦之說，仍以東方文化為高壓，謂有遷母之名，不免為東方人所輕耳。自《史記》載呂不韋事，不免惑於流言，未能抉出當時真相，遂使以下焚書坑儒諸案，於史實上均不免多增一重之黯晦，故特為之辨析。至於《呂氏春秋》一書在當時學術思想史上之貢獻及其重要性，則非此所能詳也。

三、韓非尉繚李斯

呂不韋既死，東方學者入秦見禍者尚有韓非。非，韓之諸公子，亦籍三晉。與李斯俱事荀卿。或傳其書至秦，始皇見之，曰：「嗟乎！寡人得見此人，與之游，死不恨矣。」李斯曰：「此韓非之所著書也。」其後秦攻韓，韓遣非入秦。非竟囚死。非之死，史稱李斯譖殺之。然考韓非書有〈存韓篇〉，稱韓客上書，言韓未可舉，其人自為韓非。其後有李斯駁議，謂：「非之來也，未必不以其能存韓為重於韓也。秦韓之交親，則非重，此自便之計。臣視非之言文，其淫說靡辨才甚。臣恐陛下淫非辨，因不詳察事情。」史所稱李斯譖殺非者，疑即指此。然此猶不失為一種政見之異同。斯之為秦謀者如此，未見其即為譖也。又考〈秦策〉：韓非、姚賈相譖，不及李斯。李斯晚節不終，眾惡歸之，今亦無可深辨。惟韓非以韓之諸公子，在秦建存韓之議。史稱李斯、姚賈譖非。謂：「秦欲并諸侯，非終為韓不為秦。今不用，久留而歸，此自遺患也。不如誅之。」此實秦廷必誅韓非之真意。至秦王始見韓非書而深愛之者，亦有故。余考晚周學術，大抵鄒衍、呂不韋為一派，荀卿、韓非為一派。鄒衍、呂不韋取徑寬，主兼容并包，有渾涵之勢。荀卿、韓非取徑狹，主定於一是，有肅殺之氣。秦人於東土文化，始終未能近受，特借以為吞噬搏攫之用。不韋既見殺，而始皇得讀韓非書，見其所謂「明主之國，無書簡之文，以法為教，無先王之語，以吏為師」（〈五蠹〉。）一類之語，宜其深喜之。其卒於囚殺非，與其始之深慕非者，其實本於同一心理。要之秦人之視東土之文教及學者，僅等於一種工具。使其無所用，或且為我害，則摧殘毀滅之不少惜。決不如東方人對自己文化，有歷史傳統之觀感，與深厚之愛護也。

在韓非前，尚有尉繚，大梁人，亦籍三晉。來游秦，秦王與亢禮，衣服食飲與繚同。繚曰：

「秦王居約，易出人下。得志，亦輕食人。不可與久游。」乃亡去。秦固止以為國尉。此人可謂有深識。其實此非秦始皇一人之性情為然。秦廷對東方文化與學人之心理，始終如是，自其對商鞅以來，未有變也。

李斯本亦呂不韋舍人，後為秦客卿。始皇十年，不韋免。是歲，秦議一切逐客。《史記・李斯傳》謂由鄭國開渠事，然當與呂不韋獄有關，實秦人對東方客卿擅權之一種反動也。李斯上書說，歷述秦收客卿之效。又謂珠玉狗馬聲色之玩，一切物質享用，秦皆取之於東方，何得取人而獨不然。秦卒罷逐客令，而李斯大用事。良以秦人對東土文化，雖抱歧視之念，然終不得不降心以相就。且李斯學於荀卿，其議論意趣，亦主於嚴肅統治。其對東方文化現狀，多抱一種裁制之態度，此點與呂不韋極違異，而與秦之國情則較合。斯又為上蔡布衣，與韓非之為韓諸公子，易招秦廷之忌者又別，此其所以獨能得志也。

第三節　秦始皇帝之政治措施

一、廢封建行郡縣

秦始皇帝滅六國，一天下，其政治措施之重要者，當首推廢封建而行郡縣。然封建之廢，實不始於秦。自春秋以來，西周封建舊制，固已日在崩壞之中。封建制漸崩壞，即郡縣制漸推行，二者相因，本屬一事。考之《左傳》，晉人早有縣制。自曲沃并晉，獻公患桓莊之族逼，而盡殺群公子。及驪姬之亂，詛無畜群公子，而晉遂無公族。縣制行，當始其時。（《左傳》僖公三十三年，晉襄公以再命，命先茅之縣賞胥臣，為縣字之始見。）晉國政權之早得集中，殆亦其國勢日隆之一因。至於頃公時，晉之宗室祁傒孫叔向子相惡於君，六卿欲弱公室，乃遂以法盡滅其族，而分其邑為十縣，各令其子為大夫，晉益弱，六卿日大。自後晉遂亡，而其所創縣制，則三家因之，勿能革也。春秋時，除晉外，行縣制者猶有楚。宣公十一年，楚子縣陳。十二年，鄭伯逆楚子，曰：「使改事君，夷于九縣」。然則楚以滅人國為縣也。內廢公族，外滅人國，即封建制崩壞之兩因，亦即縣制推行之兩因也。《史記・秦本紀》，武公十年，伐邽、冀戎，初縣之。十一年，初縣杜、鄭。其時尚在曲沃武公并晉之前。及厲共公二十一年，初縣頻陽，則正晉六卿擅權時也。其後商鞅入秦，并諸小鄉聚集為大縣，縣一令，四十一縣。則秦之政治區域，至此已正式以縣制劃分矣。郡名亦始於六國。史言樂毅下齊七十餘城，皆為郡縣。齊湣王遺楚懷王書曰：「四國爭事秦，即楚為郡縣。」張儀說燕昭王曰：「今時趙之於秦，猶郡縣也。」可見郡縣制決不始於秦人統一之後。（參讀顧炎武《日知錄》卷二十二「郡縣」條。）

始皇二十六年盡滅六國，丞相王綰等言，諸侯初破，燕齊荊地遠，不為置王，無以鎮之。請立諸子。始皇下其議。群臣皆以為便。廷尉李斯議曰：「周文武所封子弟同姓甚眾，然後屬疏遠，相攻擊如仇讎。諸侯更相誅伐，周天子不能禁止。今海內一統，皆為郡縣。諸子功臣以公賦稅重賞賜之，甚足，易制。天下無異意，則安寧之術也。置諸侯不便。」始皇曰：「天下共苦戰鬬不休，以有侯王。天下初定，又復立國，是樹兵也。而求其寧息，豈不難哉。廷尉議是。」分天下以為三十六郡，郡置守尉監。觀此，則秦之群臣，有昧於時變，而欲恢復古代封建之舊制者。始皇李斯，則循時勢之推遷，因現狀而為政，特未狥當時群臣復古之議耳。非能以一時一手一足之烈，毀天下之封建以為郡縣也。

二、寢兵政策之實施

戰國二百餘年，苦於兵革。寢兵之說，春秋時如宋向戌之徒已倡之。自後墨家尤盛倡此義。然此實時代一般之理想。秦既統一，其不復封建，亦以求長期之寧息。又繼之以收天下兵，聚之咸陽，銷以為鐘鐻。金人十二，重各千石。又三十三年刻碣石門云：「墮壞城郭，決通川防，夷去險阻。地勢既定，黎庶無繇，天下咸撫。」墮城郭，決川防，夷險阻，免兵役，實與銷鋒鏑實同為一種寢兵之企圖，所以副長期兵爭之後以與民休息之意，而為統一盛運一最受憧憬之美景也。

三、新首都之建設

秦人之潤色統一，又復極致力於新首都之建設。其意在集天下之視聽，而聳動鎮炫之，以使凝定於一尊也。蓋中國疆土既廣，列國分爭已久，咸陽既為中國歷史上一統的新首都之創始，在當時自不得不有一番文物之藻飾也。其著者，一、徙天下豪富至咸陽十二萬戶。二、大興宮殿，每破諸侯，寫放其宮室，作之咸陽北阪上。南臨渭。自雍門以東至涇渭，殿屋複道周閣相屬。二百里內，宮觀二百七十。所得諸侯美人鐘鼓，以充入之，不移而具。又為阿房殿，高數十仞，東西五里，南北千步，從車羅騎，四馬騖馳，旌旗不橈。為闕道，自殿下直抵南山，表南山之顛以為闕。為復道，自阿房渡渭，屬之咸陽。務使極其宏麗。既兼東方諸國之所有，而又更駕而上之。而其時東方諸大都會，如魏之大梁，楚之郢，趙之邯鄲，均以軍事殘破。獨齊之臨淄稍得全，然固不得與咸陽伍，而咸陽遂翹然為全國之首邑焉。

四、郡邑巡行與馳道建築

秦人於內則努力於新首都之創建，外則歲時巡行郡縣，同為當時摶固一統局面之政策。求為便於巡行，則治馳道。其事在始皇二十七年。《漢書・賈山傳》有云：「秦為馳道於天下，東窮燕齊，南極吳楚，江湖之上，瀕海之觀畢至。道廣五十步，三丈而樹，（三丈中央地，惟皇帝得行，樹之以為界。）厚築其外，隱以金椎，（隱，築也。）樹以青松。」其制壯麗如此。其後三十五年，又除道，道九原（今河套地。）抵雲陽。（今陝西淳化縣北。）塹山堙谷，直通之。《史記・蒙恬傳》謂使恬通道，自九原抵甘泉，塹山堙谷千八百里。道未就而始皇崩。其後太史公又云：「吾適北邊，自直道歸，行觀蒙恬所為秦築長城亭障，塹山堙谷通直道，固輕百姓力矣。」是蒙恬直道，始皇崩時雖未就，殆其後又足成之也。

五、制度文字風俗之統整

始皇二十六年，一法度衡石丈尺，車同軌，書同文字。又琅琊刻石：「器械一量，同書文字。」凡此皆所以努力於造成當時一統之局面者。而於社會風俗之統整，秦人亦頗能注意，其事均見於其巡行之刻石。會稽一刻，尤為後人稱道。其辭曰：「飾省宣義，有子而嫁，倍死不貞。防隔內外，禁止淫佚，男女絜誠。夫為寄豭，殺之無罪，男秉義程。妻為逃嫁，子不得母，咸化廉清。」顧氏亭林稱其坊民正俗之意，未異於三王。並為推論其意，謂：「考之《國語》，越王勾踐棲于會稽，恐國人不蕃，故令壯者無取老婦，老者無取壯妻。女子十七不嫁，丈夫二十不娶，其父母有罪。生子女有賞。《左傳》子胥曰：越十年生聚。吳越春秋至謂勾踐以寡婦淫佚過犯，皆輸山上，士有憂思者，令游山上以喜其意。當時勾踐欲民之多，不復禁其淫佚，至盛獎之。以至六國之末，而其風猶在。始皇始為之厲禁，而特著於刻石之文，且不著之於燕齊，而獨著之於越。」今按琅琊刻石云：「以明人事，合同父子。」是尚孝也。又曰：「皇帝之功，勸勞本事，上農除末，黔首是富。」是重農也。此二者，皆為後來漢治之所重。又曰：「匡飾異俗，陵水經地。」又芝罘刻石曰：「黔首改化，遠邇同度。」則秦之注意於全國社會風俗之統整，固不僅會稽一刻為然已。

六、邊境之開拓及防禦

上述五端，皆為秦廷對於國內統治之努力。此外又注意於邊境之開拓及防禦。三十三年，略取陸梁地，為桂林、象郡、南海。西北斥逐匈奴，自榆中並河以東屬之陰山，以為三十四縣。因築長城，起臨洮至遼東，延袤萬餘里。中國版圖之恢廓，蓋自秦時已奠其規模。近世言秦政，率斥其專制。然按實而論，秦人初創中國統一之新局，其所努力，亦均為當時事勢所需，實未可一一深非也。

秦政之尤招後世非議者，則為其焚書坑儒事。此兩事關係當時史實甚大，當專論之於後。

第四節　秦代之文化政策

秦人本無其本身之文化傳統，戰國以來，凡所興建，皆自東方移殖，而秦人又迄未能融以為己有，此已於第二節詳之。然東土學術，本自有齊魯與三晉之別。凡秦人所師受而信用者，特三晉功利之士耳。至於齊魯間學者講學，重歷史文化精神，求為社會整個的改造之理想，則秦之君臣，固未之前聞，抑亦無情欣賞。而方列國爭強，方宇割裂，諸家論學，異說競鳴，初惟見其淩雜，乃不感其相互間之衝突。逮於戰國晚世，則固已有惡此淩雜而求有以出之於一途者。如老子，(其書晚出，應在此。)如荀卿，如韓非，三子之著書，皆於此特加強調。荀卿雖久遊稷下，熟聞東方學者尚文化重歷史之高論，然卿本趙人，亦自不脫三晉務實際尚功利之流風。韓非、李斯受其學而體究不深，則不免一切以趨於功利。及秦既統一，而天下學人萃於一國，於是相互間衝突之形勢遂大顯。則有稱說上古三代以鄙薄朝廷之建設者，此等大率出於齊士。李斯得君行道，乃本其師說，以法後王之見相繩。此實有合於秦廷向來對於東土文教不甚珍重護惜之態度，而於是乃有所謂焚書之事，此實中國史上一至值重視之事件也。

一、焚　書

焚書之起，在始皇三十四年。博士僕射周青臣與博士齊人淳于越，辨廢封建之得失。淳于越稱說殷周，謂「事不師古而能長久者，非所聞也。」始皇下其議。丞相李斯曰：「五帝不相復，三代不相襲，各以治。非其相反，時變異也。陛下創大業，建萬世之功，固非愚儒所知。且越言三代事，何足法。異時諸侯並爭，厚招游學。今天下已定，法令出一。百姓當家則力農工，士則學習法令辟禁。今諸生不師今而學古，以非當世，惑亂黔首。丞相臣斯昧死言，古者天下散亂，莫之能一，是以諸侯並作。語皆道古以害今，飾虛言以亂實。人善其所私學，以非上之所建立。今皇帝并有天下，別白黑而定一尊。而私學相與非法教。人聞令下，則各以其學議之。入則心非，出則巷議。夸主以為名，異取以為高，率群下以造謗。如此弗禁，則主勢降乎上，黨與成乎下。禁之便。」此為當時李斯建議焚書理論。分析言之，約有兩端。

（一）深恨當時愚儒不明朝廷措施精意，不達時變，妄援古昔，飾言亂實。

（二）鑒於戰國游士囂張，希復古代民力農工，仕學法律，政教官師不分之舊制。

今試平心衡論，始皇李斯在當時，能毅然推行郡縣新制，不復封建舊規，此自一時之卓識。而並世之拘士，尚復稱古道昔，嘵嘵爭辨。政制是非，久始得定，急切相爭，無可曉喻。此自可資惋歎，而無奈何者。李斯之見，謂三代事何足法，諸生不師今而學古，斯引以為大恨。此其蔑棄歷史傳統文化之觀點，而一切以趨於當前之便利功實為主。其與淳于越諸人思想上之衝突，其背景實即戰國以來齊魯學與三晉學之衝突也。且始皇、李斯知古代封建舊制之不足復，而猶尚希慕於古者學術統於王官之成規。不悟此與封建，同一根柢，皆由貴族階級之世襲而來。今既無世襲之貴族，而欲尊王學於一統，以禁絕民間私家之學，其事要為不可久。則始皇、李斯之識見，亦與其所斥當時之愚儒者，相差無多耳。政治家過於自信，欲以一己之意見，強天下以必從，而不知其流弊之深，為禍之烈也。然此等議論，自荀卿、韓非著書，早已高唱極論。懲於游士之囂張，不惜為一切之裁抑。偏狹峻刻，早為秦廷焚書埋下種子。李斯亦不過實行其師門之主張，同情其友生之感慨而已。荀卿自視太高，韓非急於事功，兩人議論，不期而合。亦不悟其身後流弊之深，為禍之烈，有如此也。蓋齊魯諸儒之病，或有陷於迂遠，而三晉群士之弊，則不免流於刻急。此當時兩派之得失也。至後世學人，乃專以專制愚民歸罪秦之君臣，此亦未嘗不是，然亦僅呵譴其外貌，猶未能深探其內情耳。

至於焚書辦法，李斯所奏亦有擬定。云，臣請：

（一）史官非秦記，皆燒之。

（二）非博士官所職，天下敢有藏《詩》、《書》百家語者，悉詣守尉雜燒之。

可見秦廷當時焚書，實分三類：

（一）史官書，除秦記外全燒。

（二）《詩》、《書》百家語，非博士官所職全燒。

（三）秦史及秦廷博士官書猶存。

除焚書外，同時尚擬辦法幾項：

（一）敢偶語《詩》、《書》，棄市。

（二）以古非今者族。吏見知不舉者，與同罪。

（三）令下三十日不燒，黥為城旦。

（四）所不去者，醫藥卜筮種樹之書。

（五）若有欲學法令，以吏為師。

此處有極應注意者，則秦廷當時禁令，實似並不以焚書為首要。故令下三十日不燒，僅得黥罪。而最要所禁制者，實為以古非今，其罪乃至於滅族。次則偶語《詩》、《書》，罪亦棄市。良以此次焚書動議，本由於諸儒之師古而議上。偶語《詩》、《書》，雖未必即是議論當時之實政，然彼既情篤古籍，即不免有以古非今之嫌。故偶語《詩》、《書》，即明令棄市也。而談論涉及百家，則並不在禁令之列，此實無從禁，且亦不必禁。因李斯動議本重以古非今，而百家後起之說，則頗少稱道先王也。然則秦廷此次焚書，其最要者為六國之史記，（此殆屬春秋以下舊傳官書。）以其多譏刺及秦，且多涉及現實政治也。其次為《詩》、《書》，此即古代官書之流傳民間者，以其每為師古議政者所憑藉也。又次乃及百家語，似是牽連及之，實不重視。而禁令中焚書一事，亦僅居第三最次之列。首禁議論當代政治；次禁研討古代文籍；第三始禁家藏書本。其所謂詣守尉雜燒之者，亦似未嘗嚴切搜檢。當時民間私藏之事，以情事推之，不僅難免，實宜多有。自此以下，至陳涉起兵，不過五年。故謂秦廷焚書，而民間書蕩然遽盡，絕少留存，決非事實。惟《詩》、《書》古文，流傳本狹。而秦廷禁令，又特所注重。則其遏絕，當較晚出百家語為甚。故自西漢以來，均謂秦焚書不及諸子，（王充《論衡．書解》、〈佚文〉、〈正說〉諸篇，趙岐〈孟子題辭〉，王肅《家語》後序，《後漢．天文志》，劉勰《文心雕龍．諸子篇》，逢行珪〈注鬻子敘〉等。）又謂秦焚書而《詩》、《書》古文遂絕，（《史記．六國表序》、〈太史公自序〉，揚雄〈劇秦美新〉，及《論衡》上舉諸篇。）蓋指此種狀態而言也。

二、坑　儒

坑儒事起於焚書後一年，為始皇之三十五年。緣有侯盧兩生，為始皇求僊藥，謂始皇貪於權勢，未可為求，亡去。始皇大怒，曰：「吾前收天下書，不中用者盡去之，悉召文學方術士甚眾，欲以興太平。方士欲以鍊求奇藥。今聞韓眾去不報，徐市等費以巨萬計，終不得藥，徒姦利相告日聞。盧生等吾尊賜之甚厚，今乃誹謗我。諸生在咸陽者，吾使人廉問，或為訞言，以亂黔首。」於是使御史悉案問諸生。諸生傳相告引。乃自除犯禁者四百六十餘人，皆坑之咸陽，使天下知之以懲。後益發謫徙邊。據此，則此次諸生見坑之罪，總有兩點。

一曰誹謗上。

一曰訞言以亂黔首。

所謂自除犯禁者，即犯誹謗上及訞言亂黔首之禁，決非謂興太平及鍊求奇藥為犯禁也。誹上之禁，即去年李斯奏請焚書所謂以古非今偶語《詩》、《書》之類矣。（《說苑》卷二十詳載盧生批評始皇語，可參讀。）故曰「使天下知之以懲」，正使皆懲於誹上與訞言，決不懲其望星氣、鍊奇藥、為方術，及以文學興太平也。後世乃謂秦廷所坑盡屬術士，亦失其真。

秦廷之焚書坑儒，古今人盡非之。然實不知焚書一案，其注重者尚不在焚書，前節已論及。至於坑儒，其所重亦不在坑儒，而別有在。何以言之？夫一時所坑，限於咸陽諸生四百六十餘人，而其意則在使天下懲之不敢為訞言誹上。其一時未能盡懲者，後乃益發謫徙邊。所謫亦必皆訞言誹上之罪也。故坑者四百六十餘人，而謫者尚不知其幾許。以秦之貪於刑罰，恐其數當甚巨。且亦不限於咸陽，政令所及，當遍全國也。故始皇長子扶蘇諫曰：「諸子皆誦法孔子，今上皆重法繩之，恐天下不安。」可見當時所謫實非屬方士。所謂誦法孔子者，大率還以偶語《詩》、《書》與以古非今兩途為多耳。

三、博士官之設立

秦廷焚書，由於博士議政。其焚書令又明白規定非博士官所職皆燒。後人因謂秦廷只焚民間書，不焚博士官書。又謂六經掌於博士，故得不焚，無殘缺。其實皆非也。考《漢書・百官公卿表》：「博士，秦官，掌通古今。」博士官名已起於戰國。如公儀休為魯博士。（《史記・循吏傳》。）賈山祖父祛，為魏博士。（《漢書・賈山傳》。）淳于髡為齊博士等。（《說苑・尊賢》。）大抵齊之稷下先生，乃秦代博士制度之所本，故淳于髡以稷下先生亦稱博士也。博士掌通古今，即齊制稷下先生所謂不治而議論者是已。〈續志〉：「博士掌教弟子，國有疑事，掌承問對。」教弟子者，亦稷下先生先有之。如荀卿年十五，游學於齊，即為稷下弟子也。承問對，如秦群臣上尊號，稱謹與博士議。（二十六年。）始皇渡湘江，逢大風，問博士，曰湘君何神。（二十八年。）及陳勝起，二世召博士諸儒生問之，皆是也。漢叔孫通以博士封稷嗣君，即謂其嗣稷下之遺風。又鄭玄〈書贊〉，稱「我先師棘下生子安國」，棘下生即稷下先生，以孔安國為博士，故稱之為稷下先生。此皆漢人尚知秦博士官制源於齊稷下先生之制之證。齊之稷下，則承魯繆公、魏文侯養賢禮士而來。其演變所趨，則為四公子之門賓食客。惟自稷下以來，不聞專掌六藝，則秦博士亦必不專掌六藝，審也。惟其為博士者不專限於治六藝，故至漢文帝時，尚有所謂諸子博士及傳記博士。其人於古今諸學，苟有一長，均得為之，如秦有占夢博士（見三十七年。）是也。至漢武帝始罷諸子傳記，專立五經博士，而博士之制遂一變。然則秦不焚博士官書，不得即謂其不焚六經，此理甚顯。

且博士官所掌，亦非有一定。即如漢武立五經博士，《書》有歐陽，其後又有大小夏侯。《春秋》則《公羊》，其後《穀梁》則屢立屢廢。則博士所掌，儘可有增除。故伏生治《尚書》，為秦博士，秦時焚書，伏生逃而壁藏其書。可知伏生初以治《尚書》，得備位博士，其事當在始皇三十四年前。及焚書議起，偶語《詩》、《書》有禁，《尚書》決不再立為博士。故伏生亦亡去，而壁藏其書矣。然則秦代焚書前博士所掌，與焚書後決不一致。即如博士淳于越，為焚書一案起因之主要人。觀其議論，殆亦儒生，以習《詩》、《書》而得為博士者。然伏生尚失職，淳于越定不得仍為博士。故據秦有博士，遂斷六經無殘缺，不免為粗略之論矣。

博士額定七十人，其制亦襲稷下先生七十人也。（稷下七十人疑模孔子七十弟子。）秦始皇三十四年，置酒咸陽宮，稱博士七十人前為壽。《說苑・至公篇》，亦稱博士七十人。三十五年，侯生、盧生相與謀，尚謂博士雖七十人，特備員。是焚書令後，博士員數未有減，仍為七十也。（二世問陳勝事，召博士諸生三十餘人，蓋未全至。）《漢書・藝文志》：儒家羊子四篇。班注：「百章。（百疑名之譌。）故秦博士。」又名家黃公四篇，班注：「名疵，為秦博士。作歌詩，在秦時歌詩中。」又始皇三十六年，使博士為仙真人詩。京房稱秦時趙高用事，有正先者非刺高而死。孟康曰：「姓正名先，秦博士也。」（《漢書・京房傳》。）此皆秦博士姓名之可考者。而其人似多在焚書後。《說苑・至公篇》：「始皇召群臣而議，博士七十人未對，鮑白令之對」云云，疑令之亦博士，亦主古以非今，與淳于越諸人同其見解者。

四、儒生及方士之采用

秦自六國時，其接觸東方文化之範圍，大體限於三晉。齊魯東方之學，則少所染涉。至呂不韋著春秋，使其賓客人人著所聞。其間始多東方學之色彩。即如十二紀，即多取燕齊陰陽家言。然辜較言之，要仍以三晉為主。及不韋自殺，秦廷逐客，特嚴三晉。然秦既一統，其於東土之學，終不能長拒。於是秦人亦遂稍有取於燕齊鄒魯濱海之學者。始皇二十六年，初并天下，即推終始五德之傳，以為周得火德，秦代周，德從所不勝，方今水德之始。此秦廷采用燕齊方士學之第一端也。始皇即帝位三年，（二十八年。）東巡郡縣。祠鄒嶧山，立石。與魯諸儒生，議刻石頌秦德，議封禪望祭山川之事。是秦廷垂意鄒魯儒業之第一端也。是年齊人徐市等上書，言海中三神山事。

始皇信之，遣徐市入海求僊人。三十二年，始皇之碣石。使燕人盧生（《說苑》云齊客。）求羨門、高誓，又使韓終、侯公、石生求僊人不死之藥。三十四年，博士淳于越議政，其人齊籍。伏生挾書亡去，亦齊人也。三十五年，始皇謂悉召文學方術士甚眾，欲以興太平，方士欲以錬求奇藥。蓋文學士大體出鄒魯。謂欲以興太平者，儒生治禮樂，講究封禪巡狩諸禮，即興太平也。方術士則多出燕齊，入海求僊錬藥為長生。此二者亦皆東方之學，與中原三晉之士多言功利法制者不同，而秦廷兩用之。然苟其以古非今，譏切時政，則焚燒坑謫，不稍忌惜。此可以覘秦人對東土文化之態度矣。

五、秦代著述

秦世亦有著述，其可得而言者，據《漢書・藝文志》，除前舉羊子、黃公皆以博士著書外，復有成公生，與黃公等同時。李斯子由為三川守，成公生游談不仕，著書五篇，列名家。又有零陵令信著書一篇，列縱橫家，難秦相李斯。近人章太炎據此論秦法非必以文學為戮，（見〈秦獻記〉。）然其書既列名家縱橫，知與鄒魯儒生稱先王道古昔者不同。然余頗疑秦世著述，亦有屬於儒生經術者。如漢世所傳伏生《尚書》二十八篇，以〈秦誓〉終，當為秦博士所增。或是東方儒者增此以獻媚秦廷，而始得列於博士。要之非秦前書也。史稱繆公既報殽之役，乃誓於軍云云，

〈書序〉則謂係敗殽還歸而作。若依〈書序〉，則何以不替（廢也。）孟明，而自稱己過。又何以云仡仡勇夫，我尚不欲。若依《史記》，則未有既報殽恥，得志於晉，大功未賞，而轉斥勇夫，謂我尚不欲之理。且誓文後半「如有一介臣」以下，全與蹇叔、孟明殽事不涉。其非繆公時文字，灼然易知。以秦之文化言，其時亦不能有此典雅之誓誥。然則今《尚書》終〈秦誓〉，明為秦并天下後東方儒者所編次。循此推論，今〈大學〉終篇引及〈秦誓〉「若有一介臣」一節，亦不能不疑其書出秦時人（或猶在後。）所著錄也。至於〈中庸〉為秦時人統一後書，昔人已多論者。其稱華嶽，顯為居秦而作。又曰：「今天下，車同軌，書同文，行同倫」，皆秦統一後事。又曰：「非天子不議禮，不制度，不考文。愚而好自用，賤而好自專，生乎今之世，反古之道，如此者烖及其身」，此則淳于越之徒所以議復封建，而遭焚坑之禍也。〈大學〉、〈中庸〉兩篇，極為後來宋明理學家推崇，然其書則成於秦時人之手，此皆齊魯諸儒以之媚秦而自顯，非秦廷之宏獎儒術而有此也。余又疑今所謂先秦著述，其間由秦人一統之後，始得從容編纂撰述以成書者，尚多有之。若果精心裁別，自秦一統至下令焚書，其間前後尚九年。當時天下初定，學士撰述，於數量上宜必有可觀者。

六、同書文字之制

〈本紀〉稱始皇二十六年初并天下，書同文字，琅琊刻石亦言之。後漢許慎說此極詳。其言曰：

宣王太史籀，著大篆十五篇，與古文或異。至孔子書六經，左丘明述《春秋傳》，皆以古文。其後諸侯力政，不統於王。惡禮樂之害己，而皆去其典籍。分為七國，田疇異畝，車涂異軌，律令異法，衣冠異制，言語異聲，文字異形。秦始皇帝初兼天下，丞相李斯乃奏同之。罷其不與秦文合者。斯作〈倉頡篇〉，中車府令趙高作〈爰歷篇〉，太史令胡毋敬作〈博學篇〉，皆取史籀大篆，或頗省改，所謂小篆者也。是時秦燒滅經書，滌除舊典。大發吏卒，興戍役。官獄職務繁，初有隸書，以趨約易。而古文由此絕矣。（《說文解字》敘。）

是謂秦時文字，凡有四種。一曰大篆，即秦篆所本。謂之史籀書者，《說文》：「籀，讀也。」籀書為史之專職。昔人作字書，其首句蓋云太史籀書，以目下文。後人因取首句史籀二字以名其篇。許氏誤以為太史名籀，其實非也。（參看王國維《史籀篇疏證》序。）然班氏〈藝文志〉僅謂《史籀篇》者，周時史官教學童書也。又《史籀》十五篇班注云：「周宣王太史作大篆十五篇。」是至班氏尚不以籀為太史人名，其誤乃始許氏耳。至其書果否出宣王時，則亦無據，不可深考。二曰古文，孔壁經文與《左氏春秋》皆以古文書之，而字體與大篆不同。三曰小篆，多本大篆，略有省改。又云罷其不與秦文合者，則當時雖六國文字異形，其與秦文，固有合有不合。東方六國間，亦互有合有不合。李斯〈倉頡〉諸篇，乃整理統一其字體。非六國文字與秦文字全不合，亦非李斯盡罷六國之文字，盡使改從秦文字也。然則當時六國文字，大體亦當與大篆秦篆為近，而與孔壁古文及《左氏春秋》字體相異可知。四曰隸書，則特獄吏趨約易而用之，非當時通行正字也。大抵文字形體，不能歷時而無變。而字體之劇變，則因使用之驟盛而起。古者學術統於王官，文字之用，及於民間者殊少。戰國以來，王官失統，家學並起。文字之使用既繁，字體之遷改自速。故古今文字之異體，實由於當時社會貴族平民學術升降一大關鍵而起。今推而論之，六國新文，流用民間，其對古文體之改易必多。惟《詩》、《書》為古代官書，猶行於鄒魯，相傳為儒業。師師相授，簡策相迻，傳統不絕，為變較少。蓋猶多春秋舊文。而六國文字，雖稱各自異形。然其時交通頻繁。文學游士，或朝秦而暮楚，或傳食於諸侯。如稷下先生，平原賓客，皆廣羅異材，不止一地。田文兼相秦魏，荀卿遍遊天下。呂不韋著書，大集諸侯之士。均不聞有文字異形之礙。則七國文字，同為時體，雖有異形，實無大乖異也。秦人同書文字，六國今文，以同時相通而多見存。春秋古文，以異時相隔而多見廢。亦勢所必然矣。且古文大體，存於

《詩》、《書》，傳於儒生。秦自始皇二十六年書同文字，至三十四年焚書，自此禁習《詩》、《書》，擯斥儒業。古文傳統，因之而斬，亦其宜也。《史記．太史公自序》謂：秦「撥去古文，焚滅《詩》、《書》。」揚雄〈劇秦美新〉亦謂：「始皇剗滅古文，刮語燒書。」皆以燒書與滅古文並言，職以此故。然遂謂《詩》、《書》古文與戰國晚起新文形體絕殊，亦復未是。良以文字有漸變，無驟易。即《詩》、《書》傳寫，雖曰存春秋以前之舊統，亦不能無染於戰國以下之新風。其不能古今相別，截然各成一格，蓋亦可知。惟大體言之，則可謂春秋古文與戰國現行文字為殊體耳。此在秦時而文字已有今古之別也。

第五節　秦政府之覆亡

一、封建心理之反動

秦自始皇二十六年并天下，至二世三年而亡，前後僅十五年。然開後世一統之局，定郡縣之制。其設官定律，均為漢所因襲。其在政治上之設施，關係可謂極大。焚書坑儒，立以古非今之禁。尊王學，斥家言。定一尊於朝廷，綜百家於博士。力反戰國游士講學之囂風，求反之於古者政教不分官師合一之舊。其同書文字，剗滅古文。對於文教上之影響，亦復匪淺。國民處新王督責之下，不遑寧處。北築長城，南戍百粵。內開馳道。建咸陽宮殿。物質上之種種建設，亦至偉大。然民力已竭，而秦法益峻。秦人之視東土，仍以戰勝奴虜視之。指揮鞭撻，不稍體恤。始皇既卒，趙高用事。天下解體，怨望日甚。封建之殘念，戰國之餘影，尚留存於人民之腦際。於是戍卒一呼，山東響應，為古代封建政體作反動，而秦遂以亡。

其時六國皆立後，陳勝、吳廣，皆楚人，最先起，故陳勝自立為楚王。張耳、陳餘立趙歇為趙王。魏人周市立魏公子咎為魏王。燕人韓廣自立為燕王。（秦王仇燕太子丹，或盡滅其後，故其時獨燕無裔戚。）齊王族田儋自立為齊王。陳勝、吳廣既死，項梁始立楚懷王孫心為楚王。（楚王族夷誅亦慘，故楚南公曰：「楚雖三戶，亡秦必楚。」而楚懷王孫心乃於民間訪求始得。）韓人張良立韓公子成為韓王。其時起事者，尚以為古昔貴族後裔，仍當處其優越之地位，復其以前公侯世襲之舊制。故以廢封建為秦罪。即陳嬰之母，亦謂「吾依名族，亡秦必矣。」知貴族傳統，在當時人心理中，蓋猶有莫大之勢力。然而時代大趨乃與人心迷信相背。項羽入咸陽，分封諸侯，已一變時人之想望。所謂六國之裔，皆轉失職，未獲保其優越之職位。而一時鋒起之將，轉各分封要地。即如項羽自為西楚霸王，而遷義帝於郴州，最為其著例也。然使項王一依當時民眾迷信，推尊義帝，退列臣位，天下將仍不免於亂。蓋自秦人一統，中國歷史已走入一新局，為往古所未有，而一時昧者不之知。故群情懷古，仍不免戀戀於封建之舊統。雖始皇、李斯毅然排眾論而主獨是，然亦不能盡脫一時舊見之束縛。如其欲復古者學術統於王官之陳規，摧折民間家言，而成蔽塞之勢。又役使東方民力，踰於其量。七科之戍，（一吏有過，二贅子，三賈人，四嘗有市籍，五六父母大父母嘗有市籍者，七閭左。）閭左之發，實為召亂大源。秦人自狃於往昔封建時代君主役民之成法，而不悟社會生業之分化已繁，政府統治之疆域亦廓。掃荊吳之閭巷，驅之漁陽之邊塞，豈得不群情憤騷，揭竿而起。平心論之，此雖秦廷之虐政，亦自本於一種心理上之錯誤。而當時山東豪傑，一呼百應，亦為恢復封建之迷夢所驅。實亦不免於以另一種迷誤之心理為之策動。而事實終於趨新，不能重歸故態。項羽入關，大燒咸陽宮室，火三月不滅。此亦東方人嫉視秦廷建設之心理表示。然始皇、李斯十餘年來為全國努力建設新首都，使社會民眾從此有一集中之視聽，其精神影響，已有成效，不可磨滅。項王不願居關中，而亦不肯使沛公居之，是其心中亦隱然已存一咸陽為帝都王域之想，故不敢畀之畏敵也。可見一統之局已成，縱使一時崩壞，其勢不能仍歸於分裂。項羽分封諸侯王，互不自安，還相攻伐。終使群雄全滅，仍歸一王。而後民間六國重立之迷夢，亦遂告畢。漢帝因得安享其成。歷史推遷，固有非一二豪傑之力，可以稱心而安排者。往史例證，往往而然，此特不過其一例也。

且尤可奇者，不徒六國後裔全不成事。即社會夙所推尊，故家大族，賢人學士，只其帶有往昔貴族之色彩，比較近於民間一般之想望者，亦復先後失敗。而最後之成功，轉落於一輩純粹平民之手。此尤當時民間心理所未始逆料也。如張耳為魏信陵君賓客，陳餘為儒者，與張耳俱知名。周文，陳之賢人，曾事春申君。凡此諸人，俱歸失敗。而項氏世世為楚將。項王之為人，恭敬慈愛，言語姁姁。喑噁叱咤，千人皆廢。（韓信語。）其所任愛，非諸項，即其妻之昆弟。雖有奇士不能用。（陳平語。）分明不失一貴族傳統之身分與氣派，而卒亦覆敗。至於漢祖，史稱「其父曰太公，母曰劉媼」。是父無名字，母無氏族。其家庭之孤微可知。至高祖之為人，史稱其

仁而愛人，喜施，意豁如也。常有大度，不事家人生產作業。及壯，試為吏，為泗水亭長，廷中吏無所不狎侮。好酒及色，嘗從王媼、武負貰酒。……歲竟，此兩家嘗折券棄責。（〈本紀〉。）不好儒，諸客冠儒冠來者，輒解其冠，溲溺其中，與人言常大罵。（〈酈生傳〉。）

此實一無賴平民之寫照耳。其一時功臣

惟張良出身最貴，韓相之子也。其次則張蒼，秦御史。叔孫通，秦待詔博士。次則蕭何，沛主吏掾。曹參獄掾。任敖獄吏。周苛泗水卒史。傅寬魏騎將。申屠嘉材官。（即步卒。）其餘陳平、王陵、陸賈、酈商、酈食其、夏侯嬰等，皆白徒。樊噲則屠狗者。周勃則織簿

曲，吹簫，給喪事者。灌嬰則販繒者。婁敬則輓車者。（趙翼《廿二史箚記》「漢初布衣將相之局」條。）

此等所謂布衣將相，誠開當時歷史一大變，亦實為致堪驚奇之事。趙翼所謂「人情猶狃於故見，而天意已另換新局」，此語洵足道破當時之情勢。實則無論一民族，一國家，一團體，其文化之積累既深，往往轉不足以應付新興之機運。故東方鄒、魯、齊、梁諸邦，轉敗亡於文化落後之秦國。殷鑑不遠，正與六國後裔及其故家世族，轉失敗於一群無賴白徒之手者，先後一理。正以彼有成跡，有先見，有夙習，此等均屬暮氣，轉不如新興階級之一無束縛，活潑機警，專赴利便者之更易於乘勢得意耳。故自秦之亡，而上古封建之殘局全破。自漢之興，而平民為天子，社會階級之觀念全變。此誠中國歷史上一絕大變局也。秦皇、漢祖，均為歷史大潮流所驅策，其興亡久暫之間，當局者不自知。後世論史者，徒據一二小節，專於指對私人下評斷，則亦斷斷乎其無當矣。

二、民族之向外發展

秦末之亂，生民塗炭。然此特一時政治之失調。若論其時中國民族精神，則正彌滿活躍，絕無衰象。故及漢之興，休養生息，未及百年，而已元氣磅礴，蔚為極盛。秦有讁戍之法，移民邊徼。及秦亂，中國之民，又相率避地奔亡。然皆能自立塞外，播華族之文風，化榛莽為同域。即此一端，可徵吾華族優秀天姿，當秦季世，尚見蓬勃進取之跡也。茲撮其大要，著之於下。

1. 南　粵

《後漢書．東夷傳》：「秦并六國，其淮泗夷皆散為民戶。」又南廓其勢力，清定揚粵，置桂林、南海、象郡。以謫徙民，與粵雜處。（《史記集解》徐廣曰：「五十萬人守五嶺。」）至二世時，南海尉任囂，病且死，召龍川令趙佗（趙國真定人。龍川，今惠州龍川縣西北。）語曰：「聞陳勝等作亂，豪傑叛秦，南海僻遠，恐盜兵侵此。吾欲興兵絕新道，自備待諸侯變。且番禺負山險阻，南海東西數千里，頗有中國人相輔。此亦一州之主，可為國。會疾甚，郡中長吏亡足謀，故召公。」因使佗行南海尉事。囂死，佗即移檄告橫浦、（在南雄縣西北。）陽山、（在今陽山縣南。）湟谿（在連州西北。）關曰：「盜兵且至，急絕道聚兵自守。」秦已滅，佗即擊并桂林、象郡，自立為南粵武王。《漢書．高帝紀》，十一年五月，因立佗為南粵王。詔曰：「粵人之俗，好相攻擊。前時秦徙中縣之民南方三郡，使與百粵雜處。會天下誅秦，南海尉佗，居南方，長治之。甚有文理，中縣人以故不耗減，粵人相攻擊之俗益止，俱賴其力。」蓋不虛也。

2. 滇

戰國楚襄王時，使將軍莊蹻將兵循江上，略巴黔中以西。蹻至滇池，方三百里，旁平地肥饒數千里，以兵威定屬楚。欲歸報，會秦擊奪楚巴黔中郡。道塞不通，乃以其眾王滇。變服從其俗以長之。秦時常頞略通五尺道。（今四川慶符縣南五里。）於西南夷諸國頗置吏。

3. 朝　鮮

戰國時，燕嘗略屬真番、朝鮮，為置吏築障。秦滅燕，屬遼東外徼。漢初大亂，燕齊人往避者數萬口。漢修遼東故塞，至浿水（大同江。）為界。燕人衛滿，聚黨數千人，魋結蠻夷服，東走，出塞。渡浿水，居秦故空地上下障。稍役屬真番、朝鮮蠻夷，及故燕齊亡命者王之。

4. 辰　韓

其耆老自言，秦之亡人避苦役，適韓國。馬韓割東界地與之。其名，國為邦，弓為弧，賊為寇，行酒為行觴，相呼為徒，有似秦語。故或名之為秦韓。（今朝鮮慶尚道。）

5. 澶　洲

又《東漢書》云：「會稽海外有夷洲及澶洲，傳言秦始皇遣方士徐福，（即徐市。）將童男女數千人入海，求蓬萊神仙不得。徐福畏誅不敢還，遂止此州。世世相承，有數萬家。人民時至會稽市。」此所謂澶洲者，或言是日本，或言是琉球，或言是臺灣，今不可考。

6. 河　套

秦滅六國，始皇帝使蒙恬將數十萬眾北擊胡。悉收河南地。因河為塞，築四十四縣城。臨河，徙謫戍以充之。通直道，自九原至雲陽，因邊山險，塹谿谷，可繕者繕之。起臨洮至遼東萬餘里。又渡河，據陽山北假中，匈奴不勝秦北徙。蒙恬死，諸侯畔秦，中國擾亂。諸秦所徙謫邊者皆復去，於是匈奴得寬，復稍渡河南，與中國界於故塞。

總上所述，見秦漢之交，中國內部雖極擾攘，而民族向外之展擴，則並未衰歇。東南兩方，尤為邁進。北方對匈奴，雖秦廷最用全力經營，然秦亂則邊民多捨棄而歸，成績最少。蓋以氣寒地瘠，為中土人民所不喜。至於西垂，雖記載不詳，然秦都咸陽，大徙東方豪族，其於西土之開發，殆必有甚著之進步也。故至漢時，而遂有關東出相關西出將之諺。陝西、甘肅兩省，蓋自秦後，乃亦為中國重要之一部矣。

今考中華民族，於其內部亂離之際，奔亡遷謫，救死不遑，而聲威遠播，日轉開拓。凡此亦非無故。當時民族自身內部之活力，蓋極有可注意者。姑舉一事言之。如秦亂，田橫兵敗奔亡，與其徒屬五百餘人入海居島中。漢高祖使使召之。田橫與其客二人來雒陽，橫於道自殺。漢拜橫二客為都尉，二客亦自剄從橫葬。高祖再使召其餘五百人，聞田橫死，亦皆自殺。此等風義節烈，蓋不徒為一二豪傑奇瑰非常之行，而蔚為社會一般之共尚。故能使五百餘人，從容就死，共蹈大義。（此等風氣，蓋尚是古代封建貴族所培養。即如張王敖賓客貫高等，亦其一例。然田橫、張耳等，其自身皆不成事。降及漢世，封建貴族不復興，此等風尚，乃變而為任俠，而亦不為社會所重視矣。）使此五百人常留海外，當必有所建樹。自反面言之，當時吾民族遷徙流播，遠離國土，而能奮然自立，展擴吾華族之文化於四裔。此雖大半為罪謫及逃亡之徒。然其平素社會薰染，亦必至為堅實。嘗一臠，知鼎味。田橫賓客五百人，正當時社會一極好之寫照也。

抑且當時吾民族之向外展擴，蓋亦並不專由於政治力之推動與侵奪也。社會經濟方面之自然發展，亦頗值注意。《史記・貨殖傳》對此略有所載，亦足見其一斑。

1. 烏氏倮

烏氏（縣名，屬安定。）倮，畜牧，及眾，斥賣。求奇繒物，間獻戎王。戎王什倍其償，與之畜。畜至用谷量牛馬。始皇令倮比封君，以時與列臣朝請。

2. 巴寡婦清

巴蜀寡婦清，其先得丹穴，擅其利數世，家財不訾。清以寡婦能守其業。用財自衛，不見侵犯。始皇以為貞婦而客之，為築女懷清臺。

3. 蜀卓氏

蜀卓氏，其先趙人也，用鐵冶富。秦破趙，遷卓氏。卓氏見虜略，獨夫妻推輦，行詣遷處。諸遷虜少有餘財，爭與吏求近處，處葭萌。惟卓氏曰：「此地狹薄。吾聞汶山之下，沃野，下有蹲鴟，（大芋。）至死不饑。民工於市，易賈。」乃求遠遷。致之臨邛，大喜。即鐵山鼓鑄，運籌策，傾滇蜀之民。富至僮千人。

4. 程　氏

程鄭，山東遷虜也。亦冶鑄，賈椎髻之民。富埒卓氏。俱居臨邛。

5. 樓煩班氏

《漢書・敘傳》稱秦之滅楚，班氏遷晉代之間。始皇之末，班壹避地於樓煩，至馬牛羊數千群。值漢初定，當孝惠高后時，以財雄邊。出入弋獵，旌旗鼓吹。年百餘歲，以壽終。故北方多以壹為字者。

此等皆能以經濟上之開發，助成民族之展擴。亦當時社會活力表現之一面也。

第二章　漢初之治

第一節　漢高孝惠之與民休息

一、漢初之民間狀況

史稱始皇并天下，內興功作，外攘夷狄。收泰半之賦，發閭左之戍。（應劭曰：「秦時以適發之名適戍，先發吏有過及贅婿賈人。後以嘗有市籍者發。又後以大父母父母嘗有市籍者。戍者曹輩盡，後入閭取其左發之。未及取右而秦亡。」）男子力耕，不足糧饟。女子紡績，不足衣服。竭天下之資財，以奉其政，猶未足以贍其欲。海內愁怨，遂用潰畔。（《漢書．食貨志》。）自陳吳起兵，迄於項羽之死，前後又八年。「丁壯苦軍旅，老弱疲轉漕。」(項羽語。)漢興，社會顯著之變象，厥為戶口之耗減，及經濟之困竭。高祖五年，初定天下，即詔曰：「民前或相聚保山澤，不書名數。今天下已定，令各歸其縣，復故爵田宅。吏以文法教訓辨告，勿辱笞。」(〈高紀〉。)然其後(高七年。)高祖困平城，既解，還過曲逆。上其城，望室屋甚大。曰：「壯哉縣。吾行天下，獨見雒陽與是耳。」顧問御史，曲逆戶口幾何。對曰：「始秦時三萬餘戶。閒者兵數起，多亡匿。今見五千餘戶。」(〈陳平傳〉。)由是言之，漢初戶口，較秦時又大減。曲逆五千戶，高祖以為壯縣僅見，比之雒陽。訖高祖十二年，封侯者百四十有三人。而大城名都，民人散亡，戶口可得而數，裁什二三。大侯不過萬家，小者五六百戶。(〈高惠高后文功臣表〉。)則其時天下之殘破，民人之流散死亡者，蓋殊可驚。以言其經濟，高祖二年關中大饑，米斛萬錢。(〈本紀〉。〈食貨志〉作「米石五千」。)人相食，死者過半。高祖乃令民得賣子，就食蜀漢。天下既定，民無蓋藏。將相或乘牛車。天子不能具鈞駟。於是為秦錢重，令民鑄錢，而不軌逐利之民畜積餘贏，以稽市物，痛騰躍。米至石萬錢，馬至匹百金。蓋自戰國相爭，在上者既勤於干戈，在下者亦亟於遷徙。如滕為小國，其君行仁政，而四方士民輻湊而往。在上者雖有意招徠，又復親為之鸇獺。故老子有小國寡民，使其人老死不相往來之想。(《老子》乃戰國晚年書。)至於游士傳食，更可勿論。秦之得天下，熟視於戰國之兵革遷流，以為常態。故其發謫戍，拓邊防，亦一仍戰國之所以使其民者而勿變，或更甚焉。

民力既竭，終於大亂。戰國晚年，已為動極思靜之候。秦承其餘波，未能遽處以靜。固為秦君臣之不智。然亦動勢既劇，人力非能驟為轉移。秦之君臣，乃為時勢之犧牲。漢興而後，動力大疲，民心知倦。與以休息，因得長久。又秦滅六國，以西土征服東方，終不免有敵體相克之感。西方文化既落後，民口亦較寡。其統一東方，乃適會一時之機運。漢之君臣，悉起東方。六國復立，至是皆敗。以東方崛起之平民，入踞咸陽，得全國共仰之首邑。天時地利人和，三者共濟，天下乃安。而漢高君臣，起於卑微，其樸實之本色，平民化之精神，實較秦皇李相之以貴族地位學士智識淩駕一世者，更足以暗合於時代之趨嚮。斯則漢祖之大度，蕭相之恭謹，所由以創開國弘遠之模也。然朝廷政制，則多沿秦舊，未遑興革。今舉其較著者數事言之。

二、漢廷開國之設施

1. 律　令

吾國刑法，其先無可詳考。魏文侯時，李悝集諸國刑典，造《法經》六篇。一、盜法。（盜賊律。）二、賊法。（詐偽律。）三、囚法。（斷獄律。）四、捕法。（捕亡律。）五、雜法。（雜律。）六、具法。（名例律。見《唐律疏》。）商鞅攜之入秦，改法為律，是為秦律之始。漢興，高祖初入關，與民約法三章，曰：「殺人者死，傷人及盜抵罪。」一時秦民大悅。然三章之法，亦何足以為治。

蕭何為相國，乃復捃摭秦法，作律九章。據〈晉志〉，謂其除秦參夷連坐之罪，增部主見知之條。益事律興、（擅興。）廄、（廄庫。）戶（戶婚。）三篇，為九章之律。然事出草創，多襲秦舊。崔實政論云：「蕭何作九章之律，有夷三族之令。黥、劓、斬趾、斷舌、梟首，故謂之具五刑。」則慘酷與秦無異也。其後孝惠四年，省法令妨吏民者，除挾書律。高后元年，詔曰：「前日孝惠皇帝言，欲除三族辠，妖言令，議未決而崩。今除之。」則夷三族之罪，至高后時始除。挾書律及妖言令，即秦皇焚書坑儒時所定，而蕭何草律，亦未刪削。〈孝文紀〉二年五月，詔除誹謗訞言法，則高后時仍未去。（或云中間重復。然景、武後，如張湯、趙禹、江充、息夫躬之徒，誣害忠鯁，傾陷骨肉，往往以謗誹不道或祝詛上有惡言等為辭，則知此二法，終漢世未除矣。）史稱漢初禁網疏闊，蓋當時君臣務於與民休息，實際得大寧靜。而文字法令章程，卻草草不遑修飾也。

2. 儀法

叔孫通，薛人。秦時以文學徵，待詔博士。數歲，陳勝起。二世召博士諸儒生問。通曰：「明主在上，安有反者。此特群盜鼠竊，何足憂。」二世喜，賜通帛二十疋，衣一襲。拜為博士。通後亡去。及降漢王。漢王憎儒服，通乃服短衣，楚製。漢王拜通為博士，號稷嗣君。（徐廣曰：「言足以繼蹤齊稷下之風流。」此為秦博士官制從齊稷下遞變一旁證。）漢王已并天下，悉去秦儀法，為簡易。群臣飲，爭功，醉或妄呼，拔劍擊柱。高祖患之。通說上徵魯諸生與弟子共起朝儀。高帝曰：「得無難乎。」通曰：「禮者，因時世人情為節文。臣願頗采古禮與秦儀雜就之。」上曰：「可。試為之，令易知。度吾所能行為之。」通徵魯諸生三十餘人，及上左右為學者，與其弟子百餘人，為綿蕞野外習之。月餘，通曰：「上可試觀。」上使行禮，曰：「吾能為此。」乃令群臣習肄。會十月，（漢七年。）長樂宮成。諸侯群臣朝十月。（漢因秦以十月為正月。）儀：先平明，謁者治禮引，以次入殿門。廷中陳車騎步卒，衛官設兵，張旗志。傳曰趨。殿下郎中俠陛，陛數百人。功臣列侯，諸將軍軍吏，以次陳西方，東鄉。文官丞相以下，陳東方，西鄉。大行設九賓，擯者九人，臚句傳。於是皇帝輦出房，百官執戟傳警。引諸侯王以下至吏六百石，以次奉賀。自諸侯王以下，莫不震恐肅敬。至禮畢，盡伏。置法酒，諸侍坐殿上，皆伏抑首。以尊卑次起上壽。觴九行，謁者言罷酒。御史執法舉不如儀者輒引去。竟朝置酒，無敢讙譁失禮者。於是高帝曰：「吾乃今日知為皇帝之貴也。」（叔孫朝儀無足論，然此等處，正可映見漢廷君臣之樸真。以平民為政府，而猶能保留其平民樸真之面目者，此在中國史上歷朝君臣，惟漢初有之耳。）拜通為奉常，（掌宗廟禮儀。）賜金五百斤。孝惠時，為先帝園陵寢廟，群臣莫習，又令通定宗廟儀法。及稍定漢諸儀法，皆通所論著。司馬遷謂：「秦有天下，悉內六國禮儀，采擇其善，雖不合聖制，其尊君抑臣，朝廷濟濟，依古以來。叔孫通頗有所增益減損，大抵皆襲秦故。自天子稱號，下至佐僚，及宮室官名，少所變改。」（《史記・禮書》。）然其後賈誼、董仲舒、王吉、劉向之徒，皆不滿通所制。並上書對策，請更改作。懷憤嘆息，終以不遂。（後漢章帝詔曹褒定漢禮，亦謂通制散略，多不合經。見〈褒傳〉。）而叔孫制儀，遂垂為漢家之典常。三代禮樂，徒供漢儒為慕古之空想耳。

3. 財計及章程

當戰國時，郡縣有期年上計之法。其制先見於魏。《韓非子外儲說左下》，西門豹為鄴令，居期年上計。又劉向《新序》載魏文侯時，東陽上計錢布十倍，大夫畢賀，是也。《韓非子》：「李兌治中山，苦陘令上計而入多。」李兌乃李克字訛，亦當魏文時。）其制又見於齊。《韓非》同篇又云：「田嬰相齊，有說齊王曰：『終歲之計，王不一以數日之間自聽之，則無以知吏之姦邪得失。』」是也。秦亦襲用其制，《史記．范睢傳》：「王稽為河東守，三歲不上計。」是也。蓋亦自商鞅變法，倣魏制推行也。《續漢書．百官志》：「凡郡國歲盡，遣吏上計。」注引盧植禮注曰：「計斷九月，因秦以十月為正故。」是漢又循秦制也。〈張蒼傳〉：「蒼自秦時為柱下御史，明習天下圖書計籍，又善用算律歷，故令蒼居相府，領主郡國上計者。」〈高紀〉稱張蒼定章程，如淳曰：「章，歷數之章術。程者，權衡、丈尺、斗斛之平法也。」〈蒼傳〉：「漢興二十餘年，天下初定，公卿皆軍吏。蒼為計相時，緒正律歷。以高祖十月始至霸上，故因秦時本十月為歲首，不革。推五德之運，以為漢當水德之時，尚黑如故。吹律調樂，入之音聲，及以比定律令。若百工，天下作程品。至於為丞相，卒就之。」是漢之一切律歷法度章程，全本秦舊。秦人自居水德，漢起代秦，尚沿水德不革，其他則可想。又〈秦始皇紀〉分天下為三十六郡，一法度衡石丈尺，是張蒼定章程，主要者即在郡國上計之一切稽核法式。漢初財計制度，亦一本秦舊。至於律歷，亦因與財計有關而兼及之也。〈食貨志〉又言：「高祖輕田租，什五而稅一。量吏祿，度官用，以賦於民。而山川市肆租稅之入，自天子至於封君湯沐邑，皆各為私奉養，不領於天下之經費。漕致關東粟，以給中都官，歲不過數十萬石。孝惠高后之間，衣食滋殖。」是可見漢初朝廷財計之簡儉矣。

三、在野學者之意見

要之漢初政局，大體因襲秦舊，未能多所改革。此由漢廷君臣，多起草野，於貴族生活，初無染習，遂亦不識朝廷政治體制。又未經文學詩書之陶冶，設施無所主張。而遽握政權，急切間惟有一仍秦舊，粗定規模。而其恭儉無為之精神，則實足以代表當時一般社會平民所要求，其所由與秦政絕異其趣者正在此。至於民間稍有文學儒生，亦以倦於兵革久亂之後，不願為朝廷有所建白。如叔孫通定朝儀，徵魯諸生三十餘人。有兩生不肯行，曰：「天下初定，死者未葬，傷者未起，又欲起禮樂。禮樂所由起，百年積德而後可興也。吾不忍為公所為。」竟不往。又曹參為齊相國，盡召長老諸先生，問所以安集百姓。而齊故諸儒以百數，言人人殊。參未知所定，聞膠西有蓋公，善治黃老言，使人厚幣請之。蓋公為言：「治道貴清靜而民自定。」推此類具言之。參用其意相齊九年，齊國安集，大稱賢相。及繼蕭何為漢相，仍本清靜之意，舉事無所變更，一遵何之約束。百姓歌之。魯兩生及齊蓋公，可證其時一輩在野學者之見解。而亦與當時之時代要求相合。蓋漢廷君臣，崛起草野，粗樸之風未脫，謹厚之氣尚在。又當久亂後厭倦之人心，而濟之以學者閒冷靜之意態。三者相合，遂成漢初寬簡之治。故漢初之規模法度，雖全襲秦制，而政令施行之疏密緩急，則適若處於相反之兩極焉。其一動一靜，一寬一密之間，秦政乃戰國緊張局面之掉尾，而漢治則為以後元氣恢復之開端。此中分界，並不在法規制度之相襲，而惟在心情意態之有異也。

至於漢高之誅鋤功臣，韓信、彭越、黥布、陳豨之徒，相繼殺戮。高后大封諸呂，亦遭失敗。此不過為前代封建思想反動之餘波。統一之機運既開，黎民得離戰國之苦，君臣俱欲休息乎無為。（〈呂紀〉贊語。）大局所趨，中央政府自臻穩定，割據政權必難安立。歷史大趨如此，亦不盡由於人謀也。

第二節　文景時代國內外之情勢

漢初之與民休息，歷高帝、孝惠、高后，前後二十三年，（自高祖五年，至呂后八年。）而社會頓呈活氣。以民間種種事態之向上與改變，使漢廷政治，亦不能不一變其寬簡安靜之初制，以與社會情態相因應。乃成所謂文景之治。而同時邊患之侵逼，亦助成漢廷改制機運。今分述其內外情態之大要如下。

一、民間經濟之復蘇

1. 商人階級之興起及其奢風

漢之初興，民間戶口之耗亡，與經濟之衰落，既如上述。而自孝惠、高后以後，此種衰狀，即有復蘇之象。然因政治寬簡，一任社會事態自為流變，致於在經濟復蘇之過程中，不免有連帶而來之敝患。其最著者，厥為新商人階級之崛起，而形成資產之集中與不均。因此又導成社會奢侈之風習。此其事，可於賈誼及晁錯諸人之奏議中證明之。史稱文帝即位，躬修儉節，思安百姓，時民近戰國，皆背本趨末。賈誼說上曰：

古之治天下，至纖至悉也，故其畜積足恃。今背本而趨末，食者甚眾，是天下之大殘也。淫侈之俗，日日以長，是天下之大賊也。殘賊公行，莫之或止，大命將泛。

晁錯亦言之，曰：

農夫五口之家，服役者不下二人。能耕不過百畝。百畝之收，不過百石。……尚復被水旱之災。急征暴賦，……朝令而暮得。當其有者，半價而賣，無者取倍稱之息。於是有賣田宅，鬻子孫，以償者矣。而商賈，大者積貯倍息，小者坐列販賣。操其奇贏，日游都市，乘上之急，所賣必倍。故其男不耕耘，女不蠶織。衣必文采，食必粱肉。無農夫之苦，有阡陌之得。因其富厚，交通王侯。力過吏勢。以利相傾，千里游敖。冠蓋相望，乘堅策肥，履絲曳縞。此商人所以兼并農人，農人所以流亡者也。

其言商人兼并農人之情勢，既甚詳盡。而當時商人階級之奢風，賈誼尤嘅乎言之。謂：

今民賣僮者，為之繡衣絲履，偏諸（織絲為之。）緣，內之閑中。是古天子后服，所以廟而不宴者也。而庶人得以衣婢妾。白縠之表，薄紈之裏，緁以偏諸。美者黼繡。是古天子之服，今富人大賈，嘉會召客者以被牆。古者以奉一帝一后而節適，今庶人屋壁得為帝服。倡優下賤，得為后飾。然而天下不屈者，殆未有也。

當孝惠、高后以後，社會經濟漸蘇，而商人階級兼并奢越之情形，據賈、晁二子言，已可推見。

今考當時社會新商人階級之崛起，其事最先當溯及於春秋，而其勢成定於戰國。王船山有言：「商賈之驕侈，自七國始。七國者，各君其國，各有其土。有餘不足，各產其鄉，遷其地而弗能為良。戰事頻而戈甲旌旄之用繁。賂遺豐而珠璣象貝之用亟。養游士，務聲華，而游宴珍錯之味侈。益之以驕奢之主，後宮之飾，狗馬雁鹿袨服殊玩之日新，而非其國之所有。於是而賈人者，越國度險，羅致以給其所需。人主大臣且屈意下之，以遂其所欲得，而賈人遂以無忌憚於天下。」《讀通鑑論》卷三。）戰國初期，天下稱陶朱公。（其人是否即范蠡，殊可疑，而要之當時已有國際大商人出現。）至晚期呂不韋以陽翟大賈，為秦相國。船山商賈盛於戰國之言既信，而余考當時新商人階級之崛起，猶別有一因焉。其因維何？曰山澤之解放是也。封建井地之制廢，民田得自由買賣，而同時又開放山澤，聽民資生牟利，政府僅徵其定額之稅，此為當時農業經濟分解，而工商業突起之一要因。故曰：「農不出則乏其食，工不出則乏其事，商不出則三寶絕，虞不出則財匱少。財匱少而山澤不辟矣。」（《史記・貨殖傳》引《周書》。）此辟山澤之虞，實當時社會經濟變動一主要成分也。山澤本為禁地，至戰國而逐漸公開，此種辟山澤之虞，已不為封建貴族封君特設御用之職，而變為社會自由工商業之主要憑藉，此實中國古代社會劇變一要項。換言之，此即是社會新商人階級之崛起也。於是在昔為農民與封君之對立，至是漸成為農民與工商階級之對立焉。而其時如老子、荀卿、韓非、呂不韋著書，遂均有重農抑商之主張。惟下及秦人統一，實未確定一種重農抑商之制度。觀於秦始皇令烏氏倮得比封君，以時與列臣朝請。又客巴寡婦，為築女懷清臺。是其對殖產之家，頗致尊獎也。漢興，高祖為商人乘時亂不軌逐利，乃令賈人不得衣絲乘車，重租稅以困辱之。孝惠、高后時，復弛商賈之律。然市井子孫，亦不得宦為吏。惟封建世襲之制既已不復，殖產致富，以利言之，其事亦等於封君。故人情之趨於貨殖，終不為衰。秦漢之制，列侯封君食租稅，歲率戶二百。千戶之君則二十萬。朝覲聘享出其中。庶民農工商賈，率亦歲萬息二千。百萬之家，息亦二十萬。而更繇租賦出其中。衣食之欲，恣所好美，何殊封君？今略舉漢初殖貨之家，如卓氏富至僮千人，程氏埒之。宛孔氏家致富數千金。曹邴氏起富至巨萬。此皆以鐵冶。齊刁間起富數千萬。周師史致七千萬，則以轉轂商賈。其他不可勝數。又有子錢家，子貸金錢，貪賈三取一，（當息二分餘。）廉賈五取一。（當息二分。）吳楚兵起，長安中列侯封君，行從軍旅，齎貸子錢家。子錢家以為關東成敗未決，莫肯予。惟無鹽氏出捐千金貸，其息什之。三月吳楚平，一歲之中，無鹽氏之息什倍。則所謂封君低首仰給，洵不虛矣。而當時貨殖之家，必務畜奴。尤著者如蜀卓氏，至千人。蓋以其時殖產，多賴人力。以山澤之開放，都市之擴大，而致大富。亦以井田之廢棄，民田得自由賣買，而有赤貧。赤貧者無以應在上之賦役而自賣為奴，遂重為富人殖產之資。〈貨殖傳〉所舉當時大富如鐵冶、鼓鑄、燒鹽、轉轂（即運輸。）諸業，其有待於盛多之人力者無論矣。即其所言諸末業為貧資，如種樹果菜，如畜養家魚，如屠沽，如販糶，如製器漆髹，如皮革雜工，皆待役使人力以為操贏之算。大抵其時所謂商賈，尚以工虞農牧為主，以轉販居積為副。故奴婢遂為治產一要素。富人既憑其財力，役使平民，無異於往昔之封君貴族。而及其積資愈富，買爵得官，亦復易易。陳豨之反，其將皆故賈人。漢之郎選，均由納貲。故張釋之以貲為騎郎。司馬相如亦以貲為郎。而孝景後二年詔曰：「今訾算十以上乃得宦。有市籍不得宦，無訾又不得宦，朕甚愍之。訾算四得宦，無令廉士久失職，貪夫長利也。」據應劭云：「十算十萬。」漢制一黃金一斤，直錢萬。十萬錢則十金也。文帝云：「百金，中人十家之產。」則中人一家產當十金，即十萬錢也。是漢制須家貲在中人以上，乃得入宦途。又如淳引《漢儀》注：「貲五百萬為常侍郎。」其限額之巨至如是。故董仲舒有云：「夫官吏多出於郎中中郎吏二千石子弟。選郎吏又以富貲，未必賢。」則漢代之以財富上通吏祿之路，斷可見。應劭曰：「古者疾吏之貪，衣食足而知榮辱，貲盈十萬乃得為吏。」應氏之所謂古，蓋亦秦漢之制。侯王貴族之世襲既廢，天下安寧，則殺敵之首功不立。又選舉未密，射策未興，吏途自湊於富貲。淮陰侯韓信始為布衣時，貧無行，不得推擇為吏。知貧不得為吏，即在秦時已然矣。

又晁錯在文帝時，其議務農貴粟，主募天下入粟縣官，得以拜爵除罪。文帝從其言，令民入粟邊六百石，爵上造。稍增至四千石，為五大夫。萬二千石，為大庶長。以為貴粟足以重農。然

農家五口，力耕不過百畝，所收不過百石。其能得六百石之贏者有幾？則無亦豪彊挾利，以多役人佃，即收其半者，乃有之。無亦富商大賈，以金錢籠致而得者，乃有之。如是則重農而農益輕，貴粟而金益貴，士宦之路，仍在財富，又可知也。故封建世貴之制既廢，社會折而入於以財相役。富不與貴期而貴自至。富貴不與驕奢期，而驕奢自至。亦事勢之自然而至顯易見者也。

2. 農民生計之貧困

自都市之集中，山澤之解放，耕農之業，分化而有工虞牧圃商賈。凡脫離甽畝耒耜而為新生業之經營者，往往得奇利。而農田百畝之業，則日陷於貧困，至不能給衣食。《漢書・食貨志》載李悝盡地力之教，謂：

> 一夫挾五口，治田百畝。歲收畝一石半，為粟百五十石。除十一之稅十五石，餘百三十五石。食人月一石半，五人終歲為粟九十石。餘有四十五石。石三十，為錢千三百五十。除社閭嘗新春秋之祠用錢三百，餘千五十。衣人率用錢三百，五人終歲用千五百，不足四百五十。不幸疾病死喪之費，及上賦斂，又未與此。此農夫所以常困，有不勸耕之心。

此當時農民生活一大概的估計也。李書未必即悝之手著，其言或可出戰國之晚年。然農民生活變化較少，以之估量漢初之農民，大率亦無甚遠。若再以在上之賦歛言之，則除田租什一而外，尚有口賦。口賦者，《漢儀》注：「民年七歲至十四，出口賦錢人二十。十五以上至五十六，出賦錢人百二十，為一算。」（〈昭紀〉如淳注引。）武帝征伐四夷，重賦於民，民產子三歲，則出口錢，人二十三。三錢以補車騎馬。民至生子輒殺。（《漢書・貢禹傳》。）又有更賦。如淳曰：「古者正卒無常，人皆當更迭為之。一月一更，是為卒更。如次直者，出錢顧貧者，月錢二千，是謂踐更。

（〈溝洫志〉如淳注，引律說平價一月錢二千。）天下人皆直戍邊三日，一名為更，律所謂繇戍也。雖丞相子亦在戍邊之調。然不人人自行。諸不行者，出錢三百入官，官以給戍者，是為過更。」董仲舒言之，曰：「秦用商鞅之法，改帝王之制，除井田，民得賣買。富者田連阡陌，貧者無立錐之地。又顓川澤之利，管山林之饒。荒淫越制，踰侈以相高。邑有人君之尊，里有公侯之富。小民安得不困。又加月為更卒，已復為正。（年二十三為正卒，其前已給徭役，故此云已復為正。）一歲屯戍，一歲力役，三十倍於古。（師古曰：「更卒給郡縣，正卒給中都官。一歲中屯戍及力役之事，三十倍於古也。」）田租口賦鹽鐵之利，二十倍於古。（田租、口賦以外，鹽鐵又盡人所需，所出當二十倍於古也。）或耕豪民之田，見稅什五。（豪民征其稅，什取五也。）故貧民常衣牛馬之衣，而食犬彘之食。重以貪暴之吏，刑戮妄加。民愁無聊，亡逃山林，轉為盜賊，赭衣半道，斷獄歲以千萬數。漢興，循而未改。」仲舒之言如此。故王莽篡位下令，謂：「漢氏減輕田租，三十而稅一，常有更賦，罷癃咸出。而豪民侵陵，分田劫假。厥名三十稅一，實什稅五也。富者驕而為邪，貧者窮而為姦。俱陷於辜，刑用不錯。」其言固非虛。此當時貧民生計窘迫之一斑也。

3. 奴隸亡命及豪傑任俠

社會經濟之畸形發展，一面為新商人資產之驟起，一面為農民生計之窮迫。既如上述。而奴隸亡命之多，遂因之而激增。貧民無以自存，則轉賣為奴婢。因賣身為奴，即可以不自負政府賦斂之責也。高祖二年，關中大饑，令民得賣子。五年，詔曰：「民以饑餓自賣為人奴婢者，皆免為庶人。」然此特初即位，以示惠於民，民困不蘇，則自賣為奴之風，終未能絕。故賈誼曰，今歲惡不入，請賣爵子。晁錯勸文帝募民以入奴婢贖罪，及輸奴婢欲以拜爵者。知奴婢在當時，其數蓋至可驚。武帝時，楊可告緡，得民奴婢以千萬數。元帝時，貢禹言官奴婢十餘萬。既官私皆盛行畜奴。而民間則以奴致富。故卓氏在蜀，富至僮千人。程鄭，亦數百人。齊俗賤奴虜，而刁間獨愛貴之。桀黠奴，人之所患，惟刁間收取，使之逐漁、鹽、商賈之利。或連車騎交相守，然愈任之。終得其力，起富數千萬。此言能使豪奴自饒也。然不獨豪奴，司馬遷以馬蹄躈千，牛千足，羊彘千雙，僮手指千並舉。蓋多畜奴隸，其富自增。不論豪也。漢律人出一算，惟賈人與奴婢倍算。所以者何？其人貧不能自納賦，則賣身為奴婢。買奴者率富商大賈，故漢律倍其奴婢之算，實是倍算賈人耳。奴千人，倍算應二十四萬。然一金值萬錢，年納二十四金，於豪富固無難。

至當時貴族公卿，畜奴之盛，自可想見。陳平賜陸賈奴婢亦百人。貧者若不自賣為奴隸，則往往相聚作姦，陷於刑辟，流為亡命。而任俠因以熾。季布楚人，為任俠有名。項籍滅，高祖購求之。敢有舍匿，罪三族。布匿濮陽周氏。周氏進計，髡鉗布，衣褐，置廣柳車中，并與其家僮數十人，之魯朱家所買之。朱家大俠，所藏活豪士以百數，庸人不可勝言。心知其季布，買置田舍。後為漢名臣。布弟心，為任俠，方數千里，士爭為死。嘗殺人亡吳，從袁絲匿。長事袁絲，弟畜灌夫籍福之屬。又雒陽劇孟嘗過袁盎，盎善待之。安陵富人有謂盎曰：「吾聞劇孟博徒，將軍何自通之。」盎曰：「劇孟雖博徒，然母死，客送喪，車千乘，此亦有過人者。且緩急人所有，不以存亡為辭。天下所望者，獨劇孟季心耳。」欒布梁人，為人略買，為奴於燕，為其主家報仇，遂顯名。及孝文時，為燕相，至將軍。乃曰：「窮困不能辱身，非人也。富貴不能快意，非賢也。於是嘗有德，厚報之。有怨，必以法滅之。」劇孟尤以俠顯。吳楚反時，周亞夫東至河南，得劇孟，喜曰：「吳楚舉大事，而不求劇孟，吾知其無能為已。」天下騷動，大將軍得之，若一敵國。其足以傾動社會如此。灌夫亦喜任俠，諸所與交通，無非豪桀大猾。家累數千金，食客日數十百人。陂池田園，宗族賓客為權利，橫於潁川。甯成去官歸家，貰貣陂田千餘頃，假貧民，役使數千家。致產數千萬。為任俠，持吏長短。而尤以俠著者為郭解。解以少時陰賊感慨，軀借交報仇。藏命作姦剽攻，休乃鑄錢掘冢。及年長，更折節為儉，以德報怨，厚施而薄望。然其自喜為俠益甚。

既已振人之命，不矜其功。而少年慕其行，亦輒為報仇不使知。凡此皆史所載漢初豪傑任俠之事。今要而觀之，任俠者，周人困乏，藏匿亡命，借交報仇。其來者，非貧即罪。仰食其門，恃以藏跡。而亦遂為之舍身報仇怨。任俠之所藏活，流品不必齊，其事蓋亦古者畜奴之變相也。多畜奴，以逐利長產為商賈，多聚貧罪之徒，則藉以為姦利，如鑄錢掘冢之類。雖觸刑辟，特以市權勢，牟邪利為任俠。蓋任俠之與商賈，究其源則出於一。大俠之家，其所謂賓客，大半則猶如商賈之有奴，其跡雖異，其情則近。蓋自封建制度既廢，貴族階級崩壞。商賈任俠，則起而分攫往者貴族階級之二勢。一得其財富，一得其權力。皆以下收編戶之民，而上抗政治之尊嚴也。而二者之起，其皆為社會經濟復蘇之後之現象則一。

二、諸侯王之驕縱

因社會經濟之復蘇，其影響及於上層統治階級者，最先則為諸侯王之驕縱。史稱高帝時，列侯初封，大侯不過萬家，小者五六百戶。逮文景四五世間，流民既歸，戶口亦息。列侯大者至三四萬戶，小國自倍。富厚如之。子孫驕逸，忘其先祖之艱難，多陷法禁，隕命亡國。訖於孝武後元之年，而靡有子遺。(〈高惠高后文功臣表〉序。) 可悟其間之消息矣。如曹參初封，蓋六百戶。至後嗣侯宗免時，有戶二萬三千，即其證。而漢之諸王則尤然。史稱其原本已大，末流濫以致溢。

小者荒淫越法，大者睽孤橫逆，以害身喪國。（〈諸侯王表〉序。）其事蓋與功臣侯者一例，而其影響於政局者，則尤大也。橫逆最著者如吳。濞之初封，王三郡五十三城。會孝惠、高后時，天下初定，郡國諸侯各務自拊循其民。吳有豫章郡銅山，乃招致天下亡命者盜鑄錢。又有海鹽之饒。不賦於民，而國用足。如是者三、四十年，國力既盈，遂生他意。自謂國雖狹，地方三千里。人雖少，精兵可具五十萬。驕縱之形既成，使中央雖欲守其寬簡之初政而不可能。又如梁孝王招延四方豪傑，自山以東游說之士畢至。築東苑，方三百餘里，廣睢陽城七十里，大治宮室，為復道，自宮連屬於平臺三十餘里。得賜天子旌旗，從千乘萬騎，出稱警，入言趕，儗於天子。多作兵弩弓數十萬，而府庫金錢且百鉅萬，珠玉寶器多於京師。及孝王死，藏府餘黃金尚四十餘萬斤。他財物稱是。其富厚亦幾踰京師。其他諸王荒淫之事，尤不可盡言。（趙翼《廿二史箚記》有「漢諸王荒亂」一條，列舉其事。）富商大賈，則因其富厚，交通王侯，力過吏勢。（鼂錯語。）亡命游俠之徒，諸侯王亦往往招致養匿，相結為姦。如吳王濞招天下亡命鑄錢，淮南王長收聚漢諸侯人及有罪亡者匿與居，為治家室，賜與財物爵祿田宅。江都王非亦盛招四方豪傑。是其自身即不啻一任俠也。又如趙王彭祖，使即縣為賈人榷會，入多於國經租稅。以故趙王家多金錢。（《史記．五宗世家》。）榷會者，蓋獨買商物以專其利，是藉侯王勢，經營商販，貴族與商人，聲氣互通，相為消長。要其皆足以上撼政局，而使之兀鯢不安，則一也。

三、外患之凌逼

當是時，漢之國力，日以充盈。社會財賦，淫溢愈厚。而其北鄰匈奴，適亦處於進展極速之境。勢力接觸，而邊患以起。當楚漢相距，中國罷於兵甲，而匈奴有雄桀之主曰冒頓，得以乘時自強。控弦之士三十餘萬。漢初定天下，高祖七年，冒頓圍高祖於平城。高祖僅得脫。至高后時，冒頓為書遺高后，曰：「孤僨之君，生於沮澤之中，長於平野牛馬之域。數至邊境，願遊中國。陛下獨立，孤僨獨居，兩主不樂，無以自虞。願以所有，易其所無。」其為驕嫚無禮，至如此。然漢廷經鄭重之討論，終為好辭以對。至文帝時，匈奴驕蹇如故，自稱天所立匈奴大單于，時侵邊塞。使漢廷不能再安於和親之一途。故賈誼慷慨陳辭，謂竊料匈奴之眾，不過漢一大縣。以天下之大，困於一縣，竊為執事者之羞也。然考匈奴之強，亦因多漢人為之輔翼。韓王信降匈奴，匈奴因以引兵南下，乃有平城之役。是後韓王信為匈奴將，及趙利、（趙苗裔。）王黃等，時來侵盜。其先又有故燕王臧荼子衍亡在胡。陳豨反，燕王盧綰又亡入匈奴，率其黨俱去者且萬人，往來苦上谷以東。文帝時，為胡謀主者，乃漢使宦者燕人中行說。是知非盡匈奴獨力，足為邊患也。至於南粵王趙佗，自稱身定百粵之地，東西南北，數千萬里，帶甲百萬有餘。然均漢人南戍不返者。此尤與匈奴不同。故當時漢之邊患，惟北方為強鄰逼處，然亦半由自力分擴，還為毒害，非盡外力。是可見當時漢族社會內力之充盈，及其無限之發展，乃逼使其上層統治者，不得不一變其與民休息之局，而轉移其方針也。

第三節　文景兩朝之政治

漢自高祖迄於呂后，二十餘年，社會復蘇，其當時內外之情勢，俱如上述。而文景兩朝政治之措施，又如何乎？漢孝文為中國史上有數之賢君，其最為後人稱誦者，厥為其自奉之儉約。在位二十三年，宮室苑囿車騎服御無所增益。有不便，輒弛以利民。嘗欲作露臺，召匠計之，直百金，曰：「百金，中人十家之產也。」即不為。身衣弋綈。所幸慎夫人，衣不曳地。帷帳無文繡。以示敦朴，為天下先。惟其自奉之薄如此，故其取於民者亦至輕。自文帝十三年，除民田租，至景帝元年，復收民田半租，其間凡十一年，未收民租一粒穀，此實為歷史所僅見。又其時民賦四十，丁男三年而一事。（〈賈捐之傳〉。）賦役亦輕。其次則為待人之寬仁。其尤有關係者，為廢肉刑。事亦在文帝十三年。齊太倉令淳于意，有罪當刑，其少女緹縈上書，願沒入為官婢，贖父刑罪。文帝憐其意，乃下令曰：「《詩》曰：『愷悌君子，民之父母。』今人有過，教未施而刑已加焉，或欲改行為善，而道無由至。朕甚憐之。夫刑至斷肢體，刻肌膚，終身不息，何其刑之痛而不德也。豈稱為民父母之意哉。」遂廢肉刑。史稱孝文即位，「躬修玄默。勸趣農桑，減省租賦。而將相皆舊功臣，少文多質，懲惡亡秦之政，論議務在寬厚。恥言人之過失。化行天下，告訐之俗易。吏安其官，民樂其業，畜積歲增，戶口寖息。風流篤厚，禁網疏闊。刑罰大省，至於斷獄四百，有刑措之風。」其外對鄰敵，內撫諸王，亦一以寬厚之意行之。南越尉佗自立為帝，文帝召貴佗兄弟，親致書，存問有加。與匈奴結和親，已而背約入盜，令邊備守，不發兵深入，恐煩百姓。吳王濞詐病不朝，因賜几杖。張武等受賂金錢，覺，更加賞賜，以媿其心。其務以德化有如此。論其宅心之寬厚，為政之清簡，誠堪謂為盛德之君而無媿也。

然其時賈誼上疏陳政事，已謂：「竊維事勢，可為痛哭者一，可為流涕者二，可為長太息者六。其他背理而傷道者，難遍以疏舉。言者皆曰天下已安已治，非愚則諛，皆非事實，知治亂之體者。」凡誼所論，舉其大者，如王國之地大難制，一也。匈奴之嫚侮侵略，二也。富人大賈之侈靡相競，俗吏之不知風俗大體，三也。而誼尤以教太子，敬大臣，厲廉恥，崇德教為言。其賜民田租，荀悅論之，以為「豪彊富人，占田逾侈，輸其賦大半。官收百一之稅，民輸大半之賦。官家之惠，優於三代。豪彊之暴，酷於亡秦。」文帝不正其本，而務除租稅，適足以資豪彊。又如帝五年除盜鑄錢令，聽民放鑄，其立意固亦以利民。然能鑄錢者非貧民也。因此，姦富者益以富，樸貧者益以貧。則仍是驅人以聽豪右之役也。（王船山語。）其除肉刑，當黥者，髡鉗為城旦舂，當劓者笞三百，當斬左趾者笞五百。當斬右趾棄市。史稱其外有輕刑之名，內實殺人。斬右趾者當死。斬左趾者笞五百，當劓者笞三百，率多死。故景帝元年下詔曰：「加笞與重罪無異。

幸而不死，不可為人。」因遂多所輕減。至於封建諸王，至景帝時而卒有七國之變。匈奴至武帝時，亦終張撻伐之師。是文帝實遺留此種種問題於其子孫，而其及身當世，則仍循高祖以來君臣相守與民休息毋動為大之舊見。特文帝行之以慈祥愷悌，終不失為令人愛想之賢主耳。

然文帝雖仁慈，亦非不知政治之不能終以無動無為，一務恭儉玄默以為長治久安之計也。賈誼所言，文帝且一一行之。帝臨崩，告其子，一旦有事，周亞夫可用。景帝卒用亞夫平七國之變。特文帝以代王入主中朝，諸王在外者，非其長兄，則其伯叔父。廷臣皆高祖時功臣，封侯為相，世襲相承。文帝即由廷臣所立，強弱之勢，難於驟變。其時漢中朝之政令，既不能行於王國，而漢帝威權，亦不能大伸於中朝功臣之上。故賈誼一言，而絳灌之屬皆不喜，謂洛陽少年，專欲擅權，紛亂諸事。文帝雖心悅誼，不得不外疏之。然文帝以慈祥愷悌默運於上，二十三年之間，而中央政府之基礎日以穩固，外有以制諸王，內有以制功臣，則文帝之賢，又豈僅於慈祥恭儉而已哉。景帝雖遵業，慈祥之性，不能如其父。為之謀臣者，如晁錯，又以深刻，主促七國之變。大難雖平，錯亦見誅。然自高祖以來，功臣、外戚、同姓三系紛紜之爭，至此告一結束。而中央政府一統之權能，遂以確立。景帝又用郅都甯成，務為嚴酷。痛誅游俠之徒，宗族豪傑，盡為惴恐。匈奴在景帝時，亦幸勿為大患。而儉約之守，則自高祖以來七十年相守勿衰。從此內力充盈，乃生武帝，雄才大略，得所憑藉，終以造成西漢全盛之勢。文景之治，固為其主因矣。

第三章　西漢之全盛

第一節　學術之復興

漢自高、惠、呂后，與民休息。迄於文景，仍遵簡儉之治。垂七十年，而漢代遂達於全盛。其財富之盈溢，即為其時代全盛之特徵。史稱：

七十年間，國家無事。非遇水旱，則民人給家足。都鄙廩庾盡滿，而府庫餘財。京師之錢，累百鉅萬，貫朽而不可校。太倉之粟，陳陳相因。充溢露積於外，腐敗不可食。眾庶街巷有馬，阡陌之間成群。乘牸牝者，擯而不得會聚。守閭閻者食粱肉。為吏者長子孫。居官者以為姓號。人人自愛而重犯法，先行誼而黜媿辱焉。於是網疏而民富，役財驕溢，或至并兼。豪黨之徒，以武斷於鄉曲。宗室有土，公卿大夫以下，爭於奢侈。室廬輿服，僭上無限。物盛而衰，固其變也。

則社會經濟情況，自文景以來，繼長增高。而上所述富商大賈之奢風，并兼之盛，奴婢之激增，以及在上有位者之驕縱，實亦隨之俱進，未有轉向。而別有一事，更堪注意者，則為社會學術界復古空氣之漸趨濃厚是也。

一、漢初之學術殘影

自秦焚書令下，至孝惠四年，初除挾書律，前後共二十三年。此二十三年中，兵戈擾攘，學士逃亡，學術之不絕如線。自孝惠以後，民間重得流傳書籍之自由，而學術新芽，遂以再茁。然考漢初諸臣，亦多通文學，習詩書，不盡未受教育之徒也。粗舉其著者，如：

張良，韓人。嘗學禮淮陽。又受太公兵法於下邳圯上之老人。

陳平，陽武人。少時好讀書，治黃帝老子之術。其兄縱平使游學。

韓信，淮陰人。通兵法。

張蒼，陽武人。好書律曆，秦時為御史，主柱下方書。尤好書，無所不觀，無所不通，而尤邃律曆。

酈食其，陳留高陽人。好讀書。為儒生。

陸賈，楚人。時時為高祖稱說詩書。著書十一篇，稱《新語》。

婁敬，齊人。說高祖西都關中，稱說周秦，蓋亦知書。

朱建，楚人。與酈、陸、婁、叔孫同傳。贊曰：「高祖以征伐定天下，而縉紳之徒，騁其知辯」，則均儒者也。

叔孫通，薛人。秦時以文學徵，待詔博士。降漢，從弟子百餘人。共起朝儀。又徵魯諸生三十餘人。又陳涉之王，魯諸儒持孔氏禮器歸之。孔甲為涉博士，與俱死。高祖圍魯，魯中諸儒尚講誦習禮，弦歌之音不絕。叔孫所徵，蓋即其等。高祖過魯，以太宰祀孔子，亦為感其儒業之盛而然也。

蒯通，范陽人。通戰國時說士權變，自序其說凡八十一首，號曰《雋永》。

楚元王交，高祖同父少弟。好書，多材藝。少時，嘗與魯穆生、白生、申公俱受書於荀卿門人浮丘伯。及秦焚書，各別去。高祖過魯，申公以弟子從師入見於魯南宮。元王王楚，以穆生、白生、申公為中大夫。

田叔，趙陘城人。學黃老術於樂鉅公。

蓋公，膠西人。善治黃老言。曹參相齊，盡召長老諸先生，問所以安集百姓，齊諸儒以百數，言人人殊，參獨敬蓋公言。

四皓，年老，為高祖嫚士，匿山中，孝惠為太子時，卑辭厚禮聘之。

其他當尚有。而墜緒微茫，不絕如縷，蓋僅足以當前世學術之殘影耳。

二、文景兩朝之博士

歷孝惠、高后，至孝文時，而學者益出。其時書亦漸多。劉歆《移太常博士》云：「漢興，至孝文皇帝，天下眾書，往往頗出。皆諸子傳說，猶廣立學官，為置博士。」是也。（高祖拜叔孫通為博士，號稷嗣君，則博士之官漢初即設。）今考〈楚元王傳〉：「文帝時，聞申公為《詩》最精，以為博士。」〈儒林傳〉：「韓嬰，文帝時為博士。」趙岐〈孟子題辭〉云：「孝文欲廣游學之路，《論語》、《孝經》、《孟子》、《爾雅》皆置博士。」是劉歆之說有據也。然司馬遷謂文帝本好刑名之言，及至孝景，不任儒者，而竇太后又好黃老之術，故諸博士具官待問，未有進者。觀於張叔孝文時以治刑名，得侍太子。晁錯學申商刑名於軹張恢生所，文帝時亦為博士。因上書言皇太子應深知術數，文帝善之，拜太子家令。術數者，《韓非・定法篇》：「申不害言術。」又申子曰：「聖人任法不任智，任數不任說。」術數即刑名之學也。文帝以刑名教太子，史遷謂其本好刑名，良不誣矣。惟其時博士既不限於儒生，則諸博士之具官待問未有進者，不得專以文景不好儒說之。蓋其時漢廷自蕭、曹以下，皆以兵革汗馬之功，封侯為相。漢約，非有功不得侯，又非侯不為相，故宰相一職，遂為功臣階級所獨擅。彼輩皆起軍旅中，質多文少。即張良以下，陸賈、婁敬諸文人，尚不得大用，何論新起之士。故賈誼卒抑鬱以死。晁錯進言，遽自見殺。此皆不得專以文景不好儒為說也。孝景時博士可考者，轅固，齊人，以治《詩》為博士。胡母生，齊人，董仲舒，廣川人，均以治《公羊春秋》為博士。然《史》、《漢》〈儒林傳〉所載，特本其後博士限於五經而推溯言之。其實文景兩朝博士，決不止此。尚可考者，如魯人公孫臣，以言五德終始召拜博士，在文帝時。賈誼年二十餘，以頗通諸家之書，亦召為博士。轅固生與黃生爭論於景帝前，黃生無所考見，疑亦博士也。《漢舊儀》，文帝時，博士七十餘人，朝服玄端章甫冠，為待詔博士。是其時博士員數，仍襲秦舊，故亦七十餘人也。文景兩帝共踰四十年，計其時先後為博士者應踰百數。惜乎《史》、《漢》〈儒林傳〉未能詳舉其姓名耳。然其學風則大抵可論，治黃老則主清靜無為，治申商則務循名切實。要之沿襲秦廷以古非今之禁，卑之無甚高論，求為當身之可行則止。此則當時學風之大致可想見者也。至於其變而漸趨於復古，則其動機似先發於王國，而猶不在中朝。

三、王國對於學術之提倡

朝廷與王國學術異趨者，中朝自高帝至文景，長守恭儉質樸之本色。而王國則先變而為奢侈也。其招徠文學之事，如楚元王敬禮穆生、白生、申公，及曹參孝景時為齊相，盡召長老諸先生以百數之類皆是也。其尤著者，為吳王濞。史稱：「漢興，諸侯王皆自治民聘賢。吳王濞招致四方游士，齊人鄒陽，與吳人嚴忌、枚乘等，俱仕吳，皆以文辯著名。」其時諸侯王已漸趨於奢侈，與中朝恭儉遠殊矣。其後吳既敗，諸人去吳歸梁。梁孝王亦招延四方豪傑。山東游士，有齊人羊勝、公孫詭之屬。司馬相如亦自漢病免而客遊梁。梁游士賓客之盛掩漢廷。王國賓客文學之事，愈後愈盛，並不以吳楚之敗而中折。其後則南有淮南王劉安，北有河間獻王劉德，皆及武帝世。

1. 淮南王

淮南王為人，好書鼓琴，亦欲以拊循百姓流名譽，招致賓客方術之士數千人。高材者有蘇飛、李尚、左吳、田由、雷被、毛被、伍被、晉昌等八人，號曰八公。及諸儒大山小山之屬。作為內書二十一篇，外書三十三篇，又有中篇八卷，言神仙黃白之術。亦二十餘萬言。又有淮南王詩賦二十九篇，群臣賦四十四篇，《淮南歌詩》四篇。復有《淮南雜子星》十九卷。安於武帝屬為諸父。武帝初即位，建元二年，淮南王入朝，獻所作內篇新作，武帝愛秘之。武帝甚尊重安，每為報書及賜，常召司馬相如等視草乃遣。然安卒以謀反見誅。惟考《史》、《漢》所載，淮南王謀反狀，似頗無實據。其先淮南入召，太尉田蚡告之曰：「方今上無太子，王親高皇帝孫，一旦宮車晏駕，非王尚誰立者。」其後雷被戲劍誤中淮南王太子，遂亡之長安，上書自明。漢廷詔即訊太子，因連及王。又有怨家構之丞相公孫宏。宏乃疑淮南有畔逆計，深探其獄。伍被詣吏自告與淮南王謀反蹤跡。王自殺。被亦受誅。蓋淮南以文學照耀一世，早為武帝所忌。而其時朝廷威信已立，中央集權統一之勢已定。諸王國更不如文景時。一有風聲搖動，其臣紛紛自投漢廷，謀為免身計。雷被、伍被皆文學浮辯士，非有氣節。所謂淮南謀反狀，半出影響，半出羅織。漢廷欲逮淮南太子，淮南不免仍蹈以前諸王不遜順之舊態。所謂欲毋遣太子，遂發兵，計未定，猶豫十餘日者，或為得其情。時膠西王端議：「《春秋》曰：『臣毋將，將而誅。』安罪重於將。」蓋膠西之議出於其相董仲舒。仲舒固深疾漢廷兄弟親戚骨肉之驕揚奢僭，而主為忍而誅者。武帝乃使仲舒弟子呂步舒治淮南獄，以《春秋》誼斷，（參看〈仲舒傳〉及〈五行志〉。）太史公所謂公孫弘以《春秋》之義繩臣下，（〈平準書〉。）即指此類。而博士狄山廷斥張湯，亦謂其治淮南江都獄，以深文痛詆諸侯，別疏骨肉，使藩臣不自安也。（〈湯傳〉。）

2. 河間獻王

河間獻王劉德，以孝景前二年立。史稱其修學好古。從民得善書，必為好寫與之，留其真。

加金帛賜，以招之。四方道術之人，不遠千里，或有先祖舊書，多奉以奏獻。故得書多與漢朝等。同時淮南王安亦好書，所招致率多浮辯。獻王所得書，皆古文先秦舊書，《周官》、《尚書》、《禮》、《禮記》、《孟子》、《老子》之屬。（史稱河間得《孟子》，而文帝時自有《孟子》博士。猶如河間得《尚書》，而漢廷自有晁錯受伏生《尚書》也。）皆經、傳、說、記、七十子之徒所論。其學舉六藝。立《毛氏詩》、《左氏春秋》博士。修禮樂，被服儒術，造次必於儒者。山東諸儒，多從其遊。武帝元光五年，（在淮南朝漢後九年。）獻王來朝，獻雅樂。對詔策所問三十餘事。春正月，還而卒。（《漢書》〈本傳〉。）其獻雅樂事，〈禮樂志〉亦言之，謂：「天子下大樂官，常存肄之，歲時以備數。然不常御。常御及郊廟，皆非雅聲。」〈藝文志〉又云：「武帝時，河間獻王好儒，與毛生等共采《周官》及諸子言樂事者以作《樂記》。獻八佾之舞。其內史丞王定傳之以授常山王禹。禹，成帝時為謁者，數言其義，獻二十四卷記。」〈禮樂志〉謂：「成帝時，謁者常山王禹世受河間樂，能說其義。其弟子宋曄等上書言之。下大夫博士平當等考試。當以為河間獻王聘求幽隱，修興雅樂以助化。時大儒公孫弘、董仲舒等，皆以為音中正雅，立之大樂，春秋鄉射，作於學官，希闊不講。故自公卿大夫觀聽者，但聞鏗鎗，不曉其意。河間區區，下國藩臣，以好學修古，能有所存，民到於今稱之。況於聖主。事下公卿，以為久遠難分明，當議復寢。」是河間樂在武帝時，本以備數，不及郊廟大典。其後亦迄未施行也。（〈藝文志〉河間所輯合禮樂共二百三十餘篇。）

今考《西京雜記》稱：「河間獻王德築日華宮，置客館二十餘區，以待學士。自奉不踰賓客。」其禮賢有如此。而觀漢名臣奏（《史記・五宗世家》集解引。）杜業奏曰：「河間獻王經術通明，積德累行，天下雄俊眾儒皆歸之。孝武帝時，獻王朝。被服造次，必於仁義。問以五策，獻王輒對無窮。孝武帝艴然難之。謂獻王曰：『湯以七十里，文王百里，王其勉之。』王知其意，歸即縱酒聽樂，因以終。」則獻王之見忌於武帝，蓋視淮南尤益甚矣。考景帝子十四人，惟獻王與栗太子同母。栗太子廢而獻王於諸子年最長，又得賢名，武帝之忌獻王，有以也。獻王即以來朝之年正月薨，（見〈武紀〉。）其時朝十月，蓋歸而即卒，杜業之奏，非無據矣。

《戴東原集》有〈河間獻王傳經考〉，謂《毛詩》、《左氏春秋》、《周官》皆傳自獻王。其後今文學家疑之。康有為《新學偽經考》以《史記・河間獻王世家》不及獻王得書事，證《漢書》云云為偽。然同時史遷於〈淮南王傳〉，亦不言其著書獻書事。《漢書》亦為增補。特今淮南王書尚傳，故無從見疑耳。否則亦可以《史記》未之及，遂謂《漢書》云云盡出虛造耶？（史公時儒術始興，其言闊略。〈魯共王傳〉不言壞壁，〈楚元王傳〉不言受《詩》浮丘伯，皆是。）淮南獻所著書，而武帝愛秘之。夫愛矣，云何而秘。宜乎河間書之盡藏秘府，伏而不發矣。蓋其時淮南河間，皆以王國講文學，流譽駕中朝，遂為武帝所忌。二王均不得其死，其書入漢廷，亦遂抑而未行也。

今合而觀之，河間尚經術，淮南貴詞賦，雖南北風尚相異，要亦自與中朝之學術不同。若河間之修古禮樂，遊情三代，勿論矣。即言淮南，其書侈張，與黃老清靜申韓切實皆絕殊。詞賦之學，近源吳梁，遠溯齊楚，（楚自襄王避秦東遷，則亦江淮之國也。）以南人之巫風，澤海國之仙思。其學亦東方齊魯之支流與裔。與經術復古派相近，而與中原三晉功利現實之觀則遠。其時中朝學者，即主改弦易轍，如賈誼、晁錯，皆中原之士，均不脫功利現實之見，與秦廷之法後王，漢室之尚恭儉，猶是一脈相承。而淮南河間王國學風，則先趨於復古奢侈之路也。（復古者尚禮樂，務文飾，易近奢淫一路。而奢淫者縱情欲，慕神仙，追思遠古，放情世外，往往與復古派精神相通。皆不肯卑卑切事情也。）

今再綜括言之，漢初學術，中朝與諸侯王國自異。如蕭何之定律令，叔孫之定儀法，張蒼之定章程，韓信之定兵法，此亦古代所謂王官之學。凡漢所定，則皆一依秦舊，無大更革也。其戰國以來後起百家之學，稍得勢於中央者，厥惟黃老與申商。黃老主一切因循，清靜而無為。申商主循名責實，尊上以守法。此獨與漢廷初年政治相得。蓋二者跡異而情近，故司馬遷以老莊申韓同傳也。其流衍復盛於社會之下層者，其一為儒家言，又其一為辭賦家言。辭賦一家，淵源自晚周，驟盛於漢代。其先蓋由縱橫策士遞變而來。彼輩昧於時變，既不得志於中央，乃散走於列國，而尤盛於南方，吳、楚、梁、淮南，導奢風而啟叛志，皆此輩為之也。儒學則抱殘守缺，尤盛於北方之農村。三時耕作，一時誦習，三年而習一藝，三十而通六經。稱《詩》、《書》，法先王，進可以淑世，退亦可以淑身。先秦百家言，惟儒最為源遠而流長，亦其學術之本身，固已異於其他諸家矣。然漢廷雖有博士之官，儒術固掩抑不揚，而河間一國，獨先尊崇之。此固獻王之賢，亦緣儒術之在北方民間，固已先有根基，聲光已露，故獻王亦注意及之耳。

第二節　武帝之政治

漢興七十年，恭儉無為之治，繼承勿輟。至於武帝，而社會財富，日趨盈溢。又其功臣、外戚、同姓三系之紛爭，亦至武帝時而止。中央政府統一之權威，於以確立。而民間古學復興，學者受新鮮之刺激，不肯再安於無為。而邊患亦迄未甯息，抑且與時俱進，不得不謀痛一懲創之道。凡此均為促成漢武一朝政治之背景。而武帝自以雄材大略，乘時奮發。席全盛之勢，建超古之業。尋其事跡，千端萬緒，而有可以一義為之說明者，則厥為其稽古之遙情是已。然秦皇漢武，同為中國史上之雄主。秦皇焚書坑儒，以吏為師，禁天下之以古非今。迄於漢武，不及百年，乃表章六藝，高慕堯舜，處處以希古法先為務。若漢武之與始皇，所處在絕相反之兩極。而論其措施，則漢武之置五經博士，設博士弟子員，即猶始皇之焚非博士官書，以吏為師，統私學於王官之制也。漢武遣方士，求神仙，行封禪，立明堂，（武帝因公玉帶上明堂圖，作明堂於汶上。兒寬云：「祖立明堂辟雍，宗祀太一」，亦指泰山明堂言，長安明堂尚在後。）造曆推德，外攘四夷，又事事與始皇如出一轍。其事豈不甚怪。蓋漢武鄙薄始皇，遠慕唐虞。究其所至，仍亦為始皇之所為而止耳。而漢武顧自以為唐虞三代，不知其仍為亡秦之續也。漢自高祖以來七十年，恭儉無為，惟知襲秦故而已。武帝發憤，欲興大平，乃其實亦仍襲秦故。漢廷學者，至武帝時，幾無不高談唐虞三代，而深斥亡秦者。然不知其所高談深斥，要亦未出亡秦之牢籠。上者亦不越於戰國。此惟司馬遷能言之，曰：「戰國之權變，亦頗有可采者，何必上古。秦取天下多暴，然世異變，成功大。傳曰法後王，何也，以其近己而俗變相類，議卑而易行也。學者牽於所聞，見秦在帝位日淺，不察其終始，因舉而笑之，不敢道，此與以耳食無異。」（〈六國表〉序。）然則漢武之稽古，其亦史遷之所謂以耳食者歟。今撮敘其大端於後，以見漢室全盛期之所為，而明治道隆替世變往復之所以焉。

一、武帝一朝之學術

1. 外廷之博士

武帝初即位元年，冬十月，（其時尚以十月為歲首。）詔丞相御史，列侯，中二千石，諸侯相，舉賢良方正直言極諫之士。丞相衛綰奏：「所舉賢良，或治申、商、韓非、蘇秦、張儀之言，亂國政，請皆罷。」奏可。此為武帝即位闢頭第一聲。其一朝措施，即已於此露其朕兆，定其準的。

時武帝年十七也。考衛綰為人，醇謹無他長。惟以敦厚見賞於文景兩帝。何以少主初政，即突發此驚人之議。且其事並不著於綰之〈本傳〉，而惟於〈武紀〉見之。又其年六月，（據〈百官公卿表〉。）綰即以不任職罷免。可知其議發動，實不在綰。或謂是年所舉賢良，董仲舒亦預其列。罷申、韓云云，其議實發自仲舒。史稱仲舒廣川人，少治《春秋》。孝景時為博士。學士皆師尊之。武帝即位，舉賢良文學之士，前後百數。而仲舒以賢良對策。惟仲舒對策之年，則昔人多疑而不能定。《漢書．武紀》載於元光元年，與公孫宏並列。《通鑑》則據《史記》「武帝即位，為江都相」之文，載於建元元年。疑《通鑑》所定實是。據〈本傳〉，仲舒對策，推明孔氏，抑黜百家。立學校之官，州郡舉茂才孝廉，皆自仲舒發之。今考舉孝廉在元光元年十一月，若對策在下五月，不得云自仲舒發之，一也。（《通鑑考異》說。）又〈武紀〉建元六年，「遼東高廟災，高園便殿火。」〈五行志〉「仲舒對曰」云云，〈本傳〉在廢為中大夫時，居家推說其意。是賢良對策不得反在元光元年，二也。（沈欽韓說。）史公學於董生，記董生事必確。史傳云：「今上即位，為江都相。」是為相在建元元年，對策即於其時，審矣。遼東高廟災，仲舒且為之下獄。若其事在對策前，則董名尚未顯，主父偃何自嫉之。《史》、《漢》並云仲舒自是不敢復言災異，而對策推災異甚切。武帝冊中又有敬聞高誼語。若曾受拘繫，不合再為此言。〈劉向傳〉又言，仲舒坐私為災異書下吏，復為大中大夫、膠西相。不云下吏後對策為江都相。此又其較然無疑者，三也。（蘇輿說。）

又仲舒對策，詳論《春秋》謂一為元之說，益知其當在建元元年，四也。（王楙《野客叢書》說，蘇輿引。）惟策中有「今臨政而願治，七十餘歲矣」一語。自漢初至建元三年始七十歲，則建元元年不得云七十餘歲。（齊召南說。）若為可疑。然此實衍文。原文當云：「古人有言，臨淵羨魚，不如退而結網，臨政願治，不如退而更化。」淺人妄加數字也。（蘇輿說。）策中又云：「夜郎康居，殊方萬里，說德歸誼。」考通夜郎在建元六年王恢擊東粵後。而張騫道康居，遠在其後十餘年，無從先有歸誼事。然則仲舒對策，不僅「臨政願治」一語，為後人所妄改。即「夜郎康居」云云，疑亦非當時之真矣。

至其深斥申、商、韓非之意，則文中再三及之。初對策有云：

> 天道之大者在陰陽。陽為德，陰為刑。刑主殺而德主生。是故陽常居大夏，而以生育長養為事。陰常居大冬，而積於空虛不用之處。以此見天之任德不任刑也。……王者承天意以從事，故任德教而不任刑。……為政而任刑，不順於天，故先王莫之肯為也。今廢先王德教之官，而獨任執法之吏治民，毋乃任刑之意。

其第二策又云：

秦……師申商之法，行韓非之說，……非有文德以教訓於天下也。

是其明斥申、商、韓非之說也。蓋仲舒對策大意，在於去刑法而任教化，而苟任教化，則必以儒道為宗矣。故於三策之末總見其意云：

《春秋》大一統者，天地之常經，古今之通誼也。今師異道，人異論。百家殊方，指意不同。是以上無以持一統。法制數變，下不知所守。臣愚以為諸不在六藝之科，孔子之術者，皆絕其道，勿使並進。邪辟之說滅息，然後統紀可一，而法度可明，民知所從矣。

此仲舒對策盛推儒術、深斥申商之證也。然〈嚴助傳〉亦云：「郡舉賢良對策百餘人，武帝善助對，獨擢為中大夫。」嚴助對策亦在建元元年，與仲舒同時。帝既嘉納仲舒之言，顧不拔用於中朝，而外出為江都相，則武帝似不必深契於仲舒矣。且是時武帝年僅十七歲，文學侍從之臣，最先進者為嚴助，亦在此次對策後。朝廷大臣，如丞相衛綰等，皆樸質無文，非學士。而詔冊辭旨，典雅深美，所謂推儒術而抑申商者，即武帝詔冊辭旨已然矣。仲舒所對，特與朝廷詔制本意訢合相和，固非由於仲舒而始開是意也。

然則武帝以十七齡少主，初即位，制詔賢良對策，已卓然有復古更化之意矣。今試問其詔冊典雅，事何從來？考之《史記·儒林傳》：「蘭陵王臧，受《詩》申公，事孝景帝，為太子少傅，免去。今上初即位，臧乃上書宿衛上，累遷，一歲中為郎中令。」郎中令掌宿衛宮殿門戶，乃親近之職。文帝初入未央宮，拜張武為郎中令，是也。是王臧嘗為武帝少傅，又特見親信。蓋帝之好儒術，淵源自此。疑制詔文字，即出郎中令王臧輩之手。是年，又用趙綰為御史大夫，綰與臧同學，其拔用，殆亦臧所推薦。《史記·儒林傳》已言之：「武帝即位，趙綰、王臧之屬明儒學，而上亦嚮之，於是招方正賢良文學之士。」則其事明起於王、趙也。

趙王既用事，即議立明堂，安車蒲輪，徵其師魯申公。其時丞相為竇嬰，乃竇太后諸姪。帝既有意更張，疑若變易先帝之所立，事蓋為太后所不喜。帝之用竇嬰，蓋引以緩太后意。此等安排，疑亦出趙王之策劃為多。明年，冬十月，趙綰請無奏事東宮，太后乃大怒，綰及臧皆下獄自殺。竇嬰亦免相。武帝遂罷明堂事，申公亦病免歸。是為武帝重用儒術一頓挫。然其後三年，（建元五年。）武帝終置五經博士，而儒術終於獨盛。

《漢書·儒林傳》贊：「武帝立五經博士，……初《書》惟有歐陽，《禮》后，《易》楊，《春秋》公羊而已。」王應麟《困學紀聞》謂：「後漢翟酺曰：『文帝始置一經博士。』考之漢史，文帝時，申公、韓嬰皆以《詩》為博士。（所謂《魯詩》、《韓詩》。）五經列於學官者，惟《詩》而已。景帝以轅固生為博士，（所謂《齊詩》。）而餘經未立。武帝建元五年春，初置五經博士。〈儒林傳〉贊稱舉其四，蓋詩已立於文帝時。」今按胡母生、董仲舒皆治《公羊春秋》，於景帝時已曾為博士。則武帝所增祇三經，非四經也。所以稱置五經博士者，據〈百官表〉：「博士秦官，掌通古今。員多至數十人。武帝初置五經博士。」蓋其前申公之儔為博士，乃以通古今，非以其專經也。至武帝專隆儒術，乃特稱五經博士。其他不以五經為博士者，遂見罷黜。因又名之曰諸子傳記博士。其先則皆以通古今為博士，不別五經與諸子傳記也。故獨以經學設博士，其事自武帝始。〈儒林傳〉贊所以獨舉四經者，因其後此四經皆有增設，至宣帝時，增員至十二人。獨《詩》惟三家，更無新增，故獨不及。（王莽立《毛詩》博士，漢人不以為典要。）非謂武帝增此四經也。故自武帝建元五年之後，博士官之性質，乃與前迥異。前之博士掌通古今，而後之博士，則專掌通五經。此其異也。若謂武帝繼文景時之一經博士而增成為五經，則為不明秦漢博士官性質衍變，失之遠矣。

其後十二年，（元朔五年。）又為博士置弟子員，其議始於公孫弘。公孫弘菑川薛人。亦以建元元年舉賢良，徵為博士。奉使匈奴還，免歸。元光五年，復徵賢良對策，稱旨。（《漢書・武紀》在元光元年，〈弘傳〉在五年；又云歲中至左內史。〈百官表〉弘為左內史在元光五年，〈荀紀〉亦載在此年，知〈武紀〉誤。）起徒步，數年至宰相、封侯。漢制列侯始得為相，惟弘無爵，為拜相始特封侯。其後以為故事，至丞相必封侯，事自弘始也。弘既相，於是議為博士官置弟子五十人，復其身。由太常擇補。（此選士。）郡國有好文學，亦得舉詣太常，受業如弟子。（此選吏。）一歲皆輸課。能通一藝以上，補文學掌故缺。（秩在百石下。兒寬以文學掌故補文學卒史，秩百石，可證。）高弟可以為郎中。自是學者益眾。此武帝一朝尊經隆儒之大概也。

今考秦人焚書，諸侯史記以外，特嚴於《詩》、《書》。清儒章實齋謂六經皆史，《詩》、《書》即古代之官書也。諸侯史記，則後世新官書也。故二者同焚，而百家語轉不為罪。迄茲未百年，經術又轉盛，《詩》、《書》六藝獨得設博士。而其他百家盡歸罷黜。此其轉變之間，蓋亦有故。漢之初興，創痍未脫，與民休息，則黃老之說為勝。及於文景，社會富庶，生氣轉蘇。久痿者不忘起，何況壯旺之夫。復與言休息，誰復樂之。而一時法度未立，綱紀未張。社會既蠢蠢欲動，不得不一切裁之以法。文帝以庶子外王，入主中朝。時外戚呂氏雖敗，而內則先帝之功臣，外則同宗之諸王，皆不安就範圍。文帝外取黃老陰柔，內主申韓刑名。其因應措施，皆有深思。及於景帝，既平七國之變，而高廟以來功臣亦盡。中朝威權一統，執申韓刑名之術，若可以驅策天下，惟我所向。然申韓刑名，正為朝廷綱紀未立而設。若政治已上軌道，全國共遵法度，則申韓之學，亦復無所施。其時物力既盈，綱紀亦立，漸臻太平盛世之況。而黃老申韓，其學皆起戰國晚世。其議卑近，主於應衰亂。惟經術儒生，高談唐虞三代，禮樂教化，獨為盛世之憧憬。自衰世言之，則每見其為迂闊而遠於事情。及衰象既去，元氣漸復，則如人之病起，捨藥劑而嗜膏粱，亦固其宜也。後人乃謂儒術獨為利於專制，故為漢武所推尊，豈得當時之真相哉。

然稱《詩》、《書》，道堯舜，法先王，戰國初期學派儒、墨皆然。不專於儒也。且文帝時有《孟子》博士。（〈河間獻王傳〉，載河間得書，皆古文先秦舊書，《周官》、《尚書》、《禮》、《禮記》、《孟子》、《老子》之屬。特舉《孟子》、《老子》者，《孟子》，文帝時立博士，《老子》尤為時重。〈藝文志〉有《老子》鄰氏經傳四篇，傳氏經說三十七篇，徐氏經說六篇。殆亦立博士，故有傳說，如後六藝諸經，盡有傳說一例。然則班氏河間一傳，正見其據當時傳聞，故言之親切如是。若由劉歆以下偽造，何緣於《周官》、《尚書》下，忽及《孟子》、《老子》哉。）至武帝時亦廢。其後劉向父子編造《七略》，六藝與儒家分流。是儒亦百家之一，不得上儕於六藝。然則漢武立五經博士，謂其尊六藝則可，謂其尊儒術，似亦未盡然也。特六藝多傳於儒者，故後人遂混而勿辨耳。

故漢人之尊六藝，並不以為其儒書而尊。而漢人之尊儒，則以其守六藝。此不可以不辨也。而漢人之所以尊六藝者，則別有故。〈儒林傳〉：「竇太后好老子書。召問博士轅固生。固曰：『此家人言耳。』」太后怒曰：『安得司空城旦書乎？』乃使固入圈擊豕。景帝知固直言無罪，而為太后怒，乃假固利兵。彘應手而倒，固得無死。」今考家人言者，秦博士鮑白令之對始皇曰：「五帝官天下，三王家天下。」官言其公，家言其私。家人言，乃對王官之學而說。猶云民間私家之言耳。凡戰國諸子所以稱百家，皆謂其非王官學。揚子雲〈博士箴〉亦云：「《詩》、《書》是泯，家言是守。」以《詩》、《書》家言對文，正猶《七略》、〈藝文志〉以王官六藝之學與九流十家對列也。司馬遷有云：「厥協六經異傳，整齊百家雜語。」而劉知幾《史通》稱之，謂其：「鳩集國史，採訪家人。」（〈六家篇〉。）又曰：「殷周已往，採彼家人。」（〈採撰篇〉。）則家人言即指百家言，更無疑矣。轅固生自以治《詩》、《書》，此乃古者王官之學，故特輕鄙晚出家言。竇太后怒之，曰：「安所得司空城旦書。」秦法，令下三十日不燒，黥為城旦。漢以司空主罪人，賈誼云輸諸司空是也。《詩書》為秦法所禁，故云何從得此司空城旦書，即謂犯禁書也。然則揚子雲所謂《詩書》是泯，家言是守，王仲任所謂秦人焚書不及諸子，皆有證矣。秦人焚古代官書，而立晚世家言為博士，所以尊新王一朝之統。此乃荀卿之所謂法後王。漢武罷斥百家，表章六藝，夫而後博士所掌，重為古者王官之舊，乃所以求稽古考文之美。此乃荀卿之所謂法先王。則當時之尊六藝，乃以其為古之王官書，非以其為晚出之儒家言，其義又斷可識矣。故班氏〈儒林傳〉亦謂：「六學者，王教之典籍，先聖所以明天道，正人倫，致至治之成法也。」

其先儒家治六藝，本指禮樂射御書數。下至戰國晚世，《周官》、（〈保氏〉。）《呂覽》（〈博志篇〉。）諸書猶然。秦焚《詩》、《書》，獨不及《易》，以《易》為卜筮書也。是秦時《周易》，猶不與《詩》、《書》為類。《漢書》稱《易》既未焚，傳受者不絕。然考〈儒林傳〉，謂漢興，言《易》

者皆本田何，何以齊田徙杜陵，號杜田生。丁寬從何學成，東歸，何謂門人曰：「《易》已東矣。」則漢博士言《易》，淵源惟有田何。此證秦焚書前儒者治《易》之寡。秦既不焚《易》，鄒、魯、梁、趙之士，治《易》遂多。淮南有九師《易》，其學與黃老同流。故今《易》傳皆涉黃老意。即漢博士言《易》，亦弗能自外。故以《易》為古之王官之學則猶可，以《易》為古之儒學，又未見其然也。

故漢人之尊孔子，特為其傳六藝之統。漢人之尊六藝，特為其為古代之王官學。漢武之立五經博士，特為欲復古者王官之學之舊，以更易秦廷末世之所建。惟深推其用意，實亦不出秦廷統私學於王官，而以吏為師之故智耳。故其採六藝而罷百家，若專就朝廷設官之用意言，則亦未見其有所大勝於秦之泯《詩》、《書》而守家言也。後人乃專以漢武尊儒為說，又未為得當時之真相矣。

2. 內朝之侍從

漢武以大有為之君，處大有為之世。年少氣銳，求欲一革文景以來恭儉苟簡之風。其罷黜百家，表章六經，固已見其指意之所在。而武帝當時所以斡旋朝政，獨轉乾綱者，則在其以文學為侍中。削外朝之權而歸之內廷，此又漢制當時一大變也。〈百官表〉：「侍中左右曹諸吏散騎中常侍皆加官。」錢大昕曰：

自侍中而下，《漢書》所稱中朝官也。亦謂之內朝臣。考高帝時，盧綰為將軍，常侍中。孝惠時，郎、侍中皆冠鵔鸃，貝帶，傅脂粉。是漢初已有侍中。武帝初，嚴助、朱買臣皆侍中，貴幸用事，始與聞朝政。厥後，衛青、霍去病、霍光、金日磾皆由侍中進。而權勢出宰相右矣。武帝時，霍光、韓增皆為郎，遷諸曹侍中。宣帝時，蘇武、杜延年、劉安民為右曹，張延壽為左曹。此左右曹之始。宣帝時，楊惲為諸吏光祿勳，此諸吏之始。宣帝時，張霸為散騎中郎將，張勃、劉更生為散騎諫大夫，此散騎之始。司馬相如納訾為郎，事景帝，為武騎常侍，則景帝時已有常侍。武帝常與侍中、常侍、武騎及待詔隴西、北地良家子能騎射者微行。而東方朔亦為常侍郎。然其時未見中常侍之名。至元成以後始有之。元帝時，有中常侍許嘉，成帝時，有中常侍鼂閎。成帝欲以劉歆為中常侍，大將軍王鳳以為不可，乃止。〈敘傳〉：班伯為中常侍。哀帝時，有中常侍王閎宋宏等，皆士人也。後漢中常侍並以宦者為之，非西京舊制矣。（《三史拾遺》。）

史稱武帝內朝諸臣，最先為嚴助。其後得朱買臣、吾丘壽王、司馬相如、主父偃、徐樂、嚴安、（主父偃、徐樂、嚴安三人上書言事，《通鑑》載於元朔元年置滄海郡後，蓋三人進身較晚。荀氏《漢紀》載於元光二年，誤也。）東方朔、枚皋、膠倉、終軍、嚴蔥奇等，並在左右。其尤親幸者，為東方朔、枚皐、嚴助、吾丘壽王、司馬相如。是時征伐四夷，開置邊郡，軍旅數發，內改制度。朝廷多事，屢舉賢良文學之士。公孫弘起徒步，數年至丞相，開東閣，延賢人，與謀議。朝覲奏事，因言國家便宜。上令助等與大臣辨論。中外相應以義理之文，大臣數詘。（〈嚴助傳〉。）今考嚴助，會稽吳人嚴忌子。嚴忌與鄒陽、枚乘皆游仕吳王濞，以文辯著名。其後則去而之梁，從梁孝王游。〈藝文志〉有莊夫子賦二十四篇，即忌也。又有嚴助賦三十五篇。枚皐不通經術，有賦百二十篇，乃枚乘子。枚乘賦有九篇。武帝自為太子聞乘名。初即位，以安車蒲輪徵。枚年老，道死。司馬相如從鄒陽、枚乘、嚴忌游，著〈子虛賦〉。武帝讀而善之，曰：「朕不得與此人同時哉。」志有司馬相如賦二十九篇。其他吾丘壽王賦十五篇，常侍郎莊蔥奇賦十一篇。《七略》曰：「或言莊夫子子，或言族家子，莊助昆弟也。」朱買臣賦三篇。而主父偃二十八篇，徐樂一篇，莊安一篇，待詔金馬聊蒼三篇，即膠倉，與鄒陽七篇，同列縱橫家。又終軍八篇，吾丘壽王六篇，虞丘說一篇，即吾丘，莊助四篇，在儒家。東方朔二十篇，則在雜家，與《淮南內外篇》同列。今要而論之，是諸人者，或誦《詩》、《書》，通儒術。或習申商，近刑名。或法縱橫，傚蘇張。雖學術有不同，要皆駁雜不醇，而盡長於辭賦。蓋皆文學之士也。武帝兼好此數人者，亦在其文學辭賦。故武帝外廷所立博士，雖獨尊經術，而內朝所用侍從，則盡貴辭賦。大體言之，經術之與辭賦，亦當時學術界一分野也。經術為北學，集於河間，辭賦為南學，萃於淮南。武帝並駕兼收，欲跨河間淮南而上之。河間淮南兩王，皆已不得其死，而經術辭賦之士，悉會於漢廷。辭賦者，鋪張藻飾，侈陳富麗，務為夸大。與漢開國以來恭儉無為之旨適相反。其風起於齊、吳、梁、楚、淮南，植根於諸王國，而漸染及於中朝。武帝內中於辭客之侈張，而外以經術為附會。興明堂，建封禪。修郊祀，改正朔。內定制度，外攘四夷。凡所謂正禮樂，致太平者，皆導源於辭賦，而緣飾之以經術。往者文景以來黃老申韓清簡切實之說，務為卑近可行者，宜為武帝所不喜。故汲黯面折之，曰：「陛下內多欲而外施仁義，奈何欲效唐虞之治。」而公孫弘曲學阿世，常稱以為「人主病不廣大，人臣病不儉節。」此最為有合於時宜矣。蓋自文景以來，恭儉苟且，而臣下日趨於驕侈。賈誼之徒，已為之痛哭流涕長太息。今公孫弘一反其道，導人主以廣大，繩臣下以儉節。上足以結雄主之權，下亦以矯時風之敝。經術辭賦兩者，皆可以會通於公孫子人主病不廣大，人臣病不儉節之一語。當武帝之世，招致文學賢良前後數百人，異人並出。獨公孫弘以六十老翁、徒步至相，封為列侯。年八十，終於相位。夫豈偶然而致哉。

二、武帝一朝之政治

1. 董仲舒公孫弘之對策

漢興以來七十年，以恭儉之治與民無為。社會經濟，日趨盈溢。學術空氣，亦漸濃厚。武帝雄才大略，處此時機，慨然欲有所建立。朝野和之，更化復古之聲，一時四起。武帝初即位，建元元年，即以此意冊所舉賢良方正直言極諫之士。謂：

> 五帝三王之道，改制作樂，而天下洽和。百王同之。……聖王已沒……王道大壞。……五百年之間，守文之君，當塗之士，欲則先王之法以戴翼其世者甚眾。然猶不能反，日以仆滅，至後王而後止。豈其所持操，或悖繆而失其統歟？固天降命，不可復反，必推之於大衰而後息歟？凡所為屑屑夙興夜寐，務法上古者，又將無補歟？三代受命，其符安在？災異之變，何緣而起？性命之情，或夭或壽，或仁或鄙，習聞其號，未燭厥理。伊欲風流而令行，刑輕而姦改。百姓和樂，政事宣昭，何脩何飭。而膏露降，百穀登，惠潤四海，澤臻草木。三光全，寒暑平。受天之祜，享鬼神之靈。德澤洋溢，施乎方外，延及群生。子大夫明先聖之業，習俗化之變，終始之序。講聞高誼之日久矣，其明以諭朕。（〈董仲舒傳〉。）

冊文寥寥數百字，其薄秦制，慕古昔，欲更化習俗，而反之上古三代之意，已明白著見。時武帝年十七耳。帝為太子時，王臧為之傳。臧乃儒者，魯大儒申公弟子。尋即見絀，殆或以儒術不見懽於景帝及竇太后也。武帝初即位，臧上書宿衛，累遷，一歲至郎中令。其為武帝所親信可知。此等詔冊，殆出王臧諸人手。其時即無董仲舒輩，武帝已有復古更化之意。然當時所以欲復古更化者，其動機果何在？且彼意中所欲復之古又何若？則其事有至當研討者。

蓋武帝此冊，有極關重要之問題幾點。一曰受命之符。當時以為三代盛世，皆有一種瑞祥，徵其為上天所降命。否則不足以為太平，不足以見天命。一曰災異，即瑞祥之反面。國將敗亡，有失天意，則天乃降災異以為譴告。一曰命之夭壽。王者既稱天子，代天而治。世既太平，獲天之祐，萬民咸得其壽，而不夭折。則此王者應得登格於天，永為神仙不死，如黃帝。一曰終始之序。古之王者，皆應五德。五德運移，終而復始，各有次序。受命之符，即與帝王所當之德運相應。如周為火德，則有赤烏之符，是也。一曰德澤施乎方外。所謂太平，不僅其內國之治安，又貴於方外之歸化。而致其奇禽怪獸異物，如所云東海致比目之魚，西海致比翼之鳥，亦足為一種受命之符徵也。武帝所以欲復古更化之動機，似不免為上此諸說所歆動。故武帝意中所欲復之古，亦似為此等景象之古也。至於當時政治上實際問題，有待於在上者之解決，則莫過於經濟上貧富不均所產生種種之現象。武帝詔冊中所謂風流而令行，刑輕而姦改者，即微逗其間之消息。而固非武帝所欲復古更化之所重也。其他如諸王國，則自吳楚七國敗後，已不成為問題。匈奴外患，在呂后文帝時頗烈，景帝時已稍減，無大寇。以武帝時國力言，強弱之勢與前不同，匈奴宜亦不足為大患。其他四鄰，尤不足憂。故武帝詔冊，亦祗求德澤之如何而洋溢及乎方外，此與呂后文帝時所以憂邊者亦復異。其後武帝一朝政治，如封禪巡狩，明堂郊祀，改正朔，易服色制度，外征四夷，種種所謂復古更化者，皆已於此詔冊中及之。而社會經濟之貧富不平，為刑不輕姦不改風化不流政令不行之根源，乃當時政治上惟一真實之問題所在，則武帝不徒未經注意，抑且以其種種之復古更化，而促其現象之加甚焉。此武帝一朝政治之大概也。

其時對策者百有餘人，惟董仲舒所對，尤為武帝異視。仲舒之對曰：

> 臣聞天之所大奉使之王者，必有非人力所能致而自至者，此受命之符也。天下之人，同心歸之，……故天瑞應誠而至。書曰：白魚入于王舟，有火復于王屋，流為烏，此蓋受命之符也。
>
> 廢德教而任刑罰，刑罰不中，則生邪氣。邪氣積於下，怨惡畜於上。上下不和，則陰陽繆戾，而妖孽生矣。此災異所緣而起也。

此仲舒所對受命之符及災異之見解，蓋為當時學者共同之傳說，仲舒亦未能立異也。至於性命之壽夭與仁鄙，仲舒獨以教化對。以仲舒治學，只談陰陽，尠及神仙也。而對於如何而可以受天之祐，享鬼神之靈，德澤洋溢施乎方外一節，則言之極愷切。其大要在於更化而復古。其言曰：

聖王之繼亂世也，掃除其跡而悉去之，復修教化而崇起之。教化已明，習俗已成，子孫循之。行五六百歲，尚未敗也。至周之末世，大為無道，以失天下。秦繼其後，獨不能改，又益甚之。重禁文學，不得挾書。棄禮捐誼，而惡聞之。其心欲盡滅先王之道，而顓為自恣苟簡之治。故立為天子，十四歲而國破亡矣。自古以來，未嘗有以亂濟亂，大敗天下之民，如秦者也。其遺毒餘烈，至今未滅。使習俗薄惡，人民嚚頑。抵冒殊扞，熟爛如此之甚。……孔子曰：「腐朽之木，不可雕也。糞土之牆，不可圬也。」今漢繼秦之後，如朽木糞牆矣。雖欲善治之，亡可奈何。法出而姦生，令下而詐起。如以湯止沸，抱薪救火，愈甚，亡益也。竊譬之，琴瑟不調，甚者，必解而更張之，乃可鼓也。為政不行，甚者，必變而更化之，乃可理也。當更張而不更張，雖有良工，不能善調也。當更化而不更化，雖有大賢，不能善治也。故漢得天下以來，常欲善治，而至今不可善治者，失之於當更化而不更化也。

其於鄙秦制，崇古化，蓋君臣上下，一氣相和，遠非文景以來相守「卑之無甚高論，求為可行」之夙見矣。至謂法出而姦生，令下而詐起，實為當時政治上真實問題所在，即武帝所謂若何而風流令行刑輕姦改者。其病根，自下言之，乃在社會經濟之發展而造成大貧大富之階級。乃漢興七十年與民無為，使民間經濟自由發展之所致。此乃封建貴族階級既破以後，社會新興之問題。自上言之，則黃老之無為，與申商之刑名，一主放任，一主驅縛，而不謀所以為教化，則終不足以勝頹趨。而仲舒以之歸罪於秦俗，欲以復古為對治之藥也。蓋仲舒對策大意，以為刑罰不息，由於俗化不美。所謂俗化之不美者，主要指其從利作姦而言。惟教化可以為之隄防，而教化之美則在古代。蓋秦之為政，既急功而近利，復嚴刑而酷法。自戰國以來，其所采取於東方者，亦盡三晉功名之士，教化風俗，非其所重。齊魯儒學傳統，固於秦政絕少影響。仲舒所論，正為東方儒學傳統在政治理論上之正式抬頭，此乃秦廷焚書坑儒以來政學思想一大轉變。此一轉變，則實為考史者所當鄭重注意也。惟既時異世易，秦以前乃封建世襲之社會，與秦以後之平民農商業社會異體。苟空以古代禮樂教化為言，其何能淑？而況所謂古代之禮樂教化者，其實質又何如乎？如昔秦博士淳于越，主復封建，拘古不化，宜為秦王李斯所笑。而仲舒固非淳于越之比。其對於當時病象，其背景在於經濟失調之一點，仲舒固已確切指出。其欲以教化代刑名與無為之意，亦誠不可不謂是當時一帖對症之良藥。其第二策極言秦任刑法不以文德為教之非，又繼言武帝有天下，憂勞萬民，而未有獲者，則由於士素之不厲。謂：

> 今之郡守縣令，……既無教訓於下，或不承用主上之法，暴虐百姓，與姦為市。貧窮孤弱，冤苦失職，甚不稱陛下之意。……夫長吏多出於郎中中郎吏二千石子弟。選郎吏又以富訾，未必賢也。……是以廉恥貿亂，賢不肖渾殽。

乃倡歲使諸列侯郡守二千石貢賢之法。蓋漢室官吏，多從任子算訾二途中出。任子仍不免古者封建時代貴族世襲之臭味。算訾則全為封建制度破壞，社會產生資產階級以後所生之現象。當時之資產階級，其實即無異於一種新貴族。司馬遷比之於古之封君，最為得其情實。仲舒以貢賢代任子算貲兩途，此誠救時要道矣。其最後第三策，又力陳官吏不得經商貨殖，謂：

> 身寵而載高位，家溫而食厚祿。因乘富貴之資力，以與民爭利於下，民安能如之哉。是故眾其奴婢，多其牛羊，廣其田宅，博其產業，畜其積委，務此而亡已，以迫蹴民。民日削月朘，寖以大窮。富者奢侈羨溢，貧者窮急愁苦。窮急愁苦而上不救，則民不樂生。民不樂生，尚不避死，安能避罪。此刑罰之所以煩，而姦邪不可勝者也。故受祿之家，食祿而已，不與民爭業，然後利可均布，而民可家足。……天子所宜法以為制，大夫之所當循以為行也。

其下乃舉古者公儀子相魯，見家織帛，怒而出其妻為說。以為古者賢人君子皆如此。其實春秋以前，商業貨殖之事未起，貴族世襲，授田而井，固與漢世不同。是仲舒之言復古，實非真復古。在仲舒之意，亦僅重於更化，而即以更化為復古也。且即如仲舒言，禁官吏兼營貨殖，而社會經濟仍未得均，仍不免有大窮大富。謂民將化其廉而不貪鄙，其烏能之。然仲舒謂：「皇皇求財利，常恐匱乏者，庶人之意，皇皇求仁義，常恐不能化民者，大夫之意。」就其職位分析言之，固亦足以矯正當時以官吏而兼營貨殖兼并小民之一敝矣。惟民間之「皇皇求財利，常恐匱乏」，任其自然，亦必終達於大窮大富之分馳。此在文景時形勢已然。官吏之兼營貨殖，猶或較商人階級之崛起，微為晚後。則專從卿大夫教化著眼，似仍不足以挽時病。而要之不失為正本清源之一道。必先於政治上有此措施，使服官主政者不再從事於經商營利，乃始可以漸及於社會，有所冀於移風而易俗也。在仲舒之意，乃求以學術文化領導政治，以政治控制經濟，而進企於風化之美，治道之隆，此誠不失為先秦儒家論政一正統。仲舒乃進而主張「諸不在六藝之科孔子之術者，皆絕其道，勿使並進」。以為「邪辟之說滅息，然後統紀可一而法度可明，民知所從」。此其意，則與始皇、李斯之禁私學而定一尊者，若無甚大異。然一在法先王，一在法後王。若法先王而不陷於拘古昧今，能識其會通，達於時變，此即先秦儒學重歷史文化傳統之真傳也。仲舒以前，惟賈誼論政，如其主教太子，禮大臣，正風俗，亦皆有窺於儒學之精義。惟賈生之言，猶頗涉及於權謀功利，故漢人不推為醇儒。而要之賈、董兩人均不失為漢代深識之士。二人者，均能於當時社會經濟貧富分馳以至擾動政治安全之理，鑿鑿言之。又均能於教化之不可一日廢，而其尤要則在君相卿大夫者，懇切三復，其意深至，實有以箴切當時黃老申商之隱敝。而惜乎文帝不能用賈誼，武帝亦不能用仲舒。仲舒之主罷百家、尊孔子，獨為武帝所取者，以其時言封禪、明堂、巡狩種種所謂受命之符、太平之治，以及德施方外而受天之祜、享鬼神之靈者，其言皆附會於《詩》、《書》六藝，而托尊於孔子故也。故武帝用仲舒之議，而疏仲舒之身。仲舒終其生未見大用。武帝為求興太平，不惜以天子朝廷而與小民爭利，則宜乎仲舒之終見絀矣。

《漢書・食貨志》，又載仲舒限民名田一奏，專從社會經濟立論，其見解與對策時偏主在上之教化者，合而觀之，乃可以見仲舒論政之大體也。其言曰：

> 古者稅民不過什一，其求易供。使民不過三日，其力易足。……至秦則不然，用商鞅之法，改帝王之制。除井田，民得賣買。富者田連阡陌，貧者無立錐之地。又顓川澤之利，管山林之饒。荒淫越制，踰侈以相高。邑有人君之尊，里有公侯之富。小民安得不困。又加月為更卒，已復為正。一歲屯戍，一歲力役，三十倍於古。田租口賦鹽鐵之利，二十倍於古。或耕豪民之田，見稅什五。故貧民常衣牛馬之衣，而食犬彘之食。重以貪暴之吏，刑戮妄

> 加。民愁無聊，亡逃山林，轉為盜賊，赭衣半道。斷獄歲以千萬數。漢興，循而未改。古井田法，雖難卒復，宜少近古。限民名田，以贍不足，塞并兼之路。鹽鐵皆歸於民，去奴婢，除專殺之威。薄賦斂，省繇役，以寬民力，然後可善治也。

今考武帝元封元年，桑弘羊為治粟都尉，領大農，盡管天下鹽鐵。今仲舒此奏有鹽鐵皆歸於民之請，語猶應在此後。是已去天人對策時三十年矣。儒術教化，此奏均未及，而專以塞并兼寬民力為言。然武帝亦不能用，而仲舒遂以老死矣。

漢武初年以對策著者，仲舒後有公孫弘。〈弘傳〉：「武帝初即位，年六十，以賢良徵。後為博士，免歸。五年復徵賢良。」其事在元光五年，去仲舒對策已十一年。武帝詔冊曰：

> 蓋聞上古至治，畫衣冠，異章服，而民不犯。陰陽和，五穀登，六畜蕃，甘露降，嘉禾興，朱草生。山不童，澤不涸。麟鳳在郊藪，龜龍游於沼，河洛出圖書。父不喪子，兄不哭弟。北發渠搜，南撫交阯，舟車所至，人跡所及，跂行喙息，咸得其宜。朕甚嘉之，今何道而臻乎此。

知武帝所謂上古至治之情形，仍是以前見解。一則天命之符徵，如麟鳳龜龍、河洛圖書是也。二則長生延壽，如父不喪子，兄不哭弟是也。三則德澤及四夷，如北發渠搜，南撫交趾是也。弘所對空洞敷衍，隨文緣飾，空言仁義禮智，不及民生疾苦。而曰：「智者術之原，擅殺生之柄，通壅塞之塗，權輕重之數，論得失之道，使遠近情偽必見於上謂之術。」史稱其「習文法吏事，緣飾以儒術」者，良不誣矣。弘既以尚智術深得武帝意，又曰：「臣聞堯遭鴻水，使禹治之，未聞禹之有水也。若湯之旱，則桀之餘烈也。」是時河決瓠子，未塞，又有隕霜大風螟之變，弘特為此說以貢諛。時對者百餘人，太常奏弘第居下。策奏，武帝擢弘對第一。是後武帝尊用弘至丞相封侯，而終疏仲舒，未見任信。今即武帝兩次詔策，及董公孫二人對策後之通塞，亦可推見武帝一朝政治之大概矣。

2. 武帝時之郊祀封禪巡狩及改制

今依次敘述武帝一朝之政治，首當及其對於郊祀封禪巡狩種種典禮之興復。當時政治上實際問題，最大者厥為社會貧富之不均。而武帝政治措施，於此全不理會，最先即及於郊祀封禪巡狩種種典禮之興復者，此由其時學者間共同信仰，太平景象之特徵，定有一種天人交感之符兆。故遂於無形中造成一種觀念，即努力於促現此種天人交感之符兆，亦即為造成太平之階梯也。

漢代郊祠，最先為雍五時。漢興，二年，東擊項籍而還入關，問：「故秦時上帝祠何帝也？」

對曰：「四帝，有白、青、黃、赤帝之祠。」高祖曰：「吾聞天有五帝，而有四，何也？」莫知其說。於是高祖曰：「吾知之矣，乃待我而具五也。」乃立黑帝祠，命曰北畤。五畤皆在雍，故曰雍五畤。其時有司進祠，上不親往。其後至文帝時，黃龍見成紀，下詔曰：「有異物之神，見於成紀，毋害於民，歲以有年。朕幾郊祀上帝諸神，禮官議，毋諱以朕勞。」遂以夏四月親幸雍，郊見五畤。是為漢廷親郊之始。事在文帝十五年。是後景帝中六年冬十月，亦一幸雍，郊五畤。其後至武帝，幸雍祠五畤者凡八。（元光二年十月，元狩元年十月，二年十月，元鼎四年十月，五年十月，元封二年十月，四年十月，太始四年十二月。）多在十月，蓋皆以歲首親郊也。

雍五畤以外，復有渭陽五帝廟，興自文帝時。公孫臣以言黃龍符瑞召拜博士，遂有趙人新垣平，以望氣見上，言：「長安東北有神氣，成五采，若人冠冕焉。或曰：東北，神明之舍，西方，神明之墓也。天瑞下，宜立祠上帝，以合符應。」於是作渭陽五帝廟。同宇，帝一殿，面五門，各如其帝色。祠所用及儀，亦如雍五畤。十六年夏四月，文帝親拜霸渭之會，以郊見渭陽五帝。於是貴平至上大夫，賜累千金。而使博士諸生刺六經中作〈王制〉，謀議巡狩封禪事。其後新垣平益為詐，事覺，文帝誅夷平，遂怠於改正服鬼神之事。而渭陽五帝使祠官領，以時致禮，不往焉。

五帝祠以外有泰一祠，興於武帝時。亳人謬忌奏祠泰一方。曰：「天神貴者泰一，泰一佐曰五帝。古者天子以春祭泰一東南郊，日一太牢，七日。為壇，開八通之鬼道。」於是天子令太祝立其祠長安城東南郊，常奉祠如忌方。其事亦在元光二年，即武帝始幸雍郊五帝之年也。其後人上書，言：「古者天子，三年一用太牢，祠三一。天一，地一，泰一。」天子許之。令太祝領祠之於忌泰一壇上，如其方。元鼎五年，又立泰一壇於甘泉。初上幸雍且郊，或曰：「五帝，泰一之佐也。宜立泰一而上親郊之。」上疑未定。以齊人公孫卿言黃帝事，大悅。明年，上郊雍，至隴西，登空桐，幸甘泉，令祠官寬舒等具泰一祠壇，放亳忌泰一壇，三陔。五帝壇環居其下，各如其方。黃帝西南，除八通鬼道。泰一祝宰衣紫及繡，五帝各如其色。十一月辛巳朔旦冬至，昧爽，天子始郊拜泰一，如雍郊禮。是後又兩幸甘泉郊泰畤，（天漢元年正月，後元元年正月。）武帝世郊泰畤者凡三。

雍五畤甘泉泰畤外，又復有河東后土祠，亦始武帝時。元鼎四年，天子郊雍，曰：「今上帝，朕親郊，即后土無祀，則禮不答也。」有司與太史令談，祠官寬舒議：「天地牲角繭栗。今陛下親祠后土，后土宜於澤中圜丘。為五壇。壇一黃犢。牢具，已祠，盡瘞，而從祠衣上黃。」於是天子東幸汾陰。汾陰男子公孫滂洋等見汾旁有光如絳。上遂立后土祠於汾陰脽上。如寬舒等議。上親望拜如上帝禮。時為元鼎四年十一月。其後武帝凡親祠后土者五。（元封四年三月，六年三月，太初元年十二月，二年三月，天漢元年三月。）

以上為武帝一朝郊祀之大概。所謂遠追三古盛時之禮樂者，就實言之，特六國晚年以來方士之餘緒，固與賈董諸人所唱以古禮樂為教化者遠異。蓋賈董欲以興教化而主復古，武帝則自以復古飾其奢心，而即謂教化在是也。

然武帝一朝興古復禮之尤要者，當推封禪與改制。封禪之事始於秦始皇。《史記・封禪書》正義：「泰山上築土為壇，以祭天報天之功，故曰封。泰山下小山上，除地報地之功，名曰禪。」是封禪亦不過為祭天禮地之事。始皇二十八年東行郡縣，上鄒嶧山，與魯諸儒生議刻石頌秦德，議封禪望祭山川之事。時齊魯儒生博士七十人，議各乖異，難施用。始皇因絀儒生，頗采太祝祠雍上帝禮行之。時秦得天下始三年，下去焚書尚六年。齊魯儒業尚盛，然所謂封禪之禮，已無確說可遵。故知所謂封泰山者七十有二代，其事皆出齊人夸飾，因亦無從確據也。秦封禪後十二歲而亡，至漢文時又有倡議封禪者。其端起公孫臣，言漢土德，當有黃龍見。後三歲，黃龍果見成紀，事在文帝十五年春。文帝以是始親郊。又使博士諸生刺六經中作〈王制〉，謀議巡狩封禪事。蓋因符瑞而興祀典，因祀典而及封禪，其事牽連而起。後以新垣平詐發，文帝遂怠於此等事，而封禪卒不興。

武帝行封禪，始元封元年。距武帝初即位已三十年矣。先是元鼎四年，汾陰得大鼎，齊人公孫卿曰：「今年得寶鼎，其冬辛巳朔旦冬至，與黃帝時等。」卿有札書，曰：「黃帝得寶鼎宛句，問於鬼臾區。鬼臾區對曰：『黃帝得寶鼎神策，是歲己酉朔旦冬至。得天之紀，終而復始。』于是黃帝迎日推策，後率二十歲復朔旦冬至。凡二十推，三百八十年，黃帝僊登於天。」卿因嬖人奏之，武帝大悅，召問卿。對曰：「受此書申公，申公已死。」上曰：「申公何人？」曰：「齊人，與安期生通。受黃帝言，無書，獨有此鼎。書曰：『漢興，復當黃帝之時。』曰：『漢之聖者，在高祖之孫且曾孫也。寶鼎出而與神通，封禪，封禪七十二王，惟黃帝得上泰山封。』申公曰：『漢帝亦當上封禪，封禪則能僊登天矣。黃帝萬諸侯，而神靈之封居七千。天下名山八，而三在蠻夷，五在中國。中國華山、首山、太室山、泰山、東萊山。此五山，黃帝之所常游，與神會。黃帝且戰且學僊。百餘歲然後得與神通。黃帝采首山銅，鑄鼎于荊山下。鼎既成，有龍垂胡髯下迎黃帝。黃帝上騎，群臣後宮從上龍七十餘人，龍乃去。餘小臣不得上，乃悉持龍髯。龍髯拔，墮。墮黃帝弓。百姓仰望，黃帝既上天，乃抱其弓與龍髯號。故後世因名其處曰鼎湖，其弓曰烏號。』」於是天子曰：「嗟乎！誠得如黃帝，吾視去妻子如脫屣耳。」拜卿為郎。使候神於太室。元鼎六年冬，公孫卿言見僊人跡緱氏城上。有物如雉，往來城上。武帝親幸緱氏視跡，問卿：「得毋效文成、五利乎？」文成、五利皆方士言神仙，以詐見誅也。卿曰：「僊者非有求人主，人主者求之。其道非少寬暇，神不來。言神事如迂誕，積以歲，乃可致。」於是郡國各除道，繕治宮館名山神祠，所以望幸。及元封元年冬。上議曰：「古者先振兵釋旅，然後封禪。」乃遂北巡朔方，勒兵十餘萬騎，還祭黃帝冢橋山。釋兵涼如。乃歸甘泉。春正月，行幸緱氏。詔曰：「朕用事華山，至于中嶽。獲駮麃。翌日，親登嵩高。御史乘屬，在廟旁吏卒，咸聞呼萬歲者三。登禮罔不答，其令祠官加增太室祠。」遂東巡海上。夏四月，上還，登封泰山，降坐明堂。詔曰：「朕以眇身承至尊，兢兢焉惟德菲薄，不明于禮樂。故用事八神。遭天地況施，著見景象，屑然如有聞。震於怪物，欲止不敢。遂登封泰山，至於梁父。然後升襢肅然。（山名。）自新，嘉與士大夫更始，其以十月為元封元年。」是為漢武之第一次封禪。

自得寶鼎，武帝即與公卿諸生議封禪。封禪用希曠絕，莫知其儀禮。而群儒采封禪《尚書》、《周官》、〈王制〉之望祀射牛事，於是上乃令諸儒習其儀。數年，至且行，齊人丁公年九十餘，曰：「封禪，古不死之名也。秦皇帝上泰山，中阪，遇暴風雨，不得上。陛下必欲上，稍上，即無風雨，遂上封矣。」武帝既聞公孫卿及方士言，黃帝以上封禪，皆致怪物與神通。欲放黃帝，以上接神人蓬萊高士，比德於九皇。而頗采儒術以文之。群儒既不能辨明封禪事，又拘於詩書古文，不敢騁。上為封禪祠器示群儒，群儒或曰不與古同。徐偃又曰：「太常諸生行禮，不如魯善。」周霸屬圖封事。於是上黜偃霸，盡罷諸儒弗用，而東幸。是武帝封禪，最大動機，實由歆於方士神仙之說而起也。又司馬相如病死，遺書言封禪事，武帝得而異之。時為元狩五年。五歲始祭后土，八年遂禮中嶽，封泰山。不得謂非相如有以啟之。相如以詞賦見知，武帝初見其〈子虛賦〉，相如曰：「此乃諸侯之事，未足觀，請為天子游獵之賦。」遂成〈上林賦〉，極寫天子之巨麗。上既美〈子虛〉之事，相如見上好僊，因曰：「〈上林〉之事，未足美也。尚有靡者，臣嘗為〈大人賦〉未就，請具而奏之。以為列僊之傳，居山澤間，形容甚臞，此非帝王之僊意也。」既奏之，武帝大說，飄飄有淩雲氣游天地之間意。是武帝之慕神仙，行封禪，其意亦由詞賦之家助成之。相如初游梁，得交齊人鄒陽，淮陰枚乘，吳嚴忌之徒。皆詞客。相如之學，蓋兼得齊楚兩地之傳。黃老起於齊，（說見前。）神仙之說與黃老通。鄒衍亦齊人。方士多興於齊。所謂八神天主、地主、兵主、陰主、陽主、日主、月主、四時主，其祠皆在齊。故始皇東遊海上，行禮祠之，而武帝亦然。言封禪必主泰山，亦在齊。而楚人辭賦，其學與齊之黃老陰陽實相通。其言神仙，則遠遊。言鬼物，則招魂。言宇宙上古，則〈天問〉、〈離騷〉。南人之有楚辭，猶海疆之有黃老陰陽也。故漢興，傳《易》者惟淄川田何，而淮南有九師。燕齊方士言黃金不死之藥，而《淮南外書》亦道之。相如游於梁，交諸詞客，蓋兼涉齊楚兩派。其為〈子虛〉、〈上林〉，亦以齊楚對言。而武帝內廷文學侍從之臣，亦不越齊楚兩邦籍。嚴助、枚皋、蔥奇、朱買臣，皆吳人。皋父乘為梁孝王客，武帝自為太子，聞乘名。及即位，乘年老，乃以安車蒲輪徵。乘道死。後乃得乘孽子皋而大喜。而主父偃、嚴安、終軍、東方朔，（褚補《史記》云齊人。）則皆齊人也。吾丘壽王為趙人，徐樂燕人，則亦染被齊風者。元狩元年，上幸雍祠五畤，獲白麟奇木，博謀群臣，終軍對。以為：「封禪之君無聞焉。宜因昭時令日，改定告元，苴白茅於江淮，發嘉號於營邱，以應緝熙，使著事者有紀。」（〈終軍傳〉。）時為元狩元年，尚在相如遺書言封禪之前。東方朔有〈封泰山〉篇，（〈朔傳〉。）不詳在何時。此皆詞人鼓吹封禪之證也。其他如獲白麟，（即元狩元年。）作〈白麟之歌〉。得鼎汾陰，（〈本紀〉元鼎四年，〈禮樂志〉作五年。）馬生渥洼水中，（〈本紀〉在元鼎四年秋，〈禮樂志〉作元狩三年。）作〈寶鼎〉、〈天馬之歌〉。甘泉宮產芝，（同上。）作〈芝房之歌〉。貳師伐大宛，（太初四年。）作〈西極天馬之歌〉。幸東海，獲赤鴈，（太始三年。）作〈朱鴈之歌〉。凡所謂興禮樂，陳符瑞，夸盛德而譽太平者，率皆詞人之事。〈禮樂志〉謂：「司馬相如等數十人，造為詩賦，略論律呂，以合八音之調，作十九章之歌，以正月上辛，用事甘泉圜丘」者，即此〈白麟〉、〈赤鴈〉諸歌也。而司馬遷〈樂書〉，稱：「其時通一經之士，不能獨知其辭，皆集會五經家，相與共講習讀之，乃能通知其意，多爾雅之文。」其時外朝博士之陋有如此。而內朝文學侍從之臣，所謂「競為侈麗閎衍之詞，沒其風諭之義」（〈藝文志〉。）者，實不啻為武帝導其侈心，更不論於風諭也。

《史記・封禪書》謂：「武帝初即位，元年，漢興已六十餘歲矣。天下艾安，搢紳之屬，皆望天子封禪改正度也。而上鄉儒術，招賢良，趙綰王臧等以文學為公卿，欲議古，立明堂城南以朝諸侯。草巡狩封禪改歷服色事。未就，竇太后治黃老言，不好儒術，召案綰臧。綰臧自殺，諸所興為皆廢。」似武帝初即位，便已議及封禪。然考〈儒林傳〉及《漢書・武紀》、〈禮樂志〉、

〈儒林傳〉諸篇，皆言議立明堂，不及封禪。且臧綰召申公，申公之來，武帝問治亂之事。申公時已老，八十餘，對曰：「為治不在多言，顧力行何如耳。」是時天子方好文詞，見申公對，默然。然已招致，則以為太中大夫，舍魯邸，議明堂事。及臧綰自殺，明堂事廢，申公亦疾免。申公治學，最為樸醕。所謂封禪巡狩改歷服色諸端，恐是史公連筆及之。其時所議，或猶專在治明堂朝諸侯，未必已及封禪。即細按《史記・封禪書》以下云云，亦可推見。

及其後，終軍司馬相如諸人，屢言封禪，又得公孫卿丁公諸人言，武帝始議放古巡狩封禪事。而諸儒對者五十餘人，未能有所定。武帝問兒寬。寬對曰：「陛下躬發聖德，天地並應，符瑞昭明，其封泰山，禪梁父，昭姓考瑞，帝王之盛節也。然享薦之義，不著於經。惟賢主所由，制定其當，非群臣之所能列。今將舉大事，優游數年，使群臣得人自盡，終莫能成。惟天子兼綜條貫，以順成天慶。」上然之，乃自制儀，采儒術以文焉。（〈兒寬傳〉。）兒寬千乘人，受《尚書》於歐陽生，為齊學。伏生傳《尚書》，本重〈洪範〉五行，言災變，與封禪符瑞之說相通。寬亦有政治材，識機變，故能迎合武帝意。是武帝封禪，儒生乃從旁為迎合，非居主動之地。其牽拘於《詩》、《書》古文而不敢騁者，既不為朝廷所喜，特采其說以為文飾。蓋亦與始皇行封禪而盡絀儒生，先後一例。武帝封泰山下東方，如郊祠泰一之禮，禪泰山下趾東北肅然山，如祭后土禮，亦與始皇封禪而采太祝祠雍上帝禮，先後一例也。

《史記・太史公自序》，自述奉使西征，還報命，是歲，天子始建漢家之封，而太史公留滯周南，不得與從事，故發憤且卒。而子遷適使反，見父於河洛之間。太史公執遷手而泣曰：「余先周室之太史也。今天子接千歲之統，封泰山，而余不得從行，是命也。余死，汝必為太史。為太史，無忘吾所欲論著矣。」遷又自記其父為學，謂學天官於唐都，受《易》於楊何，習道論於黃子。所謂天官、《易》與道論，皆與黃老陰陽為近。是其為學，蓋亦與齊學言符瑞受命者相通。故馬遷言封禪，亦謂：「自古受命帝王，曷嘗不封禪。蓋有無其應而用事者矣，未有睹符瑞見而不臻乎泰山者也。」然史遷自言，年十歲即誦古文，其為《史記》，亦一以六藝古文為宗。其父談在當時，蓋亦拘牽於《詩》、《書》古文而不敢騁者。故武帝封泰山，只令侍中儒者，皮弁搢紳，射牛行事，特以為文飾。而司馬談以太史不獲從。則談亦盡罷諸儒而弗用之一人耶。馬端臨嘗論其事，謂：「秦始皇漢武帝封禪，皆黜當時諸儒之議，而自定其禮儀。考史氏所載，則秦之諸儒，進蒲車掃地之說。漢之諸儒，有拘於《詩》、《書》古文而不敢騁之說。以此拂二帝之意而不見錄。然封禪非古禮也，竊詳諸儒之意，蓋欲以古帝王巡狩望祀之禮而緣飾之。省方問俗，賞善罰惡，凡以為民。秦漢二主之事，則誇誦功德，希求福壽，凡以為己。又安能考《詩》、《書》之說，行簡質之禮乎。固宜其見絀也。」（《文獻通考》郊社十。）今考《漢書・藝文志》，有封禪議對十九篇，其詳莫可考。馬氏所謂諸儒欲以古帝王巡狩望祀之禮緣飾之，大體甚是。然當時諸儒，固有主封禪為應答受命之符瑞者，其意不盡在省方問俗，如司馬談父子即是矣。故即在諸儒間，意見亦甚歧。故諸儒對者五十餘人，未能有所定。而要之其議禮儀，拘牽於《詩》、《書》古文則一。諸儒既見絀，太史談亦發憤而卒。遺命其子無忘吾所欲論著。今《史記・封禪書》辨明方士詐欺，人主惑於神仙長生之說，極委悉矣。特言受命符瑞，則與當時內朝諸侍從文學浮辨者不甚懸絕。又於封禪儀節，亦謂其儀闕然堙滅，其詳不可得而記聞。則頗有魯申公傳《詩》闕疑之風。然所謂既已不能辨明，又牽拘《詩》、《書》不能騁，則談遷父子之所欲論著，實亦不能自逃於此類耳。

今辜略而論，儒家言封禪，凡有兩義。〈堯典〉：「歲二月，東巡守，至於岱宗。柴，肆覲東后。」又曰：「五載一巡守，群后四朝，敷奏以言，明試以功，車服以庸。」此近於孟子言巡守，省方考績。此一說也。《管子・封禪篇》：「古者封太山禪梁父者，七十二家，皆受命，然後得封禪。」《白虎通・封禪篇》：「王者易姓而起，必升封泰山何，報告之義也。始受命之日，改制應天。天下太平，功成封禪，以告太平也。」此又一說也。其說皆起於齊。故封禪必在泰山梁父。〈堯典〉不言封禪而言巡狩，然首及東方，又易泰山而稱岱宗，示易姓代德之意。則亦齊人依封禪之說而稍變之也。易姓代德受命改制，蓋即鄒衍五德終始之說也。言封禪必牽涉及於巡狩者，竊謂巡狩乃古代游牧國家一種大會獵之禮。凡諸部落共戴一盟主者，則必應會獵之禮而至，以示其主從之等。此在西周乃至春秋時尚有其痕跡。成有岐陽之蒐，穆有塗山之會，（見《左》昭四年。）晉文有踐土之盟，而曰天王狩於河陽。（見《左》僖二十八年。）鄭如楚朝，楚乃與之田江南之夢。（見《左》昭三年。）此皆古巡狩禮之遺蛻可跡者。巡狩會獵之禮，繼之以盟誓而告上下神祇，是即為封禪。故《管子》書言必受命然後得封禪。蓋必巡狩封禪而後見其為當時之共主也。然則巡狩封禪之事，於古非無，而後之說者遂忘其本真，去實益遠。而有附會之於鄒衍五德終始之說者。鄒衍齊人，秦并天下，齊人奏其說，始皇采用之。二十六年，定為水德之制，二十七年，即出巡隴西，二十八年，東行郡縣，遂上泰山而封禪。然秦人初并六國，其巡行郡縣，宣示威德，震壓非常，實為一統初成應有之手段。故其立石頌德，尚不失整頓風教，昭隆化誨之意。及始皇至海上，而燕齊方士乘之，以神仙長生之說進。故秦之封禪，其初意不在求仙藥禱長生，以後乃折而旁趨，匯而同歸，而封禪乃與長生合為一事。此觀之〈秦本紀〉始皇歷次東巡之事，而顯然可見者。故秦後封禪有三說，一曰受命告成功，其正主也。一曰巡狩方岳，省方考績，此因而緣飾於政事者。一曰封禪則能仙登天，此則起於秦皇巡海上求仙之後，盛於漢武之世。乃緣飾以投人主之所好也。故漢武先封禪而後及於改制，此明背改制成功而封禪報告之義。漢武之世，中國一統，天下艾安，亦與秦始皇初并六國時情勢大異。漢武巡守，并不見秦人宣示德化鎮壓非常之用意。即司馬相如等所為郊廟十九歌，〈白麟〉、〈赤鴈〉，多陳符瑞，亦復與秦刻石之謹謹於風教黎庶者不類。漢武之遠巡而登封，先之以公孫卿，持節先行以候神跡，即以封禪為求仙。此與秦始皇之因巡狩郡縣而登封泰山，因登封泰山而遂行遊海上以求神仙，其事雖牽連而及，其意義猶劃然為二者，並不同矣。故始皇封泰山惟一次。其行遊刻石，則除泰山外，尚有琅琊、芝罘、碣石、會稽，皆不失宣省習俗之辭。蓋封禪所以告成功，巡狩所以同教化，與入海求仙其事各異。而武帝自元封元年封禪泰山，還坐明堂，即曰：「古者天子五載一巡狩，用事泰山，諸侯有朝宿地。其令諸侯各治邸泰山下。」自後元封五年又至泰山增封。太初三年又修封。天漢三年，太始四年，征和四年，五年一修封，凡五修封。始專從《尚書》五載一巡狩之義，而與所謂王者受命改制告成功而封禪者又別。此由漢廷設有五經博士，五載一巡狩，見於《尚書》。而受命改制告成功而封禪，其說於經無徵。故漢武之封禪，其先雖由答應符瑞而起，其終則若為巡守省方之事。其先後之間，又自背戾。若曰告成功，則未改制而封禪，為顛倒矣。若曰答符瑞，則不必五載一修矣。若曰五載一巡守，則無事專重泰山，應一歲遍歷四岳矣。漢武封禪，皆無說以處。始皇一封泰山，告成功也。屢巡東南，省風教也。雖非古制，要為有所用意。而漢武則異焉。後世言封禪，始皇漢武同譏，其實亦當有辨也。

今論其所以，一則始皇分求仙與封禪為兩事，而漢武則混而一之，其不同一也。一則始皇時求仙皆入海求之，其說由於燕齊濱海之方士。而武帝時求神仙，初不限於入海。言神事者，如文成將軍少翁，五利將軍欒大，及公孫卿丁公等，雖皆齊人，而公孫卿言仙獨主黃帝，與秦以來所謂海上諸仙人者不同。天下名山八，為黃帝之所常游。三在蠻夷，五在中國。中國若華山、首山、太室山、泰山、東萊山，皆在大陸。與秦以來專指海上蓬萊、方丈、瀛洲為三神山者又別。自此求仙不必入海，而封禪即為求仙。故武帝封禪欲放黃帝。五年一增修，冀於終遇之。其登泰山前，先登中嶽太室。其後又至東萊山，在元封二年。此因言神仙者變其辭，故朝廷之封禪亦變其義也。

然方士之言雖騁，終於《詩》、《書》古文無徵。公孫卿言黃帝常游天下名山，其五在中國。於是儒生又會合之於《尚書》之巡守四岳，而及於《爾雅》之五岳。而武帝自封泰山後，十三歲而周遍於五嶽四瀆矣。此又自方士折而入於儒生也。要之曰儒生，曰方士，曰詞客，此三者，其治學立說，塗轍意趣各不同，而武帝之意，惟冀一遇其所大欲，則固可兼試而並信也。

封禪所以告成功，其先當有改制以協符瑞。而武帝則封禪在前，改制在後。始封禪為元封元年，改制度在太初元年，相去凡六年。改制之事，亦起於秦。《史記・秦始皇紀》：

> 始皇推終始五德之傳，以為周得火德。秦代周，德從所不勝。方今水德之始。改年始朝賀，皆自十月朔。衣服旄旌節旗皆上黑。數以六為紀。符法冠皆六寸。而輿六尺。六尺為步。乘六馬。更名河曰德水。以為水德之始，剛毅戾深，事皆決於法，刻削毋仁恩和義，然後合五德之數。

〈封禪書〉亦云：

自齊威宣之時，騶子之徒，論著終始五德之運。及秦帝，而齊人奏之，故始皇采用之。

騶子即騶衍，當戰國晚世，燕惠王時，猶在齊湣王後。史稱齊威宣時，誤也。所謂五德終始從所不勝者，金木水火土為五德。從所不勝者，土德後，木德繼之，金德次之，火德次之，水德次之是也。《呂氏春秋・應同篇》有其說，云：

凡帝王者之將興也，天必先見祥乎下民。黃帝之時，天先見大螾大螻。黃帝曰：「土氣勝。」土氣勝，故其色尚黃，其事則土。及禹之時，天先見草木秋冬不殺。禹曰：「木氣勝。」木氣勝，故其色尚青，其事則木。及湯之時，天先見金刀生於水。湯曰：「金氣勝。」金氣勝，故其色尚白，其事則金。及文王之時，天先見火，赤烏銜丹書集於周社。文王曰：「火氣勝。」火氣勝，故其色尚赤，其事則火。

至於秦而主水尚黑。是謂五德轉移。凡受命而興者，天必先見其祥，與受命者之德相符，如鷹火德，則有赤烏丹書之瑞是也。是謂符應。得此符瑞者，應本其所受命之德而改制，如周尚赤，秦改尚黑，即改制也。

秦亡漢興，漢君臣皆起草野，於制度之事初未措意，故亦無推德改制之事。叔孫通為漢定朝儀，仍以十月為歲首。張蒼定章程，亦本秦制。《史記・曆書》云：

> 高祖自以為獲水德之瑞，雖明習曆如張蒼等咸以為然。是時天下初定，方綱紀大基。高后女主，皆未遑。故襲秦正朔服色。

至文帝時，乃有提議改制者，首為賈誼。《史記・誼本傳》謂：

> 賈生以為漢興至孝文，二十餘年，天下和洽而固。當改正朔，易服色，法制度，定官名，興禮樂。乃悉草具其事儀法，色尚黃，數用五，為官名，悉更秦之法。

時文帝以初即位，謙讓未遑。然議以誼任公卿之位。絳灌東陽侯馮敬諸在朝大臣盡害之。乃毀誼，曰：「雒陽之人，年少初學，專欲擅權，紛亂諸事。」於是文帝出誼為長沙王太傅，以解於諸老臣。賈誼既卒，（在文帝十二年。）越二年，（十四年。）有魯人公孫臣上書，曰：

> 始秦得水德，今漢受之，推終始傳，則漢當土德。土德之應黃龍見。宜改正朔，易服色，色尚黃。（〈封禪書〉。）

時丞相張蒼，好律曆，以為漢乃水德之時，河決金堤即其符。年始冬十月，色外黑內赤，與德相應。公孫臣言非是，罷之。（漢制度皆定自張蒼。蒼特襲秦舊，護前憚改作，故謂漢仍水德，水剋火，如蒼說，則漢德承周，略秦不計。）明年，黃龍見成紀。文帝乃召公孫臣，拜為博士。與諸生申明土德，草改曆服色事。又下詔議郊祀。張蒼自絀，謝病稱老。（〈蒼傳〉。）其後文帝以新垣平事，遂怠於改正朔服色神明之事。故終文帝世，改制事竟不成。

至武帝而改制之議復起。史稱建元元年，趙綰王臧已草改曆服色事，（〈封禪書〉。）未知確否。而司馬相如〈子虛賦〉，亦以「改制度，易服色，革正朔，與天下為始」諷上。知其時改制之見解，蓋盛行於學者間，未或輟也。而正式改制則在太初元年。〈武紀〉：「夏五月，正曆，以正月為歲首，色上黃。數用五。定官名，協音律。」是也。其事尤要者為改曆。《漢書・律曆志》云：

至武帝元封七年，漢興百二歲矣。大中大夫公孫卿，壺遂，太史令司馬遷等，言：「曆紀壞廢，宜改正朔。」是時御史大夫兒寬明經術。上乃詔寬曰：「與博士共議。今宜何以為正朔，服色何上。」寬與博士賜等議，皆曰：「帝王必改正朔，易服色，所以明受命於天也。創業變改，制不相復。推傳序文，則今夏時也。臣等聞學褊陋，不能明。陛下躬聖發憤，昭配天地。臣愚以為三統之制，後聖復前聖者，二代在前也。今二代之統，絕而不序矣。惟陛下發聖德，宣考天地四時之極。則順陰陽，以定大明之制，為萬世則。」於是制詔御史曰：「乃者有司言曆未定，廣延宣問，以考星度，未能讎也。蓋聞古者黃帝合而不死。……然則尚矣。書缺樂弛，朕甚難之。依違以惟，未能修明。其以七年為元年。」遂詔卿遂遷與侍郎尊大典星射姓等議造漢曆。

其後姓等奏不能為算，願募治曆者。乃選治曆鄧平，方士唐都，巴郡落下閎等二十餘人共治，而成所謂漢之太初曆。然其議乃首發於公孫卿。公孫卿者，武帝信其說而封禪。每行，常持節先候名山，善得神人跡，即其人也。本以推得寶鼎，是年冬辛巳朔旦冬至，與黃帝時等。遂獻札書受知。（詳前。）則卿固以推曆進。武帝問於兒寬。兒寬者，武帝問以封禪，寬對群臣莫能成，惟天子兼總條貫自裁之，遂合上旨。（見前。）今對改曆，仍守舊貫。謂臣等褊陋不能明，惟陛下定大明之制。其所以結上之權者，蓋始終一節。而武帝制詔，曰：「蓋聞古者黃帝合而不死。」則仍是信公孫卿說也。壺遂見《史記・韓長孺傳》，史遷盛稱之，謂：「余與壺遂定律曆，遂深中隱厚，官至詹事。天子方倚以為漢相，會遂卒。」然〈漢志〉載詔遷用鄧平所造八十一分律曆，罷廢尤疏遠者七十家。以平為太史丞。則太初曆實成於鄧平。遷為太史令，星歷乃其專職，故始終總其事。然改曆之動議，史遷特為公孫卿之附和。則謂漢武一朝政治，其動機大體往往自方士發之，固不虛矣。

今考中國曆法之演進，太初改曆實為一重要之關鍵。自此以下，中國改曆之事，尚不下五十次。然皆有較為詳明之記載，大抵沿用夏曆建寅正，實自太初曆奠其基。太初以前，中國曆法演進之詳，則尚待治古天文曆法者之探討，未易為肯定之敘述也。

古人以歲星紀年，或太歲紀年，其事似始於戰國。當時認為歲星（即木星。）十二年一周天，故分周天為十二次，曰：

壽星，大火，析木，星紀，玄枵，娵訾，降婁，大梁，實沈，鶉首，鶉火，鶉尾。

每年從歲星之所在而名其年，是即歲星紀年法也。惟其先尚有周天十二辰之分配，由東向西，以子、丑、寅、卯、辰、巳、午、未、申、酉、戌、亥之十二支名之。而歲星運行，則由西而東，由寅向丑子逆轉。乃又假定一與歲星相反進行之太歲，（又稱太陰，或稱歲陰。若為歲星之反影也。）以為調協。是為太歲紀年法。如左表：（一年十二月，每月初一，日月交會於黃道之十二點。歲星則在黃道附近，年移一辰，而方向適反。左表寅年歲星在丑，卯年歲星在子，蓋為戰國晚年所見之天象也。）

歲星	壽星	大火	析木	星紀	玄枵	娵訾	降婁	大梁	實沈	鶉首	鶉火	鶉尾
十二辰	辰	卯	寅	丑	子	亥	戌	酉	申	未	午	巳
太歲	亥	子	丑	寅	卯	辰	巳	午	未	申	酉	戌

惟歲星周期實為一一．八六年，而非十二年，每歷八十六年當差一次。故自創始用太歲紀年法順推而下，與後來據天象實測者必生歧異。以太初元年言，據當時曆法排列，當為丙子，而實測天象，則歲星在星紀，應為甲寅。此亦當時促起改曆一要點也。此後劉歆造三統曆，創為超辰法，以為彌縫。迄於東漢，遂脫離歲星之關聯，而單以干支紀歲，劉歆超辰法亦并廢不用。遂至於今。今自干支法上溯，則太初元年又為丁丑也。

古人定一年開始，若以太陽之自然現象為準，則必當為冬至無疑。何者？冬至乃日行最南之一日也。以此推古人定一月開始，則應在初三月始生之夕，而非初一。此後乃漸知就月而推溯其以前之位置，而得合朔之日，為月之初一。復以一年分配十二月而有正月元旦之觀念。則曆法之最先，其自然演進之階序，應屬陽曆，以冬至為歲首，繼此則以十一月朔為歲首，（即建子殷曆。）或以十月朔為歲首（即建亥秦曆，當時稱顓頊曆。）也。冬至（古只稱日南至或短至。）與夏至（古只稱日北至或長至。）之間，乃有春分秋分。（古只稱二分或二仲。）分至之間乃有四立。（立春、立夏、立秋、立冬。）以立春之前後為一歲之首，（即建正建寅、周正夏丑之曆。）其較為後起，當亦無疑矣。（自此點觀之，古人夏、殷、周三正之傳說，恐不可信。）

朔旦冬至者，乃理論上一年開始之基準狀態也。（即一月之朔，同時為一年之首。日月兩周期之會合也。）自此推之，朔旦冬至而遇甲寅，（即日月與歲星三周期會合之狀態。）更為難得。更上推之，至於五星會合，（歲星外，熒惑即火星，約二年一周天。鎮星即土星，二十八年一周天。實二十九年半。太白即金星，約五百五十五日一周天。辰星即水星，一年一周天。五星俱會星紀，為非常之瑞象。）又值朔旦冬至，則古人以為乃天地開闢之原始狀態也。（〈唐志〉傅仁均曰：「治曆之本，必推上元。日月如合璧，五星如連珠，夜半甲子朔旦冬至。自此七曜散行，不復餘分普盡，總會如初。」即謂此也。）太初元年之前年十一月朔，恰為冬至，時刻在午前之零時，即所謂朔旦冬至也。公孫卿因此而故神其辭，謂黃帝之登仙，亦逢朔旦冬至。引以為上帝之垂兆。故武帝因之而巡狩封禪，又因之而改制易曆焉。

今略舉顓頊曆及太初曆之算法如次：

1 年 $= 365\frac{1}{4}$ 日	
1 月 $= 29\frac{499}{940}$ 日	
19 年 $=$ 235 月 $=$ 6939.75 日	日數相一致，為一章。內置七閏。
76 年 $(19 \times 4) =$ 940 月 $=$ 27759 日	夜半朔旦冬至現象之再生。為一蔀，或稱一紀。
1520 年 $(76 \times 20) = (19 \times 80)$	朔旦冬至日干支之復初。為大終。
4560 年 (1520×3)	為朔旦冬至日歲干支之復初，是為三終。
	（參看《史記・曆書》、《漢書・律曆志》，及《淮南子・天文訓》。）

此所謂四分法也。顓頊曆用之。鄧平改為八十一分法，其算式如次：

1 月 $= 29\frac{43}{81}$ 日 (29.53086)

1 年 $= 365\frac{385}{1539}$ 日

此為太初之曆，劉歆三統曆用之。至於十九年七閏之詳確計法，與八十一分曆及四分曆之比較，應如次：

29.53059 日 × 235 月 = 6939.688 日
365.2422 年 × 19 = 6939.622 日
365.25 × 19 = 6939.75 日
29.53085 × 235 = 6939.74975 日　此為四分曆
365.2502 × 19 = 6939.7538 日
29.53086 × 235 = 6939.742 日　此為八十一分曆

上述為太初改曆之大概。惟考太初改曆，其事亦難盡以五德終始易姓改制之說為解者。考《史記・秦本紀》：昭襄王四十二年，先書十月宣太后薨，繼書九月穰侯之陶。四十八年，先書十月韓獻垣雍，繼書正月兵罷。則秦於其時，已以十月為歲首。始皇特沿而不革。並非采終始五德之傳，而始改從十月為歲首也。《呂氏・應同篇》：「土勝尚黃，木勝尚青，金勝尚白，火勝尚赤」云云，僅以五色相配，亦不及正朔。疑五德終始說，本非有五正朔依德相易。至漢人言曆，僅有三統，與五德亦不相當。故武帝改制色尚黃，數以五，為土德。而改正朔則從夏正。若以五德推，夏乃木德，何以於土德之朝而從木德之正朔。知漢諸儒自賈誼以來，迄於司馬遷，每以改正朔易服色並言，實亦不能嚴格相繩矣。（劉向《新序》，記商鞅之法曰：「步過六尺者有罰。」如其言，則秦以六尺為步亦舊法，非定水德後改。而《九章算術》、《五曹算經》、《孫子算經》諸書，均以六尺為一步，仍沿秦制。五尺為步，起於六朝之末，周隋之間。則漢武改制，所謂數以五者，似亦具文虛說，非有真實改革也。）

三統之說，《春秋》公羊家言之。曰：

王者必受命而後王。王者必改正朔，易服色，制禮樂，一統於天下。所以明易姓，非繼人，通以已受之於天也。（《春秋繁露・三代改制質文篇》。）

又曰：

王者改制作科奈何，曰，當十二色。曆各法其正色。逆數三而復。絀三之前曰五帝，帝迭首一色，順數五而相復。禮樂各示其法，象其宜。……咸作國號，遷宮室，易官名，制禮作樂。（同上。）

此所謂逆數三而復者，即正朔之三統，如夏以十三月孟春為正，殷以十二月季冬，周以十一月仲冬是也。順數五而相復者，即用五德終始說而微變之，如神農為赤帝，軒轅為黃帝。赤帝火德，黃帝土德。土繼火後，則為五行相生，火生土，土生金，金生水，水生木，木生火。故曰順而相復，與五德終始以相勝為繼者不同也。今即據公羊家說，亦可證秦以十月為歲首，並不與五德推移說相關。漢若依公羊家三統說改定正朔，從夏正，則應自列為黑統，何以又色尚黃而主土德。蓋公羊家隱竊五德之說而附會之於《春秋》王正月、王二月、王三月之文，遂成三統之論。漢廷議改正朔易服色者，又誤混三統五德之說於一而不能辨。故致彼此失據，無往而不繆也。

公羊家言三統，附會《春秋》而為說，故曰，絀夏親周故宋。又曰：

《春秋》上絀夏，下存周，以《春秋》當新王。……王者之法必正號，絀王謂之帝。封其後以小國，使奉祀之。下存二王之後以大國，使服其服，行其禮樂，稱客而朝。故同時稱帝者五，稱王者三。所以昭五端，通三統也。（同上。）

以此比附於《春秋》，其說已牽強。若強求合之漢代之情實，則更感扞格。故兒寬謂今二代之統，絕而不序，而自謂聞學褊陋，不能明也。若誠依三統之說，漢亦應存二王之後，而以何者為二王乎？無怪兒寬自言其不能明也。且今太初改曆，從夏正。而如公羊家言，則以《春秋》當新王。是又無異於以漢奪孔子《春秋》新王之統矣。故公羊經生又不得不再讓步，謂孔子乃為漢制法。然誠若是，則漢者乃上承周統，又不得有秦預其間。而漢之推五德，又自居土瑞，土尅水，則明以相勝承秦矣。故漢武改制，無論其所據為五德終始，抑為三統循環，此二說者，皆荒誕無情實，而武帝之改制，又并不能明白確據，使歸條理也。惟定從夏曆，此事則永為後世襲用。僅魏明景初曆，以建丑之月為正，僅三年而廢。其他則迄未有改建寅之正者，則不得謂非當時一真建設也。

史臣之贊武帝曰：

> 漢承百王之弊，高祖撥亂反正，文景務在養民。至于稽古禮文之事，猶多闕焉。孝武初立，卓然罷黜百家，表章六經。遂疇咨海內，舉其俊茂，與之立功。興太學，修郊祀，改正朔，定曆數，協音律，作詩樂，建封禪，禮百神，紹周後。號令文章，煥焉可述。後嗣得遵洪業，而有三代之風。如武帝之雄材大略，不改文景之恭儉，以濟斯民，雖《詩》、《書》所稱，何有加焉。（《漢書．武紀》贊。）

是可見武帝當時改制度，興禮樂，固共許為傳世之大業矣。然所為改制度興禮樂者，其事所以對天，而與民事則無關。此其意公羊家亦言之，曰：

《春秋》之於世事也，善復古，譏易常，欲其法先王也。然而介以一言，皇者必改制。自僻者得此以為辭，曰古苟可循，先王之道何莫相因。世迷是聞，以疑正道而信邪言，甚可患也。……今所謂新王必改制者，非改其道，非變其理。受命於天，易姓更王，非繼前王而王也。若一因前制，循故業，而無有所改，是與繼前王而王者無以別。受命之君，天之所大顯也。事父者承意，事君者儀志。事天亦然。今天大顯己物，襲所代而率與同，則不顯不明，非天志。故必徙居處，更稱號，改正朔，易服色者，無他焉，不敢不順天志而明自顯也。若夫大綱人倫道理政治教化習俗文義盡如故，亦何改哉。故王者有改制之名，無易道之實。（《春秋繁露．楚莊王》。）

若是言之，王者改制，固無預於實政，無為乎民生。特以顯天命，示得意，而表成功。此又與仲舒對策所主張復古更化之意大異矣。故漢武一朝之所謂改制，有儒生之言禮樂，而不免於拘。有方士之推陰陽，求神仙，而不免於誣。有辭賦文學之士之頌功德，而不免於誇。至於帝王之縱其私欲，群下之爭於迎合，而為之主張取捨，則豈能有當。而史臣重以恭儉之說繩之，亦祇見其不相入矣。

第三節　武帝之武功

一、對外之擴張

漢武事業，尤為後世稱道者，實不在其對內之政治，而為對外之武功。若以與秦始皇相比，似其對內政治，尚未能超出秦制規模。而對外開拓，則確又駕秦而過之矣。今為分述其大要如次：

1. 東　方

朝鮮自漢初，燕人衛滿王其地。傳子至孫右渠。當武帝元封二年，發兵兩道，樓船將軍楊僕從齊浮海，左將軍荀彘出遼東，攻之。明年，其國人殺右渠來降。以其地為樂浪、（今東海平安兩道。）臨屯、（漢江以北。）玄菟、（咸鏡南道。）真番（地跨鴨綠江。）四郡。此為斷匈奴之左臂。（《漢書・韋玄成傳》。）又濊貉（今遼吉兩省地。）酋長南閭，於元朔元年以二十八萬口內屬。置滄海郡。旋廢。朝鮮滅後，濊人有一支遷半島東部者為東濊，亦稱不耐濊。留者為其後之夫餘。

2. 北　方

北方匈奴為漢大敵。當秦始皇時，匈奴居河套，其單于曰頭曼。以不勝秦北徙。漢初，匈奴復渡河據河套。其單于曰冒頓，東擊破東胡，西走月氏，南并白羊、樓煩，(在黃河南。)北服丁零(在貝加爾湖附近。湖，漢時稱北海。)諸小國。有今內外蒙古及西伯利亞南部地。史稱其

諸左王將居東方，直上谷(今河北蔚縣。)**以東，接濊貉朝鮮。右王將居西方，直上郡**(今陝西膚施縣。)**以西，接月氏、氐、羌。而單于之庭直代、**(今山西代縣。)**雲中。**(今山西大同縣。)

武帝元光二年，用大行王恢策，使馬邑人聶翁壹闌出物與匈奴交易，陽為賣馬邑城，以誘單于。伏兵三十餘萬馬邑旁，欲得單于。單于覺而去。自是遂常相攻伐。至元朔二年，衛青出雲中以西，至隴西。擊胡之樓煩、白羊王於河南。遂取河南地，築朔方郡。復繕故秦時蒙恬所為塞，因河為固。自是始無烽火通甘泉之患。後六年，元狩二年，匈奴西方昆邪王殺休屠王，並將其眾降漢。隴西、北地、河西，益少胡寇。漢以其地為武威、(今甘肅武威縣。)酒泉(今甘肅高臺縣。)郡。後分武威為張掖，(今甘肅張掖縣。)酒泉為敦煌，(今甘肅敦煌縣。)在元鼎六年。所謂河西四郡也。遂開漢通西域之路，而匈奴之右臂折。又後二年，元狩四年，匈奴用漢降人趙信計，益北絕漠。漢乃發十萬騎，私負從馬凡十四萬匹，糧重不與，令衛青霍去病中分軍，擊匈奴。衛青軍出定襄，

（今和林格爾縣。）遇單于，追北至寘顏山趙信城。霍去病出代二千里，封狼居胥山，禪姑衍，臨瀚海而還。自後匈奴遠遁，而漢南無王庭。漢渡河，自朔方以西至令居，往往通渠，置田官，吏卒五六萬人，稍蠶食，地接匈奴以北。是後匈奴遂衰。

漢與匈奴接壤遼闊，匈奴飄忽無定居，乘我秋冬農稼畢收，入塞侵略，中國敝於防禦。大出擊之，使其不振，則中國可以一勞而永逸。其利一也。單于庭偏在東，長安漢都偏在西，故匈奴入犯多在東邊，而中國出伐則利在西進。攻守之勢既變，而匈奴以防漢故，不得不日移其力而西。主客倒轉，其利二也。匈奴財源，近在河套，遠則西域。漢先立朔方郡，再建河西四郡以通西域，絕匈奴之財源。為制勝之一因。改守為攻，遂練大隊騎兵，絕幕窮追，使匈奴主力消失，為制勝之又一因也。

3. 西　方

秦西界初極臨洮，漢武置河西四郡，始通西域。其先所謂西域者，地在匈奴西，烏孫（今伊犁地。）南，西羌（今青海西藏。）之北，即今所謂新疆南路也。云南北有大山，北為天山，南為新疆西藏間諸山。中央有河，即今塔里木河也。其後乃迤及於蔥嶺之西。漢初西北界河，河西祁連山北，為月氏。即後所開河西四郡地。月氏西為西域，有國三十六，後又稍分至五十餘。月氏本游牧強國，匈奴冒頓、老上單于兩破之，遂西徙至大夏境，擊而臣之。大夏希臘種，國於今阿富汗之北，鹽海之南。月氏既臣大夏，號大月氏。武帝欲擊匈奴，遂募能使大月氏者。漢中人張騫以郎應募。出隴西，徑匈奴，見留。卒得脫西走，自烏孫，大宛（今俄屬浩罕。）至康居。（今新疆北俄領地。）由康居而達大月氏。凡去十三歲而還。是為元朔三年。及元鼎元年，漢逐匈奴漠北，鹽澤以東無匈奴。又置河西四郡，而西域道可通。騫乃建言，招烏孫，東徙實渾邪王故地，以斷匈奴右臂。騫既至烏孫，因分遣其副使使大宛、康居、大月氏、大夏、安息、（波斯。）身毒、（印度。）于闐諸國。是為漢通西域之始。太初三年，貳師將軍李廣利擊大宛，斬其王，於是漢之兵威，西踰葱嶺焉。

4. 南方及西南方

(1) 南　粵

自趙佗并南海、桂林、象郡，自立為南越武王，至武帝元鼎五年，佗玄孫興在位，漢遣路博德、楊僕等五將軍伐粵，取其地為儋耳、（今瓊州島南部。）珠崖、（今瓊州。）南海、（今番禺。）蒼梧、（今蒼梧縣。）鬱林、（今廣西貴州縣。）合浦、（今雷州。）交趾、（今安南北寧道。）九真、（今安南清華道。）日南（今安南河靖道。）九郡。是兩廣安南之地也。

(2) 閩　粵

閩粵王無諸及東海王搖，其先皆越勾踐後。秦以其地為閩中郡。及諸侯叛秦，高祖復立無諸為閩粵王，王閩中。惠帝立搖為東海王，王東甌。（今浙江西南境。）亦稱東甌王。武帝建元三年，閩粵發兵圍東甌，東甌來告急。後遂悉眾徙中國，處江淮間。建元六年，閩粵擊南粵，南粵以上聞。閩人亦自殺其王說於漢。漢為別立東粵王。至元鼎五年，漢擊南粵，既破，六年，漢遣楊僕等四將伐東粵，仍徙其民江淮間。東粵地遂虛，不復置郡。是浙江福建之地也。

(3)西南夷

戰國時自楚莊嶠王滇池，秦嘗通其道，頗置吏。漢興棄之。武帝建元六年，唐蒙使南粵，訪知南粵通蜀道，其間有夜郎（今貴州桐梓縣。）國。歸，上言，請開夜郎以制粵。乃拜蒙為中郎將，使夜郎。夜郎聽約，乃置犍為郡。（舊四川敘州嘉定二府，及貴州西邊。）司馬相如亦言，西夷，邛、（今四川西昌縣。）筰（今四川清溪縣。）可置郡，使相如以中郎將往諭，皆如南夷，為置一都尉，十餘縣，屬蜀。數歲，道不通，夷又數反，遂罷西夷，獨置南夷兩縣一都尉。及元狩元年，張騫言從蜀走西南夷可通身毒、大夏。乃發使至滇，閉不得通。會平南越，遂移兵誅隔滇道者且蘭。（今貴州平越縣。）遂平南夷，置牂柯郡。（舊貴州貴陽、遵義二府。）夜郎入朝。西南夷皆振恐，紛紛請置吏。遂以邛都為粵巂郡，（舊四川寧遠府。）筰都為沈黎郡。（舊四川嘉定雅州之東南。）冉駹為汶山郡，（舊四川成都府西北。）白馬為武都郡，（舊甘肅階州成縣西。）滇王舉國降，以其地為益州郡。（舊雲南雲南府。）是四川雲貴之地也。

二、漢武拓邊之動機

武帝以雄主，承漢七十年之厚積，其拓邊以耀威德之心，蓋自初即位已有之。故建元元年制詔賢良，已有「何修何飭而德澤洋溢，施乎方外，延及群生」之問。建元三年，閩越舉兵圍東甌，東甌告急於漢，時武帝年未二十，以問太尉田蚡，蚡以為越人相攻擊，乃其常事。又數反覆，不足煩中國往救。自秦時棄不屬。而嚴助詰之，曰：「特患力不能救，德不能覆。誠能，何故棄之。且秦舉咸陽而棄，何但越也。今小國以窮困來告急，天子不振，又何以子萬國。」上曰：「太尉不足與計。」是為武帝初事開邊之第一聲。元光元年，策詔賢良，又曰：「德及鳥獸，教通四海。海外肅慎，北發渠搜，氐羌來服。何施而臻此。」蓋武帝之侈心，欲廣徠四夷，以昭太平之盛業者，自即位以來，固已甚著，初未一日忘乎懷也。其明年，元光二年，即起馬邑之謀，與匈奴開衅。五年，發巴蜀治南夷道。蜀人皆不欲，大臣亦以為然。司馬相如乃為文宣使指，謂：

世必有非常之人，然後有非常之事。有非常之事，然後有非常之功。非常者，固常人之所畏也。故曰，非常之原，黎民懼焉。及臻厥成，天下晏如也。……夫賢君之踐位也，豈特委瑣握齪，拘文牽俗，循誦習傳，當世取說云爾哉。創業垂統，為萬世規。故馳騖乎兼容

> 並包，而勤思乎參天貳地。……是以六合之內，八方之外，……懷生之物，有不浸潤於澤者，賢君恥之。……夫拯民於沉溺，奉至尊之休德，反衰世之陵夷，繼周氏之絕業。……百姓雖勞，又惡可已。……然則受命之符，合在於此。方將增太山之封，加梁父之事，鳴和鸞，揚樂頌，上咸五，下登三。

其言云云，最足代表武帝一朝開邊之理論。所謂反衰世之陵夷，復周氏之絕業者，蓋當時鄙薄秦廷規模，遠慕三代盛治。而務開邊以徠四夷者，徠四夷，即太平之徵。於是繼之以封禪而告成功。當時內廷詞臣見解率如此，亦惟此最足以深中武帝之所好。而外朝經生，重以《詩》、《書》古代為之潤色，遂成一朝政治理論之中心。元朔元年下詔，有云：

> 天地不變，不成施化。陰陽不變，物不暢茂。《易》曰：「通其變，使民不倦。」《詩》云：「九變復貫，知言之選。」朕嘉唐虞而樂殷周，據舊以鑒新。

其明年，元朔二年，衛青等大出擊匈奴，使建築朔方城。詔曰：

《詩》不云乎：「薄伐獫狁，至於太原。」「出車彭彭，城彼朔方。」

是武帝拘牽《詩》、《書》，以北伐匈奴，比附周宣王薄伐獫狁為中興令主。以復秦故塞因河為界，而築城錫以嘉名，號曰朔方，亦以比附宣王之城彼朔方也。是武帝之慕唐虞而樂殷周，亦與其開邊之動機，一本相通也。及元封元年，議曰：「古者先振兵釋旅，然後封禪。」乃遂北巡朔方，勒兵十八萬騎，旌旗徑千餘里。還祭橋山黃帝冢，釋兵涼如。自此遂封禪。則四夷既服，太平成功，故封禪告天也。元封三年，漢擊破姑師，虜樓蘭王。酒泉列亭障至玉門。大宛諸國皆發使隨漢使來。而漢使窮河源，其山多玉石，采來。天子大悅，案古圖書，名河所出山曰崑崙。時史臣司馬遷譏之，曰：

〈禹本紀〉言河出崑崙。崑崙其高二千五百餘里，日月所相避隱為光明也。其上有醴泉瑤池。今自張騫使大夏之後，窮河源，惡睹〈本紀〉所謂崑崙者乎。

然則漢武之案古圖書而名河所出曰崑崙，正猶其引依宣王〈小雅〉之詩，而名衛青所築城曰朔方之例。其後漢相黃霸以鶡雀為神雀，推其用意，亦何以異？

三、漢廷拓邊之經濟背景

漢武開邊，其朝廷主動之意義，具如上述。而民間經濟之展擴，亦為促成漢廷開邊一有力之因素。

《史記‧貨殖傳》：「燕北鄰烏桓、夫餘，東綰穢貉、朝鮮、真番之利。」是燕之邊民，先已有經濟向外之活力也。〈平準書〉彭吳賈滅朝鮮，置滄海之郡。錢大昕曰：

〈武紀〉元朔元年為滄海郡，元封三年滅朝鮮，相距二十年，不得並為一事。且滅朝鮮者為荀彘楊僕，亦無彭吳賈其人。《漢書‧食貨志》但云彭吳穿穢貊、朝鮮，置滄海郡，較之《史記》為確。疑滅當為濊字之譌。濊與薉、穢同，賈讀為商賈之賈。謂彭吳與濊、朝鮮貿易，因得通道置郡也。

是滄海一郡，亦開自商賈矣。又《漢書‧地理志》稱玄菟、樂浪，武帝時置。民初不相盜，無門戶之閉。及建郡，多取吏於遼東。吏見民無閉藏，及賈人往者，夜則為盜，俗稍益薄。是徵燕地賈人多至朝鮮，及其不法侵盜之盛也。

史又稱：「天水、隴西、北地、上郡，西有羌中之利，北有戎翟之畜。畜牧為天下饒。而三河西賈秦翟，北賈種代。種代石北也。」是秦趙之民，多與北胡為賈也。考漢制，與四夷交易皆有關禁。無符傳出入，於律謂之闌。兵器鐵器皆禁出關。〈汲黯傳〉注應劭引律：「胡市吏民不得持兵器及鐵出關」是也。〈景帝紀〉中元四年，御史大夫衛綰奏禁馬五尺九寸以上齒未平不得出關。（服虔曰：「馬十歲齒下平。」）又〈昭帝紀〉注孟康曰：「弩十石以上不得出關。」是凡武器利軍事者皆有禁，其時邊民既以出塞貿易為生財之大道，而朝廷則亦以通關為羈縻強敵之一法。《史記·匈奴傳》，景帝復與匈奴和親通關市，武帝即位，明和親拘束，厚遇通關市，饒給之。蓋和親其名，而通關市其實。匈奴之南侵，其動機本在經濟，不在政治征服。漢人與之和親，其大人貴族既得饋賂，其下亦得欵塞貿易，亦足以解淡其南侵之慾望。當時所謂和親，其功效在此。非下嫁一宮女，以中國甥舅之名義，遂足以戢悍寇之兇焰也。其後馬邑之謀，仍使聶翁壹闌出物與匈奴交易以誘單于。自此既失和，而匈奴尚樂關市，嗜漢財物，漢亦尚關市不絕以中之。當時漢匈奴和親，漢所遺，匈奴所貪，大率以繒絮食物為大宗。故文帝時宦者中行說降匈奴，教之曰：「匈奴人眾，不能當漢之一郡。然所以強之者，以衣食異，無仰於漢。今單于變俗，好漢物，漢物不過什二，則匈奴盡歸於漢矣。」其得漢繒絮，以馳草棘中，衣袴皆裂弊，以視不如旃裘之堅善。得漢食物，皆去之，視不如湩酪之便美。然衣食美惡，人情所同，嘗而自曉。中行說欲強返芻豢於毛血，雖言之辨，不可能也。匈奴居沙漠寒堉之區，其不忘牧馬南下，為漢大患者，正在此。若信如中行說所言，漢土衣食，全不如匈奴之美善，即匈奴亦無意於窺邊矣。惟匈奴以貪漢土財物，而時切窺邊之念，亦以貪漢財物，而終不免以出於和親為利。其後當武帝末年，衛律為匈奴謀，即常言和親之利，匈奴初不信。及律死，兵數困，國益貧。乃思衛律言，欲求和親。可見匈奴之侵掠與和親，皆見歆於漢土衣食財物而然。漢廷之高壓匈奴者，一方為衛霍之軍隊，又一方乃為繒絮食物之美饒也。而其時邊郡商賈，與胡交易，以我繒帛酒秫，易彼牛羊橐駝，自易致大利。前如班壹，居樓煩，以富稱豪如王者。後如聶翁壹，亦得以賈人闌出財物上通單于，偽為私賣馬邑城，而令單于信之。則其居平之稱豪見知於邊塞可知。其他類是者尚當多有。則漢邊民與匈奴關市，實大利所在。故其時漢邊雖常有匈奴侵擾之患，而人口之拓殖，則日益增興。而中行說因此有漢物不過什二，匈奴將盡歸於漢之憂也。

漢與西域之關係，尤以財貨為主。史稱：「西域諸國，大率土著。有城郭臣畜。與匈奴烏孫異俗。故皆役屬匈奴。匈奴西邊日逐王，置僮僕都尉，使領西域，常居焉耆、(今新疆焉耆縣。)危須、(今新疆尉黎縣南。)尉黎(今新疆尉黎縣。)間，賦稅諸國，取富給焉。」是匈奴之役屬西域，亦重在其財富，不在其兵力。漢通西域，以隔絕匈奴右臂者，亦在削其財賦之源。而漢之所以服役西域者，則亦以財力之雄厚為招致。張騫使西域，歸而言其風土。謂：

大宛、大夏、安息之屬皆大國，多奇物。土著，頗與中國同業。而兵弱，貴漢財物。其北有大月氏、康居之屬，兵彊，可以賂遺設利朝。且誠得而以義屬之，則廣地萬里，重九譯，致殊俗，威德遍於四海。

武帝欣然以騫言為然。漢之於西域，既自以厚幣賂來之，而又以得其奇物誇遠德。班氏〈西域傳〉論其事，謂：

孝武之世，遭值文景玄默，養民五世，天下殷富，財力有餘，士馬彊盛。故能睹犀布瑇瑁，則建珠崖七郡。感枸醬、竹杖，則開牂柯、越巂。聞天馬、蒲陶，則通大宛、安息。自是之後，明珠、文甲、通犀、翠羽之珍盈於後宮。蒲梢、龍文、魚目、汗血之馬充於黃門。鉅象、師子、猛犬、大雀之群食於外囿。殊方異物，四面而至。

漢廷以外國異物誇盛德，張大業。而彼亦樂得漢之厚幣為大利。故匈奴使持單于一信，則國國傳送食，不敢留苦。及至漢使，非出幣帛不得食。不市畜不得騎用。所以然者，遠漢，而漢多財物，故必市乃得所欲。（《史記．大宛傳》。）而漢吏民爭欲使西域，亦以為利道。史稱：

自博望侯張騫開外國道，以尊貴。其後從吏，率皆爭上書言外國奇怪利害求使。天子為其絕遠，非人所樂往，聽其言，予節募吏民，毋問所從來。為具備人眾遣之，以廣其道。來還不能毋侵盜幣物及失使指。天子為其習之，輒覆案致重罪，以激怒令贖，復求使。使端無窮而輕犯法。其吏卒亦輒復盛推外國所有。言大者予節，言小者為副。故妄言無行之徒皆爭效之。其使皆貧人子，私縣官齎物，欲賤市以私其利。（《史記・大宛傳》。）

是當時漢人之爭求使西域，其意義亦如行賈，大率抱經濟的動機而往也。

漢開西南夷，亦以邊民貿易為導線。漢初興，棄秦西南國，而關蜀故徼。然巴蜀民或竊出商賈，取其筰馬、僰僮、旄牛，以此巴蜀殷富。及唐蒙使南粵，南粵食蒙蜀枸醬。蒙問所從來，曰道西北牂柯江。（今北盤江。）蒙歸，問蜀賈人，獨蜀出枸醬，多持竊出市夜郎。遂知有夜郎。蒙既往使，夜郎旁小邑，皆貪漢繒帛，乃且聽蒙約束，而開犍為郡。後張騫又言，使大夏時，見蜀布、邛竹杖。問所從來，曰從東南身毒國，可數千里，得蜀賈人市。或聞邛西可二千里有身毒國。騫因盛言大夏在漢西南，慕中國，患匈奴隔其道。誠通蜀身毒，道便近。於是乃復治開南道。是其導線亦皆由於商販也。

滇粵本多中土徙民，與漢貿易尤盛。高后時，有司請禁粵關市鐵器，而粵遂寇邊。趙佗與文帝書，以此為言，云：「高后信讒臣，別異蠻夷。出令毋予外粵金鐵田器馬牛羊。即予，予牡毋與牝。」蓋漢廷一方以財帛役使外夷，一方亦常以禁關市困之。漢在經濟上地位之超越，尤使當時諸蠻夷不得不俯首聽命也。武帝元鼎四年，漢使終軍等至粵，粵上書請比內諸侯，三歲壹朝，除邊關。蓋當時粵地仰漢器物供給，故首以除邊關為請耳。《漢書・地理志》言：「粵地處近海，多犀象毒冒珠璣銀銅果布之湊，中國往商賈者多取富。」當時內地文化既高，物產富溢，以吾精製貨易遠夷土產，自得奇贏也。

〈漢志〉又云：

> 自日南障塞徐聞、（屬合浦，今廣東徐聞。）合浦船行可五月，有都元國。又船行可四月，有邑盧沒國。又船行可二十餘日，有諶離國。步行可十餘日，有夫甘都盧國。自夫甘都盧國船行可二月餘，有黃支國。民俗略與珠厓相類。其州廣大，戶口多。多異物。自武帝以來皆獻見。有譯長屬黃門，與應募者俱入海，市明珠璧流離，奇石異物，齎黃金雜繒而往。所至國皆稟食為耦。蠻夷賈船轉送致之。亦利交易，剽殺人。又苦逢風波溺死。不者數年來還。大珠至圍二寸以下。

是武帝時粵方貿易，并已遠涉南洋也。

綜觀上述，當漢武時，四外蠻夷，其文化較中國遠為落後。故其生活上種種物質之製造與享用，皆遠遜。漢人以過牘之精製貨，與外夷貿易。得其遠方土產，還為內郡高價。漢武開邊，特隨商人之後，而仍以財物為主，兵力為副。其導線由於商賈，其收功亦重在財賂也。

及孝昭時，廷臣論其事，猶曰：

汝漢之金，纖微之貢，所以誘外國而釣胡羌之寶也。夫中國一端之縵，得匈奴累金之物，而損敵國之用。是以贏驢馲駞銜尾入塞，驒騱騵馬盡為我畜，鼲鼦狐貉采旃文罽充於內府，而璧玉珊瑚瑠璖咸為國寶。是則外國之物內流，而利不外泄也。異物內流則國用饒，利不外泄則民用給矣。（《鹽鐵論．力耕篇》。）

此亦自經濟觀點，說明當時朝廷開邊之利益也。故知漢之武功，其最大背景，實為文化及經濟之超出。今再舉人口一端言之，亦見漢之實力，遠駕四外蠻夷之上。

漢武時，四方外族，以匈奴為最強，然《史記》（〈匈奴傳〉。）稱其控弦之士三十餘萬。又云：「自左右賢王以下至當戶，大者萬餘騎，小者數千。凡二十四長，立號曰萬騎。」又曰：「士力能彎弓，盡為甲騎。」則匈奴騎士，其實不過二十四萬左右。最多不出三十餘萬也。壯丁盡為甲騎，不出三十餘萬。若老弱倍壯丁，婦女之數略等男子，則匈奴全族人口，男女老弱，亦不出一百八十萬，少或在百五十萬下。以五口一甲騎計，至多亦僅有五十萬。故賈誼云：「匈奴之眾，不過漢一大縣。」（〈誼傳〉。）而中行說則謂：「匈奴人眾，不能當漢之一郡。」（〈匈奴傳〉。）今賈誼《新書・匈奴篇》，乃謂：「竊料匈奴控弦，大率六萬騎。五口而出介卒一人。五六三十，此即戶口三十萬耳。未及漢千石大縣也。」此為言之過少。考《漢書・地理志》言漢郡人口，其密者，如潁川郡二百二十一萬口。汝南郡二百五十九萬口。南陽郡一百九十四萬口。沛郡二百三萬口。每一郡皆已遠超匈奴全族人口之上。雖此乃平帝元始二年之數字，後人或疑有王莽增飾。然慮武帝全盛時，相距此數蓋不遠。以大縣言，長安二十四萬口，茂陵二十七萬口，傿陵二十六萬口。號為殷盛矣，然皆不出三十萬。則賈誼為文士低昂之說，其言不如中行說較近情。而匈奴以人口統計觀之，其遠不及漢可知。今再以匈奴所值諸邊郡言，右北平三十二萬口，漁陽二十六萬口，上谷十一萬口，代二十七萬口，鴈門二十九萬口，定襄十六萬口，雲中十七萬口，五原二十三萬口，朔方十三萬口，西河六十九萬口，上郡六十萬口，北地二十一萬口。此諸邊郡，已踰三百萬口，匈奴烏足以為敵。惟以匈奴處塞北寒瘠之地，游牧飄忽。其來惟在劫掠，其去又不願追蹤。故若為大患，其實殊不足為漢之強敵也。

其次西域，大國如大月氏，口四十萬，勝兵十萬人。康居口六十萬，勝兵十二萬人。大宛口三十萬，勝兵六萬人。烏孫口六十三萬，勝兵十八萬人。已為西域最大國。以狹義之三十六國言，最大為龜茲，八萬一千餘口，勝兵二萬一千七十六人。其次為焉耆，三萬二千一百口，勝兵六千人。其次為難兜，（今蔥嶺西巴達克山西境。）三萬一千口，勝兵八千人。其外口逾二萬者僅兩國。（扜彌、姑墨。）逾萬口者四國。（樓蘭、于寘、莎車、疏勒。）其他人口在一萬以下者尚二十餘國。最小為狐胡，（今闢展西魯克沁地。）僅二百六十四口，勝兵四十五人。單桓，（今烏魯木齊地。）口百九十四，勝兵四十五人。烏貪訾離，（今綏來縣地。）口二百三十一，勝兵五十七人。此皆小部落，不成國也。

據此言之，當時四外蠻夷之文化，及其社會經濟情況，種族人口，皆遠出漢下。晁錯言之：「匈奴之長技三，中國之長技五」，則言武器，亦漢為優。漢武開邊，其動機既已不正。以言功績，則眾寡智愚貧富種種皆佔絕大之優勢。其得相當之勝利，固無足奇。

四、漢初之兵制及民風

然自來一文化較高之民族，人口眾，物產富，而為少數貧窮之蠻族所征服者，歷史不乏其例。漢武功績，不得純以文化經濟為量。蓋漢初之兵制及民風，亦足為揚威邊外一要因也。

漢之兵制，尚沿戰國以來兵民不分之舊。漢高帝紀二年五月，蕭何發關中老弱未傅者悉詣軍。

孟康曰：

古者二十而傅，三年有一年耕儲，故二十三而後役之。

如淳曰：

律年二十三傅之疇官，名從其父疇學之。高不滿六尺二寸以下為罷癃。《漢儀》注云：民年二十三為正，一歲為衛士，一歲為材官騎士，習射御騎馳戰陣。又曰：年五十六衰老，乃得免為庶民，就田里。

又〈王制〉正義引許慎《五經異義》，亦云：

漢承百王，而制二十三而役，五十六而免。

其間以一年為衛士，一年為材官騎士。材官騎士者，《漢書・刑法志》云：「漢興，踵秦而置材官於郡國。」《後漢・光武紀》注引《漢官儀》云：

高祖命天下郡國選能引關蹶張材力武猛者，以為輕車騎士材官樓船。常以立秋後講肄，課試。各有員數，平地用車騎，山阻用材官，水泉用樓船。

蓋三者之兵種，各隨其地勢所宜。考之漢史，大抵巴、蜀、三河、潁川諸郡止有材官，上郡、北地、隴西諸郡止有車騎，而廬江、潯陽、會稽諸郡止有樓船。材官即步兵，最為普通，故以材官統言車騎樓船也。此為漢之地方軍備。

又有衛士，為中央之衛軍。〈百官表〉：「衛尉掌宮門衛屯兵」，即所謂南軍也。復有北軍，掌京城門內之兵。〈百官表〉：「中尉秦官，掌巡徼京師」是也。南北軍皆為中央軍備，其人則皆由地方調發而來。南軍調之於郡國，北軍調之於三輔。（左扶風，右馮翊，及京兆稱三輔。）〈馮唐傳〉：「唐告文帝，魏尚為雲中守，帥車騎擊匈奴，謂士卒盡家人子，起田中從軍，安知尺籍伍符。」是邊郡車騎來自田間也。〈王尊傳〉：「漢帝以正月行幸曲臺，臨饗罷衛士。」〈蓋寬饒傳〉：「歲盡交代，上臨饗罷衛卒。衛卒數千人請願復留一年。」《漢儀》：「正月五日大置酒饗衛士。」《後漢・禮儀志》：「謂罷遣衛士，盡必勸以農桑。」是南軍衛士亦來自田間也。〈黃霸傳〉：「霸為京兆尹，坐發騎士詣北軍，馬不適士，劾乏軍興。」則北軍衛兵亦更番徵發於民也。高帝十一年黥布反，發上郡、北地、隴西車騎，巴、蜀材官，及中尉卒三萬人為皇太子衛，軍霸上。孝惠七年，發車騎材官詣滎陽，太尉灌嬰將。高后五年，發河東、上黨騎屯北地。孝文三年，匈奴入寇，發中尉材官屬衛將軍軍長安。又發邊吏車騎八萬詣高奴。（上郡之縣。）景帝後二年，匈奴入鴈門，發車騎材官屯。武帝時，王恢馬邑之謀，伏兵車騎材官三十餘萬，匿馬邑旁谷中。又〈嚴助傳〉：「淮南王長發樓船卒擊南海。」（〈嚴安傳〉：「秦皇帝使尉屠睢將樓船之士攻越」，則樓船亦秦制。〈刑法志〉謂至武帝有樓船，不可據。）漢之有事，臨時徵兵郡國，以虎符調發。武帝建元三年，東甌告急，上曰：「吾新即位，不欲出虎符召兵郡國。」乃遣嚴助以節發兵會稽（〈助傳〉。）是也。事已則復其初，高祖五年克項羽，五月兵皆罷歸家是也。

漢之兵制，蓋亦仍襲秦舊，史稱韓信定兵法，此與蕭何律令，張蒼章程，大體皆襲秦制耳。秦於戰國尤尚武力，故其制，兵民不分。有事則人盡可兵，事已即兵盡還民。漢初，吳王濞作亂，下令國中，曰：「寡人年六十二，身自將。少子年十四，亦為士卒先。諸年上與寡人同，下與少子等，皆發。」發二十餘萬人。知當時平民實人人有兵役之義務，亦人人有軍事之素習。（西漢京師郡國並有都試。都，大也。大會武士而試之，於每年之九月。京師都試掌於大將軍，郎羽林及諸校尉皆會。

郡國都試掌於都尉，而試於太守之治。令長丞尉畢會。光武中興，省都尉，而都試事亦遂寢。）故吳王得盡發其民以為卒。即上至列侯封君，亦復有從軍義務。故〈貨殖傳〉稱吳楚兵起，長安中列侯封君行從軍旅，齎貣子錢家。又〈蓋寬饒傳〉，言其身為司隸，子常步行自戍北邊。如淳云：「雖丞相子亦在戍邊之調。」寬饒雖貧，不至不能為其子雇人取代。亦見當時尚武之風未衰，故雖以司隸之子，猶肯步行戍邊也。又漢之郎官，皆上直，執戟宿衛，出充車騎。衛綰以戲車為郎，張釋之以訾為騎郎，馮唐以孝著為郎中署長。司馬相如以訾為郎。東方朔為中郎，陛戟殿下。其後漢名臣從郎官出身者極多。郎官乃武士侍從，出則成軍，而當時以二千石以上子弟及明經、孝廉、射策甲科、博士弟子高第及尚書奏賦軍功良家子充之。又可見時人尚武習軍事之風矣。

《漢・刑法志》又云：「武帝平百粵，內增七校。」蓋武帝用兵四夷，發中尉之卒（北軍。）遠擊南粵。恐內無重兵，或致生變，於是創置七校尉。七校尉者：

中壘校尉，掌北軍壘門外，又外掌西域。

屯騎校尉，掌騎士。

步兵校尉，掌上林苑內屯兵。

越騎校尉，掌越騎。（如淳曰：「越人內附，以為騎也。」）

長水校尉，掌長水宣曲胡騎。（長水，胡名。宣曲，觀名，胡騎屯所。）

胡騎校尉，掌池陽胡騎，不常置。

射聲校尉，掌待詔射聲者。（服虔曰：「工射者，冥冥中聞聲則中之，故名。」）

虎賁校尉，掌輕車。

凡八校尉。中壘校尉掌北軍壘門，又掌西域，不領兵，故但云七校。（沈欽韓說。）其間越騎、長水、胡騎三校，為由編制外籍夷蠻成軍者。其事在先亦已有之。六國楚漢之交，有編樓煩為軍者。（《日知錄》卷二十九。）晁錯上疏言兵事，亦謂：「今降胡義渠蠻夷之屬來歸誼者，其眾數千。飲食長技，與匈奴同。可賜之堅甲絮衣，勁弓利矢，益以邊郡之良騎。」（〈錯傳〉。）即主張編制外籍軍也。武帝時又有屬國騎。〈張騫傳〉：「武帝遣趙破奴將屬國騎及郡兵數萬擊胡。」又〈李廣利傳〉：「太初元年，發屬國六千騎，期至貳師取善馬。」屬國騎蓋亦與胡越騎性質相近。惟此由臨時徵調，與七校之為募致者不同耳。又元鼎五年征越，發夜郎兵，此亦以屬國兵為用也。

武帝於北軍增設七校，又於南軍增期門羽林。期門者，〈東方朔傳〉云：

建元三年，微行始出。……常用……八九月中，與侍中常侍武騎，及待詔隴西北地良家子能騎射者，期諸殿門。故有期門之號，自此始。

〈地理志〉又云：

> 天水隴西……及安定北地上郡西河，皆迫近戎狄，修習戰備，高上氣力，以射獵為先。……漢興，六郡良家子選給羽林期門，以材力為官，名將多出焉。

良家子者，如淳云：「醫商賈百工不得豫也。」六郡良家子，即晁錯益以邊郡良騎之意也。羽林者，武帝太初元年初置，名曰建章營騎，後更名羽林騎。又取從軍死事之子孫養羽林官，教以五兵，號曰羽林孤兒。（〈百官表〉。）少壯，令從軍。（見〈宣紀〉注。）期門亦父死子代。蓋七校乃募兵之始，羽林期門則長從之始。漢初軍制，至武帝時而漸變矣。

武帝於南北軍，既增置七校及期門羽林，以募兵長從漸易以前之更番代上。而於郡國經制之兵，亦患其不敷征調，而常有發讁徒之制。其前惟高帝十一年征英布，赦天下死罪令從軍。及武帝時，元狩三年，發讁吏穿昆明池。元鼎五年，越王呂嘉反，遣伏波將軍路博德等分兵三道，皆將罪人。又越人馳義侯遺別將巴蜀罪人，咸會番禺。元封二年，募天下死罪擊朝鮮。元封六年，昆明反，赦京師亡命令從軍。太初元年，發天下讁民西征大宛。（〈李廣利傳〉又云：「發惡少年。」）天漢元年，發讁戍屯五原。四年，發天下七科讁及勇敢士出朔方。此皆在武帝元狩以後，蓋皆出正兵之外。良以兵革數動，民多買復，徵發之士益鮮。（語見〈食貨志〉下。）於是乃發及謫徒。而至於七科謫，則儼然為亡秦之續矣。則郡國地方兵制，亦至武帝而亂也。

屯田之制，亦創自武帝。於朔方西河河西開田官，斥塞，率六十萬人戍田之。事在元鼎中。其議亦始起於晁錯。及昭宣以後而其效大著。亦漢武開邊一極有關係之事也。

要之漢人去古未遠，兵農猶未分途。全國壯丁，皆有從軍之義務。而其尚武進取之風，亦似遠較後代為勝。故漢廷所發軍隊，即係謫徒亡命惡少年未經正式訓練者，亦往往立奇功。而同時出使絕域立節不屈者，尤指不勝屈。即此一點，亦見當時民氣豪健可用之一斑。趙甌北氏《廿二史劄記》有一節論其事，云：

蘇武使匈奴，守節不屈，十九年始得歸，人皆知之。然是時守節絕域，或歸或不得歸，不止武一人也。先是長史任敞使匈奴，欲令單于為外臣。單于怒，留敞不遣。又郭吉諷單于，單于亦留吉，辱之於北海上。路充國為單于所留，且鞮侯單于立，始得歸。是諸人皆在武之先。又〈匈奴傳〉：「匈奴欲和親，先歸蘇武馬宏等以通善意。」馬宏者，前副光祿任忠西域，為匈奴所遮。忠戰死，宏被擒，不肯降，至是得歸。是武之外尚有馬宏也。趙破奴以浚稽將軍與匈奴戰，為所得，在匈奴中十年，與其子定國逃歸。是破奴亦守節不屈者也。張騫先使月氏，道半為匈奴所得。留十年，持漢節不失，後乃逃出。由大宛、康居至月氏、大夏，從羌中歸，又為匈奴所得。歲餘，乘其國內亂，乃脫歸。是騫之崎嶇險阻，更甚於武也。即與武同時出使者，有中郎將張勝及假吏常惠等。後勝為匈奴所殺。惠仍在匈奴，教漢使言天子在上林射，得雁足書，知武等所在。故武得歸。是惠在匈奴亦十九年也。同時隨武還者九人，見於〈武傳〉者，常惠、徐聖、趙終根。然至今但稱武而已。惠後以軍功封長羅侯，尚在人耳目間。聖終根雖附書於傳，已莫有知之者。其餘尚有六人，并名氏亦不載。則同一使也，而傳不傳亦有命。又況是時二十餘年間，漢留匈奴使。匈奴亦留漢使以相當。前後凡十餘人。則其中守節不屈者亦必有人。而皆不見於史籍。則有幸不幸，豈不重可嘆哉。

今按當時使節，實多危道。張騫初使西域，行者百餘人。去十三歲，惟二人得還。然其後奮發求使絕遠者益出。此等好奇冒險無畏之風，決不能全以妄言無行之徒目之。即賈誼在文帝時，已上疏自陳，陛下何不試以臣為屬國之官，以主匈奴，行臣之計，請必係單于之頸而制其命。終軍在武帝朝，亦自請使匈奴。後使南越，自請願受長纓，必羈南越王致之闕下。終賈皆文人，其慷慨激發如此。可知漢之使節，跨窮漠，踰蔥嶺，崎嶇萬里外絕域之邦，往往得其所欲而歸，非偶然也。

其時軍人亦壯烈多可稱道。著者如李廣及子敢，孫陵，皆奇才。而李陵將勇敢五千人屯邊，陵稱其皆荊楚勇士，奇材劍客。(《史記》作丹陽楚人，當今安徽。)徒步出居延北千餘里，獨當單于八萬騎。轉戰八日，殺傷過當。及陵降，而隴西之士居門下者皆用為恥。其時陵副韓延年戰死，軍人脫歸塞者亦四百餘人。李陵之才氣，及其全軍之勇決，令千載下讀史者為之想慕不已。

武帝時大將最著者莫如霍去病。去病以皇后姊子，少貴，年十八為侍中。初從大將軍衛青出塞，為票姚校尉。與輕勇騎八百，直棄大軍數百里赴利，斬捕首虜過當，遂以封侯。時為元朔六年。去病年二十三。其後屢以敢深入建奇功。匈奴西方渾邪王與休屠王等謀欲降漢，武帝恐其以詐襲邊，去病將兵往迎之。去病渡河，與渾邪眾相望。渾邪見漢軍而多欲不降者，頗遁去。去病乃馳入匈奴軍，得與渾邪王相見。斬其欲亡者八千人，獨遣渾邪王乘傳先詣行在所，盡將其眾渡河，降者四萬餘。時為元狩二年，去病年二十五。史稱去病為人少言不泄，有氣敢往。上嘗欲教之孫吳兵法，對曰：「顧方略何如耳，不至學古兵法。」上為治第，令視之，曰：「匈奴未滅，無以家為也。」其卒在武帝元狩六年，年二十九。後世謂漢武三大將，衛青、霍去病、李廣利，皆由女寵。(詳趙氏《廿二史劄記》。)然去病實亦當時一奇才，衛青已非其比，李廣利更無論也。去病死，匈奴已衰，漢亦不復能大懲創之矣。去病能將善戰之功，實不可沒。即以女寵言，彼等既已進身，而重以建功絕域自顯，亦見當時人意氣，確乎有一種進取勇決無畏之風，與後世不同。惟當時軍人中，豪傑與近寵判為兩黨。衛、霍、李廣利之屬，名位雖盛，豪傑從軍者賤之如糞土。李廣父子愈擯抑，而豪傑愈宗之。史公親罹李氏之禍，故其為《史記》，於兩黨瑕瑜，抑揚甚顯。今平心論之，則兩黨中亦各有奇材，惜乎武帝之未能以公心善用之耳。

第四章　西漢之中衰

第一節　武帝一朝之財政

武帝內興禮樂，外勤征伐，費用浩繁。舉高、惠、文、景七十餘載之積畜，一朝盡罄，遂成漢室第一次之衰象。史家記之云：

> 武帝因文景之畜，忿胡粵之害，即位數年，嚴助、朱買臣等招徠東甌，事兩粵，江淮之間，蕭然煩費矣。唐蒙、司馬相如始開西南夷，鑿山通道千餘里，以廣巴蜀，巴蜀之民罷焉。彭吳賈滅朝鮮，置滄海之郡，則燕齊之間靡然發動。及王恢謀馬邑，匈奴絕和親，侵擾北

邊，兵連而不解，天下苦其勞。干戈日滋，行者齎，居者逆，中外騷擾相奉。百姓抗敝以巧法，財賂衰耗而不贍，入物者補官，出貨者除罪，選舉陵夷，廉恥相冒，武力進用，法嚴令具，興利之臣，自此而始。

今考漢室經費，宮庭私帑與國家財政有別。《史記・平準書》言：高祖已平天下，

量吏祿，度官用，以賦於民。而山川園池市井租稅之入，自天子以至于封君湯沐邑，皆各為私奉養焉，不領於天下之經費。

其制蓋亦本於秦。〈百官公卿表〉：

少府，秦官，掌山海池澤之稅，以給共養。

治粟內史，秦官，掌穀貨。有兩丞。景帝後元年更名大農丞。武帝太初元年，更名大司農。

顏師古曰：

大司農供軍國之用，少府以養天子。

是也。高帝初政，漕轉山東粟以給中都官，歲不過數十萬石。其後積恭儉，至武帝而漢之國富，躋於極盛。然武帝在位五十四年，而國力大屈，幾不可支。當時以用度不足，多方羅掘，其事頗足記。

一、鹽鐵官賣

其最要者厥為鹽鐵之官賣。煮鹽冶鐵，自戰國以來，本為民間私業。史稱宛孔氏，先梁人，用鐵冶為業。秦伐魏，遷孔氏南陽，大鼓鑄。規陂池，連車騎，遊諸侯。（《史記・平準書》。）南陽郡，秦昭襄王三十五年始置。孔氏鼓鑄南陽，蓋在其後。又蜀卓氏、程氏，皆以冶鑄富。卓氏以趙破遷，程氏亦稱山東遷虜。蓋俱在始皇滅六國時。足證秦政縱民冶鐵，不加禁也。其人在未遷前，亦早以鐵冶為業，足證其時山東六國，亦無冶鐵之禁。鐵冶既然，煮鹽亦可推。魯人猗頓用盬鹽起，在戰國時。而齊刁間逐魚鹽，起富數千萬，在漢。此皆以煮鹽發跡。今《管子》書言管仲已有鹽鐵專賣之法，殆出後人偽造，不足信。然據《漢書・食貨志》董仲舒言：「秦時，田租口賦鹽鐵之利，二十倍於古。」如淳曰：「秦賣鹽鐵貴，故下民受其困也。」顏師古曰：「既收田租，又出口賦，而官更奪鹽鐵之利，率計今人一歲之中，失其資產，二十倍多於古也。」又《史記・太史公自序》謂：「司馬昌為秦主鐵官，當始皇之時。」則似始皇時，固已有鹽鐵官賣之制矣。

漢初民間鹽鐵，仍得自由經營。《鹽鐵論・錯幣篇》：

大夫曰：「文帝之時，縱民得鑄錢冶鐵煮鹽。」

又〈禁耕篇〉：

異時鹽鐵未籠，布衣有朐邴，（《史・貨殖傳》亦言，魯有曹邴氏，以鐵冶起富至巨萬。）人君有吳王，皆專山澤之饒。

其證也。武帝鹽鐵專賣之制，始於元狩五年。先是，

山東被水菑，民多飢乏。遣使者，虛郡國倉廥以振，猶不足。又募豪富人相貸假，尚不能

相救。(〈武紀〉在元狩三年。) 乃徙貧民於關以西，及充朔方以南新秦中，七十餘萬口。(〈武紀〉在元狩四年冬，時猶以十月為歲首，則實在四年之初。) 衣食皆仰給縣官。數歲，假予產業。使者分部護，冠蓋相望。其費億計，縣官大空。而大商富賈，或蹛財役貧，轉轂百數，廢居居邑，(廢，置也。廢居，即居積不去之意。) 封君皆低首仰給。冶鐵煮鹽，財或累萬金，而不佐公家之急。……於是以東郭咸陽、孔僅為大農丞，領鹽鐵事。(在四年。)……咸陽，齊之大煮鹽，孔僅，南陽大冶，皆致產累千金。故鄭當時進言之。

二人因奏言：

山海，天地之藏，宜屬少府。陛下弗私，以屬大農佐賦。願募民自給費，因官器作煮鹽，官與牢盆。(如淳曰：「牢，廩食也。盆，煮鹽盆也。」按謂官給工價所費。至出賣則由官主之，不聽民擅。) 浮食奇民，欲擅管山海之貨，以致富羨，役利細民。其沮事之議，不可勝聽。敢私鑄鐵器煮鹽者釱左趾，沒入其器物。郡不出鐵者置小鐵官。使屬在所縣。

於是：

使孔僅、東郭咸陽乘傳舉行天下鹽鐵，作官府，（主煮鑄及出納之處。）除故鹽鐵家富者為吏。（蓋在元狩五年。孔僅奉使三年，還為大司農，則元鼎二年也。）

是為鹽鐵專賣制成立之經過。

〈百官表〉：大司農屬有斡官鐵市兩長丞。初斡官屬少府，中屬主爵，以後屬大司農。如淳曰：

斡音筦，……所謂斡鹽鐵而榷酒酤也。

蓋其初鹽鐵縱民冶煮，少府特收其稅以為宮庭之私入。衛宏《漢官舊儀》所謂：

民田積芻稾，以給經用，備凶年，山澤、魚鹽、市稅，以給私用。

應劭《漢官》亦謂：

> 王者以租稅為公用。山澤陂池之稅，以供王之私用。（《續漢書・百官志》注引。）

是也。而鐵為山稅大宗，其先盡入少府，今以國用竭蹶，武帝遂移之大司農，又定專賣之制也。

二、算緡

與鹽鐵專賣同性質者，尚有榷酒酤。其事始於天漢三年。距鹽鐵專賣又二十一年。與鹽鐵專賣同時，為漢武理財大計者有算緡。據《漢官儀》，少府有市稅，亦給宮庭私用。所謂市井租稅之入也。故主父偃言之，曰：「臨淄十萬戶，市租千金」，此亦入王國私奉養，不納於天下之經費。自孔僅、東郭咸陽獻議鹽鐵專賣之年，公卿又言曰：

> 郡國頗被菑害，貧民無產業者，募徙廣饒之地。陛下損膳省用，出禁錢以振元元，寬貸賦而民不齊出於南畝。商賈滋眾，貧者畜積無有，皆仰給縣官。異時算軺車賈人緡錢皆有差，請算如故。諸賈人末作貰貸，賣買居邑，貯積諸物，及商以取利者，雖無市籍，各以其物自占，率緡錢二千而算一。諸作有租及鑄，率緡錢四千算一。非吏比者，三老，北邊騎士，軺車一算。商賈人軺車二算。船五丈以上一算。匿不自占，占不悉，戍邊一歲，沒入緡錢。

有能告者，以其半畀之。賈人有市籍，及家屬，皆無得名田。以便農。敢犯令，沒入田貨。

是為算緡錢制之大概。

公卿言異時算軺車賈人緡錢皆有差，沈欽韓曰：「異時者，謂元光六年初算商車也。」錢大昕曰：「高祖初平天下，令賈人不得衣絲乘車，重租稅以困辱之。蓋指此。」今按：史又稱：「孝惠高后時，為天下初定，復弛商賈之律。」疑公卿所謂異時，當指高祖時言。其時蓋有商賈之稅。賈人不得乘車，亦指算軺車。孝惠高后以後，特有市稅。則諸賈人末作貰貸，賣買居邑，貯積諸物，商以取利，而無市籍，即得免稅也。蓋市稅以商場市廛為主，而算緡錢則以資產財物為主，此其異。稱緡錢者，蘇輿曰：

《說文》錉下云：「業也。賈人占錉。」即此錉字義。《廣雅・釋詁》：「⿰貝勺，本也，錉，算也。」《玉篇》⿰貝勺本作錉。案訓業、訓本，若今商賈成本之謂。算錉錢者，占度貨物成本，直錢若干，簿納官稅。有不實則繩以法。

二千而算一者，

> **李斐曰：「緡，絲也，以貫錢也。一貫千錢，出算二十也。」**

惟緡訓資本，非謂貫絲。又其後縱告緡，得民財物以億計，奴婢以千萬數，及田宅，此皆非錢，特以錢為計耳。且史文明分二千一算、四千一算兩種，不得以千錢一算為說。李說蓋非也。〈高帝紀〉：「漢四年，初為算賦。」如淳曰：

> **《漢儀》注，民年十五以上至五十六，出賦錢人百二十，為一算。**

疑緡錢一算，即如口賦一算之例。（沈欽韓說，二千算一，取二十分之一，四千算一，取八十分之一，其說得之。）又〈景紀〉後二年有訾算。服虔曰：「訾萬錢，算百二十七也。」則訾算與口賦一算為數略等。知算緡一算，亦為百二十矣。

云諸作有租及鑄者，如淳曰：

> **以手力所作而賣之者。**

而於租鑄無說。今按：〈昭帝紀〉始元六年秋，罷榷酤官，令民得以律占租，賣酒升四錢。如淳曰：

> **律諸當占租者，家長身各以其物占。占不以實，家長不身自書，皆罰金二斤，沒入所不自占物及賈錢縣官也。**

然則自榷酤未行前，漢律民間作酒本有稅，當由民自呈報應所得利輸租，即所謂占租也。又《鹽鐵論・水旱篇》：「故民得占租鼓鑄煮鹽之時」，則當鹽鐵未專賣前，亦由民間占租為之。今鹽鐵雖歸官營，而酒酤仍由民占租作之。其他如〈貨殖傳〉所舉，木器漆者千枚，銅器千鈞，素木鐵器若巵茜千石，筋角丹沙千斤，帛絮細布千鈞，文采千匹，榻布皮革千石，漆千斗，蘗麴鹽豉千合，鮐鮆千斤，鯫鮑千鈞，棗栗千石者三之，狐貂裘千皮，羔羊裘千石，旃席千具，他果菜千鍾，子貸金千貫，亦比千乘之家。凡此均所謂作。以酒酤鹽鐵之例推之，凡業此者，理須先占租。而子貸金與諸作並列，則當時子錢家亦與酒酤鹽鐵同等，須先占租。故〈王子侯表〉：旁光侯殷「坐貸子錢不占租」免侯也。此外尚有郡國鑄錢，亦須占租。文帝時，聽民放鑄。賈誼諫曰：「法使天下公得顧租鑄銅為錢」，是鑄錢有租之證也。悉禁郡國鑄錢，尚在後元鼎四年。則此時所謂諸作有租及鑄者，必兼指有鑄錢一項無疑。此等皆不登市籍，而又已占租，故算緡較輕，四千而算一也。

既下緡錢，百姓終莫分財佐縣官，於是告緡錢縱矣。其事在元鼎三年，（見〈武紀〉。）蓋算緡錢與市稅不同。市稅可以履市而稽，算緡錢則待人自呈報。（自占。）百姓不願自呈報，皆爭匿財，乃縱告發。史稱：

楊可告緡遍天下，中家以上，大抵皆遇告。杜周治之，獄少反者。乃分遣御史廷尉正監分曹，往往即治郡國緡錢。得民財物以億計，奴婢以千萬數。田大縣數百頃，小縣百餘頃。宅亦如之。於是商賈中家以上大抵破。民偷甘食好衣，不事畜歲之業。而縣官以鹽鐵緡錢之故，用少饒矣。

蓋一經告發，縣官即全部沒收其產業，而告發者得其半。姦人烏得不樂為。而政府亦以此為羅掘之大道，故凡遇告發，稀得平反也。〈義縱傳〉：

楊可方受告緡，義縱以為此亂民，部吏捕其為可使者。天子聞，使杜式治。以為廢格沮事，棄緡市。

則當時告緡之擾天下可想矣。

三、均輸

鹽鐵告緡外，言財計之大者有均輸。其事始於桑弘羊。弘羊，洛陽賈人子，以心計，年十三，侍中。與孔僅、東郭咸陽為武帝朝言利三臣。孔僅使天下鑄作器，三年中至大司農。（〈百官表〉：大農令孔僅在元鼎二年。）桑弘羊為大司農丞，管諸會計事。稍稍置均輸以通貨物。及元封元年，而桑弘羊為治粟都尉領大農，盡代僅筦天下鹽鐵。

弘羊以諸官各自市，相與爭，物故騰躍。而天下賦輸，或不償其僦費。乃請置大農部丞數十人，分部主郡國。各往往縣置均輸鹽鐵官。令遠方以其物貴時（〈漢志〉貴時作異時。）商賈所轉販者為賦而相灌輸。置平準於京師，都受天下委輸。（呂東萊《大事記》：「均輸在郡國，各轉輸京師之官也。平準在京師，總受天下之轉輸者也。」）召工官治車諸器，皆仰給大農。大農諸官，盡籠天下之貨物。貴則賣之，賤則買之。如此，富商大賈無所牟大利，則反本，而萬物不得騰躍。故抑天下物，名曰平準。天子許之。（〈平準書〉。）

是為均輸制度之大概。

弘羊稱諸官各自市，相與爭，物故騰躍者，方苞曰：「先是水衡少府太僕大農分受緡錢，弘羊欲并歸大農也。」考漢制：

太官主膳食，湯官主餅餌，導官主擇米。（〈百官表〉顏注。）

景帝後二年春，以歲不實，詔減太官。〈平準書〉亦載：

公卿言，郡國頗被菑害，陛下（武帝。）損膳省用。

是主膳食之官也。又〈百官表〉：

御府主天子衣服。

少府屬官有東織室、西織室。（成帝河平元年省東織室，單稱西織室為織室。）又齊有三服官。〈貢禹傳〉：

故時齊三服官，輸物不過十笥。今作工各數千人，一歲費數鉅萬。

〈地理志〉：襄邑亦有服官。是主衣服之官也。貢禹又稱有三工官，云：

蜀、廣漢主金銀器，歲各用五百萬。三工官，收費五千萬，東、西織室亦然。

又考少府有考工室、東園匠、尚方三官。考工主作器械，（臣瓚說。）東園匠主陵內器物，（師古說。）尚方主作禁器物。（師古說。）殆即貢禹所謂三工官也。其在外郡者，〈地理志〉：河內懷縣，河南滎陽縣，潁川陽翟縣，南陽宛縣，濟南東平陵，泰山奉高縣，廣漢雒縣，蜀郡成都縣，凡八處，皆設工官。又〈百官表〉：水衡屬官有技巧六廄，少府屬官有若盧令丞，執金吾屬官有武庫令丞。皆主兵器車馬之用。是主器物之官也。又〈百官表〉：

太僕，秦官，掌輿馬。

少府屬官有黃門，則掌乘輿。（太僕費出大司農，與黃門屬少府別。）元帝初元三年詔罷黃門乘輿，是也。又水衡屬官有六廄令。此主輿馬之官也。〈百官表〉：少府屬官又有太醫令丞。是主醫藥之官也。少府又有樂府令丞，則主音樂。凡此諸官，大率屬少府，所謂天子之私奉養，不領於天下之經費者。

又後宮妃妾，貢禹言：

至高祖、孝文、孝景皇帝，循古節儉，宮女不過十餘。……武帝多取好女，至數千人，以填後宮。（〈貢禹傳〉。）

其初惟有美人、良人、八子、七子、長使、少使，武帝時增倢伃、娙娥、傛華、充依，至元帝又加昭儀。其級次待遇如下：

昭儀	位視丞相	爵比諸侯王
倢伃	視上卿	比列侯
娙娥	視中二千石	比關內侯
嫆華	視真二千石	比大上造
美人	視二千石	比少上造
八子	視千石	比中更
充依	視千石	比左更
七子	視八百石	比右庶長
良人	視八百石	比左庶長
長使	視六百石	比五大夫
少使	視四百石	比公乘
五官	視三百石	
順常	視二百石	
無涓、共和、娛靈、	視百石	
保林、良使、夜者		

凡十九職十四等，其食餌主於太官，被服供自服官，建造器用製自考工。蓋帝王私室之費，後宮亦其大者。而有掖庭令丞掌其雜務焉。凡此均屬於少府者。此皆皇室宮廷之私費用也。

至於丞相御史大夫以下，屬於政府公用者，費出大農，自必更鉅。而內廷外朝，凡有所需，皆各自市於郡國民間。諸官各自為市，物價以之騰躍。今設均輸官，盡籠天下貨物，則王室政府公私所需，皆取之均輸，無煩各自市而相爭，此一利也。

又漢制：於常賦外，郡國諸侯王對中央例有上獻。高帝十一年二月詔曰：

欲省賦甚。今獻未有程，吏或多賦以為獻，即諸侯王尤多，民疾之。令諸侯王通侯常以十月朝獻。及郡，各以其口數率，人歲六十三錢，以給獻費。

蓋常賦百二十，六十三錢約常賦之一半。乃在常賦之外，別以為帝室之私獻也。惟所獻則以其郡之土貨為常。《鹽鐵論．本議篇》：

大夫曰：「往者郡國諸侯，各以其物貢輸，往來煩雜，物多苦惡，或不償其費。」

即謂是也。又曰：

故郡置輸官，以相給運，而便遠方之貢，故曰均輸。開委府於京，以籠貨物。賤即買，貴即賣。是以縣官不失實，商賈無所貿利。故曰平準。平準則民不失職，均輸則民齊勞逸。故平準均輸，所以平萬物而便百姓，非開利空為民罪梯者也。

蓋所以謂之平準，由天子自籠天下貨物，賣貴買賤，以與商賈爭利。商賈之力自不能敵天子。故曰商賈無所貿利，而物價平。所以謂之均輸，由郡國輸貢，道有遠近，則費有煩省。今郡設輸官，令民各就其郡輸之，而郡之輸官自為委輸於京師，無煩遠郡之送輸，故曰齊勞逸，便百姓也。當時在上者解釋其制度之用意，大率如此。

然當時民間意見則不然。《鹽鐵論》文學曰：

古者之賦稅於民也，因其所工，不求所拙。農人納其穫，工女效其織。今釋其所有，責其所無。百姓賤賣貨物，以便上求。間者郡國或令民作布絮，吏恣留難，與之為市。吏之所入，非獨齊陶之縑，蜀漢之布也。亦民間之所為耳。行姦賣平，農民重苦，女工再稅，未

> 見輸之均也。縣官猥發，闔門擅市，則萬人並收。並收則物騰躍。騰躍則商賈侔利自市。吏容姦豪，而富商積貨儲物以待其急。輕賈姦吏，收賤以取貴，未見準之平也。

此則為民間代表對此制度之批評。蓋桑弘羊立均輸，本令遠方各以其物貴時商賈所轉販者為賦。如此則輸官可以留利。若如文學之意，各就其地所產以為輸。農納其穫，工效其織，而天子之輸官自為委輸。則往者諸郡賦輸僦費，盡由大司農任之。大司農復何從而取利。今郡之輸官，不就其郡之所有，而責其郡之所貴。於是益為姦豪所操。而民乃重困。省其運輸之煩，責其貴價之貢，固未見其為利民也。

然史言：

> 於是天子北至朔方，東封太山，巡海上，並北邊以歸，所過賞賜，用帛百餘萬匹，錢金以巨萬計，皆取足大農。……一歲之中，諸均輸帛五百萬匹。民不益賦，而天下用饒。

則弘羊雖未利民，固已富國矣。（按郡國貢物，由郡國自主，均輸則指物責貢，此其異一也。郡國貢物，須自輸之京師，有均輸則可省輸送，此其異二也。利害兩權而求其平，在乎行制者，非必其制度之必不可行也。）

故是年小旱，上令求雨，卜式曰：「縣官當食租衣稅，今弘羊令吏坐市列肆，販物求利，烹弘羊，天乃雨。」亦一時之憤言也。

其事與均輸相關者，尚有酎金。顏師古曰：「酎，三重釀醇酒也。」服虔曰：「八月獻酎，祭宗廟，諸侯各獻金來助祭也。」丁孚《漢儀》曰：

酎金律，文帝所加。以正月旦作酒，八月成，名酎酒。因合諸侯助祭貢金。漢律金布令曰：皇帝齋宿，親帥群臣，承祠宗廟。群臣請分奉請。諸侯、列侯，各以民口數，率千口奉金四兩。奇不滿千口至五百口亦四兩。皆會酎，少府受。又大鴻臚食邑九真、交阯、日南者，用犀角長九寸以上，若瑇瑁甲一，鬱林用象牙長三尺以上，若翡翠各二十，準以當金。（《續漢書．禮儀志》注引。）

是酎金亦為一種律定之上獻。如淳引《漢儀》注：

諸侯王歲以戶口，酎黃金於漢廟。皇帝臨。受獻金。金少不如斤兩，色惡，王削縣，侯免國。

其事見於武帝元鼎五年。

> 列侯坐獻黃金酎祭宗廟不如法，奪爵者百六人。

蓋是歲武帝怒列侯不助擊南越，故捃摭其酎金之惡奪其國。亦以漢宗廟之法甚重，可假以為名也。（此呂東萊《大事記》說。）疑本非有定制。《漢儀》注亦據此事誤謂漢定制耳。

四、鑄錢幣

漢武財計，自鹽鐵專賣，算緡，均輸以外，其大者為鑄錢幣。秦兼天下，幣為二等。黃金為上幣，銅錢文曰半兩，重如其文。漢興，以秦錢重，更鑄莢錢，民患太輕。高后二年，復行八銖錢。（即半兩錢。）六年，又行五分錢。（應劭說即莢錢。）文帝五年，以五分錢太輕，更作四銖錢。（文亦曰半兩。）除盜鑄錢令，聽放民鑄。武帝建元元年，行三銖錢。五年罷三銖，行半兩錢。至元狩四年而又更。史稱：

> 自孝文更造四銖錢，至是四十餘年。從建元以來用少，縣官往往即多銅山而鑄錢。民亦盜

鑄，不可勝數。錢益多而輕，物益少而貴。有司言曰：「半兩錢法重四銖，而姦或盜摩錢質而取鋊。（銅屑也。）錢益輕薄而物貴。則遠方用幣，煩費不省。」乃令縣官銷半兩錢，更鑄三銖錢。重如其文。（〈平準書〉。）

其明年：

有司言三銖錢輕，輕錢易作姦詐，乃更請郡國鑄五銖錢。

自是錢制遂定。而元狩四年改造三銖錢，又造皮幣。史稱：

是時禁苑有白鹿，而少府多銀錫。乃以白鹿皮方尺，緣以繢。為皮幣，直四十萬。王侯宗室，朝覲聘享，必以皮幣薦璧，然後得行。（時大農顏異，言：「朝賀以蒼璧直數千，而皮薦反四十萬，本末不相稱。」武帝不悅。異竟以他事坐腹非罪論死。）又造銀錫白金，三品。（一重八兩，圓形，龍文，直三千。其二較輕，方形文馬，直五百。其三又小，橢形，文龜，直三百。然白金賤，民間弗用。令禁無益。歲餘，終廢不行。）

是時以幣屢變，商賈多積貨逐利。而民間盜鑄之風益甚。依律，盜鑄諸金錢，罪皆死，（律始景帝中六年。）而犯者不可勝數。史稱：

自造白金五銖錢後五歲而赦。（按元狩五年後，元鼎元年五月赦天下。至五年四月又赦。此蓋指五年言。）**吏民之坐盜鑄金錢死者數十萬人。其不發覺相殺者，不可勝數。赦自出者百餘萬人。然不能半自出。天下大抵無慮皆鑄金錢矣。**

犯者既眾，吏不能盡誅，遂悉禁郡國毋鑄錢。（據〈食貨志〉，在張湯死後二年，則元鼎四年也。）專令上林三官鑄。（〈百官表〉：水衡都尉掌上林，其屬有均輸、鐘官、辨銅三令丞。《鹽鐵論》曰：「廢天下諸錢，而專命水衡三官作」，即言此事。）錢既多，又令天下非三官錢不得行，諸郡國前所鑄錢皆廢銷，輸入其銅三官。民間鑄錢遂漸少。計其費不能相當，惟真工大姦，始盜為之矣。

五、增口賦

漢武一朝言財利，舉其大者，如鹽鐵之專賣，及榷酒酤，如算緡錢車船，如均輸，如改錢幣。其他猶多。姑復列舉，曰增口賦。口賦亦屬少府，為帝王私奉養。《淮南・氾論》：「秦之時，頭會算斂，輸於少府。」頭會者，隨民口數，人責之稅，即猶今稱人頭稅。而漢則稱算賦。高祖四年，初為算賦。如淳曰：

《漢儀》注，民年十五以上至五十六，出賦錢人百二十，為一算。為治庫兵車馬。

於算賦外有口賦。如淳曰：

《漢儀》注，民年七歲至十四，出口賦錢。人二十三。二十錢以食天子。其三錢者，武帝加口錢，以補車騎馬。（〈昭紀〉元鳳四年注引。又《後書．光武紀》建武二十二年章懷注引，略同。）

然考〈貢禹傳〉言：

禹以為古民亡賦算口錢，起武帝，征伐四夷，重賦於民。民產子三歲，則出口錢，故民重困。至於生子輒殺，甚可悲痛。宜令兒七歲去齒，乃出口錢，年二十乃算。

然則《漢儀》注所記民年七歲出口賦，乃後制，其議原自貢禹。而武帝初制，實三歲即賦也。至口賦之制，亦始於秦。董仲舒謂：

至秦，田租口賦鹽鐵之利，二十倍於古。

可證。貢禹謂口算皆起武帝時，亦誤。今姑據《漢書・地理志》載平帝元始二年天下人口凡五千九百五十九萬四千九百七十八。若七歲以上十四歲以下者占其五分之一，即得千二百萬。人納二十錢，總二億四千萬。若自三歲以上十四歲以下，占全數三分之一，即得錢四億。口增三錢，亦六千萬也。

六、鬻　爵

增口賦外復有鬻爵。爵者，五等封爵，本為封建世襲制度下之專稱。秦孝公用商鞅，變封邑，立二十級爵。沿而勿革，以至於漢。其爵之下者未得從政，然亦有種種優遇。高帝五年詔：

七大夫爵第七以上皆令食邑。非七大夫，以下，皆復其身及戶，勿事。

師古曰：

復其身，及一戶之內，皆不傜賦也。

又詔曰：

七大夫公乘（第八爵。）以上，皆高爵也。……吾數詔吏先與田宅，及所當求於吏者，亟與。

則漢爵自七級以上稱高爵，得賜田宅。七級以下，亦得免傜賦。（〈卜式傳〉：「賜爵左庶長，復田十頃。」知當時高爵不徒免役，其田租亦可邀一部分之豁免也。）故漢常有賜爵之舉，其實亦無異於免役也。考漢賜爵，或以立社稷。（高帝二年。）或以即位。（孝惠。）或以立皇太子。（孝文元年。）或以王皇子。（孝景三年。）或以皇太子冠。（孝景後三年。）或以改元。（孝景中元年，又後元年。）或以郊祀。（孝武元鼎四年。）其他不勝舉。民間得爵，實無異於在經濟上得政府一種優待券。其時爵之性質，乃為對國家經濟負担一部分之豁免。故有賜民爵一級者，（孝景三年，又中元年，後元年。）賜民爵戶一級者，（孝惠五年。）賜天下民當為父後者爵一級者，（孝文元年，景後三年。）有賜民長子爵一級者，（元光元年。）高祖二年，

二月癸未，令民除秦社稷，立漢社稷。施恩德，賜民爵。蜀漢民給軍事勞苦，復勿租稅二歲。關中卒從軍者，復家一歲。舉民五十以上，有修行，能率眾為善，置以為三老，鄉一人。擇鄉三老一人為縣三老，與縣令、丞、尉以事相教，復勿繇戍。以十月賜酒肉。

臣瓚曰：

爵者祿位，民賜爵，有罪得以減也。

今按《商君書‧竟內篇》：「爵自二級以上，有刑罪則貶。爵自一級以下，有刑罪則已。」臣瓚說蓋本此。然則賜爵既得免繇賦，又可減罪，誠亦無異於古者貴族之身分矣。

應劭曰：

孝惠元年，令民有罪，得買爵三十級，以免死罪。

一級直錢二千，凡為六萬。若今贖罪，入三十疋縑矣。

今按：應劭說未知何本。或應時一疋縑直錢二千，故竟以此為說。恐不可信。惟朝廷令民得買爵，則爵在當時，自有其經濟的價值可知。

又按：〈武紀〉天漢四年，太始二年，皆著募死罪，入贖錢五十萬，減死一等。（司馬遷謂家貧不足以自贖，蓋其時子長於吏議亦得死罪，不能自贖，而就募為宮刑者。）以彼例此，恐是爵三十級價，略等於錢五十萬。雖爵價時有增減，若以孝文時爵價稍貴論，則一級當價二萬錢，或差近是。

孝惠六年夏，旱，令民得賣爵。蓋旱荒有無力自存者，政府無以恤，許其賣爵，亦所以示恤也。文帝時，晁錯上言：

今募天下入粟縣官，得以拜爵，得以除罪。如此，富人有爵，農民有錢，粟有所渫。夫能入粟以受爵，皆有餘者也。取於有餘以供上用，則貧民之賦可損。……今令民有車騎馬一匹者，復卒三人。……令民入粟受爵，至五大夫（第九等爵。）以上，乃復一人耳。此其與騎馬之功，相去遠矣。

文帝從其言，

令民入粟邊六百石，爵上造。（第二等爵。）稍增至四千石，為五大夫。萬二千石為大庶長。（第十八等爵。）各以多少級數為差。

今按：漢代粟價無可詳考，然約略推之，其常價之高者，一石當不過百錢。則六百石為錢六萬，合六金。四千石為錢四十萬，合四十金。萬二千石為錢百二十萬，合百二十金也。又按：出錢六萬得第二級爵，出錢四十萬得第九級爵，中距六級，相差錢三十四萬。則大抵一級爵增價約五萬也。又出錢四十萬得第九級爵，出百二十萬得第十八級爵。中距八級，相差錢八十萬，則第九級以上，每一級爵增約十萬也。又自第九級爵以上乃得復一人，蓋指其家常得有一人之復。知第九級以下，其優復蓋有年限。是所謂爵者，年過即滅。故漢廷常有遍賜民戶爵之舉。若一賜爵即得終身復，則無可遍賜，亦不得屢賜也。其後景帝時，上郡以西旱，復修賣爵令，而裁其價以招民。則文帝時入粟六百石為上造，已為高價矣。

至武帝時而又有武功爵之增設。其事在元朔六年。先是：

衛青比歲十餘萬眾擊胡，斬捕首虜之士，受賜黃金二十餘萬斤。而漢軍士馬死者十餘萬，兵甲轉漕之費不與。於是大司農陳藏錢經耗，賦稅既竭，猶不足以奉戰士，有司請令民得買爵及禁錮免藏罪。請置賞官，名曰武功爵。級十七萬，凡直三十餘萬金。諸買武功爵官首者，（第五級。）試補吏，先除。千夫（第七等爵。）如五大夫（舊二十等之第九級。）其有罪又減二等。爵得至樂卿，（第八等爵。）以顯軍功。

臣瓚引《茂陵中書》，有武功爵凡十一級。而買爵惟得至第八級，樂卿。又云級十七萬，凡直三十餘萬金者，朝廷賣爵有限，八級總十七萬，則一級約可二萬也。總計此十七萬級，共直三十餘萬金，逐級價格，今難詳考。姑以平均算之，則一級價亦略當錢二萬也。文帝時，出錢六萬，乃得第二級爵，知武帝武功爵價格，蓋較文帝時為輕。而待遇則似較文帝時優。買武功第五級爵（官首。）即得試補吏先除。而武功第七級千夫，其待遇得如二十等爵之第九級五大夫。鼂錯謂受爵至五大夫以上乃復一人，而武功爵則千夫以上亦得復一人也。而其時以兵革數動，民多買復及五大夫千夫，調發之士益鮮。於是除五大夫千夫為吏，不欲者出馬。

蓋當時朝廷賣爵，其性質亦略如近世國家之發行公債。持國家公債券者，得向國家取其券價應得之本息。而漢時民戶買爵，即取得對國家繇賦之優復。此謂買復即買爵。爵之性質，本重在優復也。然國家得民間買爵錢，特以濟急，其後遂坐失多數之繇賦。此猶如發公債必償其息也。又當時民間買爵，其意特在得免役，故輒買五大夫千夫，以期得長期之優復。而朝廷以法嚴，吏多廢免，乃強爵千夫五大夫者為吏，其不欲則強出馬。蓋其先立法，令買爵官首即可補吏，且與先除，所以為誘。然因此吏道雜而多端，官職耗廢。朝廷乃以嚴法為繩。至其後，則民但買復，不願補吏，故復勒令為吏。至買爵官首者，尚不得復，故不勒為吏。而爵千夫五大夫得復者，乃強除為吏耳。又其後，成帝鴻嘉三年，賣爵級千錢，則其價益賤矣。

與鬻爵賣復相似者，復有募民入奴婢得終身復，為郎者增秩，及入羊為郎，皆在置武功爵前。

七、漢武一朝各項財政制度之得失

以上為漢武一朝財計之大概。言其得失，則算緡一事，厲民最甚。史稱中家以上大抵皆遇告破產，民偷甘食好衣，不事畜藏，其為害可想。然漢廷厲行告緡，亦自有故。蓋漢之財政，朝廷宮中公私判劃，各不相涉，已如前舉。漢武為縣官用竭，常出內廷私奉養相濟。所謂損膳，解乘輿駟，出御府禁藏，皆是也。而尤著者，則為鹽鐵之歸大農。孔僅、東郭咸陽所謂：

> 山海，天地之藏，宜屬少府。陛下弗私，以屬大農佐賦。

蓋捐私室之奉養，佐公府之開支，實為帝王之慷慨。而其時民間豪富，乃爭匿財，不肯輸助國。以與王室相比，豈不相差遠甚。惟有一卜式，肯分財佐縣官之急。武帝極獎以勵天下，而天下卒少應者。故武帝之縱告緡，實無異於以朝廷之勢強奪民財。然武帝及當時主計之人，厲行曾不少慚者，良以當時政制，帝王亦正如一巨室，別有其私產。王室縣官，別為二體。今帝家尚願捐輸助國，而諸王侯以下及於民間，乃惟顧私室，曾不肯分財以佐官家，故武帝乃一憤而出此也。其以酎金不如法奪列侯爵百六人，亦出於與告緡同一之心理。

告緡以外，其禍民甚者當推鑄錢。文帝時，除盜鑄錢令，聽民放鑄。賈誼力諫其事，曰：

法使天下公得顧租鑄銅錫為錢，敢雜以鉛鐵為他巧者其罪黥。然鑄錢之情，非殽雜為巧，則不可得贏。而殽之甚微，為利甚厚。夫事有召禍，而法有起姦。今細民人操造幣之勢，各隱屏而鑄作，因欲禁其厚利微姦，雖黥罪日報，其勢不止。乃者民戶抵罪，多者一縣百數。及吏之所疑，榜笞奔走者甚眾。夫縣法以誘民，使入陷阱。孰積於此。曩禁鑄錢，死罪積下。今公鑄錢，黥罪積下。為法若此，上何賴焉。

又曰：

今農事棄捐，而采銅者日蕃，釋其耒耨，冶鎔炊炭。姦錢日多，五穀不為多。善人怵而為姦邪，愿民陷而之刑戮。……。吏議必曰禁之，……令禁鑄錢則錢必重。重則其利深，盜鑄如雲而起。棄市之罪，又不足以禁矣。

蓋錢幣之興，其在歷史上之演變尚淺，推尋其始，當盛於戰國之晚世。至是不百年，時人之智慧，尚不知所以善為應付運使之方。而不幸又為大利所在。縱之則「錢文大亂，市肆異用」，（亦賈誼語。）為害綦大。禁之則不可勝禁，至於死罪相積。就當時之政術，對此殆尚不知一恰當之應付，是亦無足深恠。故聽民放鑄則黥罪積下，禁民鑄錢則死罪積下。文帝固姑息，然亦鑒於前失而布新令，其用意亦未可厚非也。賈生之意，則欲「上收銅勿令布」，則民間自不能鑄，然文帝不能用其說。及景帝重布盜鑄律，而武帝數更幣，盜鑄盛起。五歲之間，至於死者數十萬，赦者百餘萬，其數良可驚，其慘良可痛矣。然自武帝專令上林三官鑄錢之後，漢之幣制，始上軌道。歷史之演變，往往於一事之興，歷嘗苦痛，而始得駕馭應付之術者。則漢武一朝以錢幣之紛亂，而社會生命經濟受其大劫，毋亦人類智力有限，必途窮而後思變，固不得專責一二在上言利之臣也。

漢武一朝財計，爭執最大者，為鹽鐵之專賣。其後昭帝始元六年，詔舉郡國賢良文學士，問以民所疾苦。賢良文學首請廢鹽鐵。謂：「縣官鼓鑄鐵器，大抵多為大器物，應員程，不給民用。

民用鈍弊，割草不痛。是以農夫作劇，得獲者少。」又曰：「鹽鐵賈貴，百姓不便。貧民或木耕手耨，土耰淡食。」此或當時之實情。然其議論亦未全是。當時御史大夫桑弘羊力主鹽鐵不可廢。其言曰：

> 山海之利，廣澤之畜，天下之藏也，皆宜屬少府。陛下不私，以屬大司農，以佐助百姓。浮食豪民，好欲擅山海之貨以致富業，役利細民，故沮事議者眾。……往者豪彊大家，得管山海之利，采鐵石鼓鑄煮鹽。一家聚眾或至千餘人，大抵盡收放流人民也。遠去鄉里，棄墳墓，依倚大家，聚深山窮澤之中，成姦偽之業，遂朋黨之權，其輕為非，亦大矣。（《鹽鐵論．復古》。）

蓋鹽鐵之業易啟兼并，自兼并而生游俠，為朋黨姦非，事皆相因。鹽鐵綰於上，則兼并之端塞，黨徒無由聚，姦非無由作，游俠無由生。以政策言之，亦未為甚繆。鹽鐵既籠於官，銅亦一例。此即賈生上收銅勿令布之說。漢民盜鑄金錢，其先極盛，漢武後而衰，亦由山海之利專於上，故民無得而覬耳。此事則毋寧謂之有利者。其後貢禹言：

漢家鑄錢，及諸鐵官皆置吏，卒徒攻山取銅鐵，一歲功十萬人以上。中農合七人，是七十萬人常受其飢也。

因激而主張廢錢。然錢固不可廢，鹽鐵尤民間所日需。朝廷若不為設官，民間仍競相採鑄。此一歲十萬人之功，終不可省。而徒以資兼并之豪，亦復何為。賢良文學議主廢鹽鐵者，並主不禁刀幣，聽民放鑄，是不明本末之變，不知利害之實也。

均輸亦桑弘羊理財大計。史稱民不益賦而天下用足，雖詞含譏刺，亦是其時實況。據漢制，天子私業若是其大，工官、服官、飲膳、輿馬若是其費。不論於政府之公用矣。設均輸官以總其匯，亦不失為經濟之道。郡國各就其貢獻，而官自為委輸，未必遽虐民。平心論之，鹽鐵、均輸，雖為時議及後世輿論所反對，其實施之手續，亦容多流敝。要其立法本意，則未嘗全無可取也。

賣爵一事，波及吏治，流敝亦甚。其他關係較少，無足深論矣。

故綜觀漢武一朝之財政，論其立法定制之意，皆不必全可非。蓋其可議者不在此，而在武帝之輕用其財，不甚知惜耳。

今考漢室國家財政，惟恃田租算賦及更賦三大端。平時費用，言其大者，約有六項。

（一）在京官吏之俸祿。（少府、水衡在外。）

（二）天地、山川、宗廟之祭祀。（掌於太常。）

（三）宮殿、苑囿、園陵及其他官用營造物之建築。（掌於將作大匠。）

（四）京師駐屯南北軍之餉需。（南軍統於衛尉，北軍統於執金吾。）

（五）軍用車、馬、兵器之費。（車馬掌於太僕，兵器製自郡國工官。）

（六）京師諸官廳之事務費。（少府、水衡在外。）

其間大者則為吏祿與軍費。高惠文景以來，恭儉相承，國用常裕。然遇國家有事，田租、算賦、更賦三者，皆有常額，難以驟增。其勢固已不便。而市稅礦山海鹽漁業諸收入，皆歸少府，別為天子之私奉養，不入國家之公庫。方天下初定，民生未復，凡此諸端，所入甚微。及社會經濟復甦，工商諸業發展，欣欣向上，超越農耕之前。而天子之私入，亦相因而激增。此其導獎奢風，有不期然而然者。其最先之現象，則為工商資產階級之崛起，而開社會兼并之端。繼之則為諸侯王之相競於奢僭。蓋諸侯王亦自有封邑，自有私奉養，同於天子。工商資產階級發展，間接即為封君私奉之激增。至以侯王封君而自營礦山海鹽之業，憑高藉貴，獨專利孔，其勢尤便。此事亦由漢制公私財政劃分，故在上者每以不加田租或減收豁免博民間之美譽，而實際則親為商人之兼并。及其無限度，遂成為政治上一難治之問題。此在文景時已極顯著。賈、鼂、董生深識之士，皆能言之。故漢政之所急，尚不在邊寇，尚不在列侯諸王之變亂，而在社會經濟不均，所造成種種之病態也。武帝即位，內則七國之亂已平，中央一統，而府庫充溢，積財導變。實際不啻以漢天子而代往者淮南、梁、趙、吳、楚之地位。武帝席豐履厚，肆其雄志。凡所為興禮樂造太平者，其實皆步往者列侯諸王驕奢相縱之後塵，而益甚焉者。蓋社會小民，以工商兼并置資產而驕縱。其風氣漸染而上，初則中於列侯諸王，終則感及天子帝室也。其揚武威於四裔，實亦猶如諸王之叛變朝廷耳。蓋財貨之力內充，則必生心向外，事有相因，無足怪者。及其帑藏既竭，乃不得不多方張羅，至於榦鹽鐵，設均輸，其實亦猶往者列侯諸王之即山海而鼓煮，以自為兼并耳。其分少府收入以濟大農縣官之急，為當時群臣所推譽者，以前諸侯王在其國內，亦復如是。蓋天子私入日巨，國家公費日絀，其勢亦不得不相為挹注也。凡武帝之所以輕用其財，若不甚惜，又輕取之於民，若不甚慚者，蓋彼視田租算賦以外，本為帝室私產，自可惟我揮霍。又彼時視民間生業，自耕織力田外，皆為姦利。帝王尚破家以濟國，小民為姦利，自當督其分財以佐公也。凡此皆當時財政制度之舉舉大者，皆與當時社會情況時代心理有關，所不得輕以後人之見繩前人也。故漢武一朝之治，淺言之，若一變高、惠、文、景以來所相守恭儉無為之舊步，而奮然有所造作。深言之，則自秦政解紐，漢高以平民為天子，蕭、曹以布衣為卿相，古昔貴族世襲之局面，既破壞無餘遺。而社會下層別起一經濟階級之新流。其流逐步上漲，自工商兼并而及列侯諸王，再及於中央政府，無形中皆受其鼓盪，皆受其感染。武帝一朝之政治，苟引而與吳王濞、淮南厲王長、梁孝王武、淮南王安等，一綫視之，則轉若脈絡相承，不見有所謂大變也。而此諸王之就封邑而建國，其先實亦類似一大資產家室，余所謂兼商人與游俠而兩有之者。其一切政治措施，固非盡本之於歷史教訓，與經驗積累，實乃一新興資產階級之特殊變相耳。故漢初高、惠、文、景之治，乃真所以代表社會下層一種儉約恭謹之平民，誠有以易夫古者貴族世襲之傳統。而武帝則代表平民社會中一種驕奢縱肆之資產階級，遂以漸成此後之新統也。由此言之，漢武雖雄才大略，亦自飄轉於時代潮流之鼓盪中，而有其所不自知。凡其措施之為功為罪，胥可本是而觀也。

第五章　昭宣以後之儒術

第一節　漢之中興

漢自武帝時而躋於極盛，其最著者厥為武功。其所闢疆土，視高惠文景時幾至一倍。（參讀趙翼《廿二史劄記》「武帝紀贊不言武功」條。）然其間用力最大者，則為匈奴與西域。匈奴於武帝時雖屢敗，然固未屈服。至宣帝甘露二年，匈奴內亂，五單于爭立，呼韓邪始欵五原塞，（今綏遠五原縣。）明年入朝，郅支單于遠避康居。及元帝建昭三年，為西域都護甘延壽、副都護陳湯所殺，傳首京師，而匈奴遂終不為西漢患。西域大定，其事亦在武帝後。自李廣利破大宛，敦煌西至鹽澤，（即羅布淖爾。）往往起亭，而輪臺、（今新疆輪臺縣。）渠黎，（輪臺東。）皆有田卒數百人，置使者校尉領護，以給外國使者。然匈奴猶常與中國爭西域，西域亦畏匈奴甚於中國。及宣帝地節三年，侍郎鄭吉破車師，屯田其地，護南道。及神爵二年，匈奴內亂，日逐王降漢，鄭吉遂并護車師以西北道，始置都護，立幕府，治烏壘城，（今庫車東南。）而漢之號令遂班於西域。其間漢使之立功絕域，頗多足記。蓋：

其時奉使者，亦皆有膽決策略，往往以單車使者斬名王，定屬國，於萬里之外。如傅介子使大宛，還，知匈奴使者在龜茲，即率其從人誅匈奴使者，龜茲遂服。（按事在昭帝元鳳四年前。）霍光以樓蘭王嘗遮殺漢使，遣介子賚金幣，揚言賞賜外國。樓蘭不甚親附，介子引去，謂譯者曰：「漢有重賜而王不來受，我去之西國矣。」王貪漢物，果來見，介子與飲酒，酣，引入帳後，二壯士殺之。左右皆亂。介子諭以：「王負漢罪，天子遣我誅之。漢兵方至，毋敢動，動則滅國矣。」遂持其首歸。（按事在元鳳四年。）關都尉文忠送罽賓使還其國，國王欲害忠，忠與容屈王子陰末赴合謀攻殺王，立陰末赴而還。（按其事在元帝前，何年不可考。）小昆彌末振將殺大昆彌雌栗靡，有翖侯殺末振將，漢恨不自誅之，使段會宗往。會宗以三十弩至其國，召其太子番邱至，手刃之。官屬驚亂，會宗諭以來誅之意，乃散去。（按其事在成帝元延二年。）此皆以單使立奇功者也。又有擅發屬國兵而定亂者。漢公主嫁烏孫，為匈奴所攻，上書請救。漢使常惠往護其兵。入右谷蠡王地，獲名王都尉以下四萬級，馬牛羊七十餘萬。（按其事在宣帝本始二年。）杅彌太子賴丹為漢校尉，屯田輪臺，龜茲貴人姑翼嗾其王殺賴丹。常惠自烏孫還，以便宜發諸國兵攻龜茲。龜茲出姑翼送惠斬之。（按事在宣帝地節元年。）郅支單于殺漢使谷吉，奪康居地。漢使三輩求谷吉死狀，皆被辱。都護甘延壽及副陳湯謀「夷狄畏大種，今留郅支，必為西域患。」乃發屯田兵及烏孫諸國兵攻單于城，破之。郅支被創死，斬其頭，並斬閼氏以下五百級。（按事在元帝建昭三年。）莎車殺漢所置莎車王萬年，并殺漢使奚充國，以其屬屬匈奴。適馮奉世送大宛使者至伊修城，以為「不急擊之，則莎車日強，必為西域患。」乃以節發諸國兵萬五千人拔其城。莎車王自殺，傳首長安。（按事在宣帝地節三四年。）此又以一使者用便宜調發諸國兵以靖反側者也。可見漢之威力行於絕域，奉使者亦皆非常之才，故萬里折衝，無不如志。其後楚王侍者馮嫽，隨公主嫁烏孫，常持漢節為公主行賞，城郭諸國，咸敬信之，號曰馮夫人。都護鄭吉遂使馮夫人說烏就屠來降。（按此事在宣帝甘露元年。）則不惟朝臣出使者能立功，即女子在外，亦仗國威以輯夷情矣。（趙翼《廿二史箚記》「漢使立功絕域」條。）

是漢武武功，實至昭宣以後始得遂成也。且漢武窮兵黷武，敝中國以事四夷，計其所得，若不償於所失。至其晚節，衰象暴露，幾於不可為繼。故宣帝時議立廟樂，夏侯勝已有武帝多殺士卒，竭民財力，天下虛耗之語。今析而觀之，其最著者，厥為人戶之耗亡。史稱：

孝昭承奢侈餘敝，師旅之後，海內虛耗，戶口減半。霍光知時務之要，輕繇薄賦，與民休息。至元始元鳳之間，匈奴和親，百姓充實。（〈昭帝紀〉贊。）

其次則財計之竭蹶。史稱：

武帝末，悔征伐之事，封丞相為富民侯。下詔曰：「方今之務，在於力農。」……至昭帝時，流民稍還，田野益闢，頗有積畜。宣帝即位，用吏多選賢良，百姓安土，歲數豐穰。穀至石五錢。（〈食貨志〉上。）

蓋民間生計之復蘇，皆自昭宣時得其轉機。當武帝晚節，財用既竭，羅掘未已，鋌而走險，盜賊彌山。而吏道既雜，酷刑濫施。史稱武帝時：

杜周為廷尉，詔獄益多。二千石繫者，新故相因，不減百餘人。郡吏大府，舉之廷尉。（此言公府及郡國之獄，皆由廷尉鞫治也。）一歲至千餘章。章大者連逮證案數百，小者數十人。遠者數千里，近者數百里，會獄，吏因責如章告劾。不服，以掠笞定之。於是聞有連證，皆亡匿。獄久者至更數赦，十餘歲而相告言，大抵盡詆以不道以上。廷尉及中都官詔獄，逮至六七萬人。吏所增加，十有餘萬。（〈杜周傳〉。）

可見當日刑獄之濫矣。而

吏民益輕犯法，盜賊滋起。南陽有梅免百政，楚有段中杜少，齊有徐勃，燕趙之間有堅盧、范主之屬。大群至數千人，擅自號，攻城邑，取庫兵，釋死罪，縛辱郡守都尉，殺二千石，為檄告縣，趨具食。小群以百數，掠鹵鄉里者，不可稱數。於是上始使御史中丞、丞相長史使督之，猶弗能禁。乃使光祿大夫范昆，諸部都尉，及故九卿張德等，衣繡衣，持節，虎符，發兵以興擊。斬首大部或至萬餘級，及以法誅通行飲食坐相連，郡甚者數千人。數歲，乃頗得其渠率。散卒失亡，復聚黨阻山川，往往而群。無可奈何，於是作沈命法，曰：「群盜起不發覺，發覺而弗捕滿品者，二千石以下至小吏，主者皆死。」其後小吏畏誅，雖有盜，弗敢發。恐不能得，坐課累府，府亦使不言。故盜賊寖多，上下相為匿，以避文法。（〈酷吏傳〉。）

當時天下之騷擾有如此。故文帝時斷獄四百，有刑措之風，（〈刑法志〉。）而武帝時則天下斷獄萬數。（〈賈捐之傳〉。又〈食貨志〉。）張湯、趙禹之屬定律令，多至三百五十九章。大辟四百九條，千八百八十二事。死罪決事比萬三千四百七十二事。典者不能遍睹，因緣為姦。所欲活則傅生議，所欲陷則予死比。及宣帝時，路溫舒上疏，謂：「秦有十失，其一尚存，治獄之吏是也。」（〈刑法志〉。）武帝務興太平，建禮樂，而其果則陷於衰亂而尚刑法如是。故漢武一朝，自其外面觀之，確為西漢一代之全盛。而就其內情論之，亦實可謂是漢室之中衰也。

及至昭帝，始元元鳳之間，百姓益富。而宣帝興於閭閻，知民事之艱難。……常稱曰：「庶民所以安其田里，而無歎息愁恨之心者，政平訟理也。與我共此者，其惟良二千石乎。」以為太守，吏民之本，數變易則民不安。……故二千石有治理效，輒璽書勉勵，增秩賜金，或爵至關內侯。公卿缺，則選諸所表，以次用之。故漢世良吏，於是為盛，稱中興焉。（〈循吏傳〉。）

其時如：

王成為膠東相，勞來不怠，流民自占八萬餘口。賜爵關內侯，秩中二千石。

黃霸為潁川守，戶口歲增，治為天下第一，徵守京兆尹。

召信臣為南陽守，躬勸耕農，百姓歸之，戶口增培。（均見〈循吏傳〉。）

其所以息獄訟，繁生業，與民休養，蓋不啻於文景。而昭宣元成之治，復有與文景異者，則文景惟尚無為，而昭宣以下則儒術大興，其意義亦與黃老清靜使民自化之旨殊也。

史稱：

武帝罷黜百家，表章六經，興太學，修郊祀，改正朔，定曆數，協音律，作詩樂，建封禪，禮百神，紹周後，號令文章，煥焉可述。後嗣得遵洪業，有三代之風。（〈武紀〉贊。）

此言武帝之文事也。然其後如貢禹、韋玄成、匡衡、谷永諸儒，於武帝一朝禮樂措施，亦群致不滿，屢建興革之議。故即武帝一朝文治，實亦不為後嗣所遵。武帝特為辭賦文學浮夸所中，援儒術以為飾耳。昭宣元成以後，則儒家稽古益密，乃始以儒術矯抑往者文學浮夸之病，而漢代之復古運動更進一步。推至於極，遂成王莽之改制。今略敘其風氣遷轉之大概如下。

第二節　儒術與吏治

漢廷用儒術，其先蓋與吏治相援。如公孫弘習文法吏事，緣飾以儒術，為漢武丞相。兒寬為廷尉奏讞掾，以古法義決疑獄，遂見重。以議封禪貢諛，為漢武御史大夫。（〈寬傳〉：「初梁相褚大通五經，為博士，時寬為弟子。及御史大夫缺，徵褚大，大自以為得御史大夫。至洛陽，聞兒寬為之，褚大笑。及至與寬議封禪於上前，大不能及，退而服曰：『上誠知人。』」大號為老儒，所見如此，亦可見當時一輩儒生之見解也。）張湯為廷尉，決大獄，欲傅古義，乃請博士弟子治《尚書》、《春秋》，補廷尉史，平亭疑法。武帝又使董仲舒弟子呂步舒，治淮南獄，以《春秋》誼顓斷於外，不報，天子皆以為是。（見《史記・儒林傳》，及《漢書・五行志》。）漢武一朝之用儒術者率如此。即昭宣以下，儒術所以見尊，亦自吏事。昭帝時，始元五年，有一男子自稱衛太子，舉朝莫敢發言，京兆尹雋不疑至，即令縛之。或以為是非未可知，不疑曰：「昔蒯聵違命出奔，輒拒不納，《春秋》是之。衛太子得罪先帝，已為罪人矣。」帝及霍光聞之，曰：「公卿當用經術，明於大義。」由是不疑名聲重於朝廷，在位者皆自以為不及。宣帝時，黃霸為京兆尹，視事數月，不稱。張敞繼之。敞治《春秋》，以經術自輔其政，頗雜儒雅，以此能自全，得久任。朝廷每有大議，引古今，處便宜，公卿皆服。五鳳中，匈奴內亂，議者遂欲舉兵滅之。蕭望之為御史大夫，對，引《春秋》士匄侵齊，聞齊侯卒，引師還，君子大其不伐喪。謂宜遣使者弔問，則四夷聞之，咸貴中國之仁義。宣帝從之，呼韓邪卒內屬。此等皆援引古義，卓然有以自見。其後漢廷議政論事，往往攀援經義以自堅。而經術遂益為朝廷所重。樸屬不學者無以伸其意。而公卿彬彬，多嚮文學矣。

又考〈儒林傳〉，武帝元朔五年，公孫弘請為博士官置弟子五十人，復其身。太常擇民年十八以上，儀狀端正者，補博士弟子。郡國縣道邑，有好文學，敬長上，肅政教，順鄉里，出入不悖所聞，令相長丞上屬所二千石。二千石謹察可者，常與計偕，詣太常，得受業如弟子。一歲皆輒課，能通一藝以上，補文學掌故缺。其高弟，可以為郎中者，太常籍奏。即有秀才異等，輒以名聞。又以詔書律令下者，文章爾雅，訓辭深厚，小吏淺聞，弗能究宣，無以明布諭下。請選文學掌故補卒史。又曰：「武帝立五經博士，開弟子員，設科射策，勸以官祿，自是而傳業者寖盛。」武帝又令天下郡國皆立學校官。（〈文翁傳〉。）然當武帝時，朝廷儒者實猶未盛。丞相自公孫弘以後，如李蔡、（李廣從弟，擊匈奴得侯。）莊青翟、（祖不識，從高祖為騎將得侯。）趙周、（父夷吾，以楚太傅，王戊反不聽，死事，子侯。）石慶、（石奮子，奮亦從高祖起。）公孫賀、（以騎士立軍功封侯。）劉屈氂、（漢宗室，不知始所以進。）車千秋。（為高寢郎，上變言衛太子冤，得邀上知。）御史大夫自兒寬以下，如王延廣、王卿、杜周、（為南陽太守義縱爪牙，治獄嚴酷見知。）暴勝之、（以光祿大夫出為直指使者。）商丘成、桑弘羊。（洛陽賈人子，以心計，年十三侍中，用言利進。）其人或不詳始末。就其可知者，則皆非儒生經術之士也。又入財粟得補郎吏，郎吏之選大雜。所謂：「富者以財賈官，勇者以死射功。戲車鼎躍，咸出補吏。累功積日，或至卿相。」（見《鹽鐵論·除狹》。）蓋漢武一朝，其先多用文學浮夸士，其後則言財利峻刑酷法者當事。儒生惟公孫弘兒寬，俯仰取容而已。

自昭宣以下，而漢廷公卿，一異於昔。今仍舉丞相御史大夫兩職以概其餘。昭帝時，為相者有王訢、（以郡縣吏積功。）楊敞、（給事大將軍幕府為軍司馬。）蔡義。（以明經給事大將軍幕府，後為博士。）宣帝時，有韋賢、（以《詩》教授稱大儒，徵為博士。）魏相、（少學《易》，為郡卒史，舉賢良，以對策高第為茂陵令。）丙吉、（治律令，為魯獄吏。）黃霸、（少學律令，入財得官。）于定國。（少學法，為獄吏。）元帝時，有韋玄成、（以父任為郎，以明經擢為諫大夫。）匡衡。（射策甲科，以不應令除太常掌故，調補平原文學。）成帝時，有王商、（外戚。）張禹、（為郡文學。）薛宣、（少為廷尉書佐，都船獄史。）翟方進、（以射策甲科為郎。）孔光、（以明經舉議郎，又舉博士。）哀帝時，有朱博、（少時給事縣為亭長，稍遷功曹。）平當、（少為大行治禮丞，功次補大鴻臚文學。）王嘉、（以射策甲科為郎。）孔光、（見前。）馬宮。（以射策甲科為郎。）蓋自宣帝以下，儒者漸當路。至於元、成、哀三朝，為相者皆一時大儒。其不通經術為相者，如薛宣，以經術淺見輕，卒策免。朱博以武吏得犯自殺。蓋非經術士，即不得安其高位。至御史大夫，大率多升而為丞相。其未得為相者，宣帝時如蕭望之。（以令詣太常受業，射策甲科為郎，免歸為郡吏。）元帝時如貢禹、（以明經徵為博士。）薛廣德、（以

《詩》教授，蕭望之為御史大夫，除為屬。）鄭弘。（以明經為太守。）成帝時如何武、（以射策甲科為郎。）師丹、（治《詩》，事匡衡，舉孝廉為郎，後為博士。）彭宣（治《易》，事張禹，舉為博士。）亦皆名儒。

今反觀漢初，自高帝時蕭何為相。孝惠高后時，曹參、王陵、陳平、審食其。孝文時，周勃、灌嬰、張蒼、申徒嘉，皆起軍旅，與高祖共爭天下者。孝景時，陶青、（陶舍子。）周亞夫、（周勃子。）舍，（劉襄子。）皆以功臣子嗣侯。其先世，亦皆從高祖爭天下有功者也。又衛綰以戲車為郎，事文帝。景帝時，以從擊吳楚得侯，遂為相。孝武初政，相竇嬰，以外戚擊吳楚得侯。許昌，其祖許盎，（《史記》作溫。）從高祖封侯。田蚡以外戚。薛澤，其祖薛歐，從高祖封侯。以至於公孫弘。則自弘以前為相者，大率皆從高祖爭天下之功臣，否則其子孫嗣侯。以外戚為相，惟田蚡一人，亦先封侯。其以儒術進，為相乃封侯，則自公孫弘始也。至於公侯弘以後為相者，漢武一朝，仍不出往者軍功得侯或嗣封之例。即觀漢廷大臣出身一途之變，已可見昭宣以後，其為治遠與前別。

且昭宣以下，不僅丞相御史大夫重職，乃為儒生也。即庶僚下位，亦多名儒。而其出身則往往從郎吏始。如：

雋不疑，治《春秋》，為郡文學，後位至京兆尹。

疏廣，明《春秋》，家居教授，徵為博士。後位至太子太傅。

王吉，少好學明經，以郡吏舉孝廉為郎，後徵為博士。

龔勝，少好學明經，為郡吏，後位至光祿大夫。

鮑宣，好學明經，為縣鄉嗇夫，官至司隸。

眭弘，從嬴公受《春秋》，以明經為議郎，至符節令。

夏侯始昌，通五經，武帝選為昌邑王太傅。

夏侯勝，從始昌受《尚書》，徵為博士。官至太子太傅。

京房，治《易》，以孝廉為郎，後出得刺史。

翼奉，治《齊詩》，惇學不仕，徵待詔宦者署。後為博士諫大夫。

李尋，治《尚書》，丞相翟方進除為吏。後為黃門侍郎。

韓延壽，少為郡文學，官至左馮翊。

王尊，事師郡文學官，治《尚書》、《論語》，為郡決曹史，後官京兆尹。

王章，少以文學為官，後為京兆尹。

蓋寬饒，諸葛豐，均以明經為郡文學，後均官至司隸校尉。

孫寶，以明經為郡吏，官至大司農。

谷永，少為長安小吏，後博學經書，御史大夫繁延壽除補屬，後官至大司農。

龔遂，以明經為官，至昌邑郎中令，後官至水衡都尉。

召信臣，以明經甲科為郎，官至少府。

梅福，為郡文學，補南昌尉。

凡此所舉，皆漢名臣。論其出身，大率自經學歷郎吏。較之漢初廷臣皆不學，又多以軍功嗣侯躋高位者，迥乎不同。

又其時大官相率延致名流以為掾屬。如：

御史大夫貢禹除諸葛豐為屬，張忠辟孫寶，魏相除蕭望之為屬，大司馬王商辟鮑宣，薦為議郎，大司空何武除宣西曹掾，此以德行志節舉者也。御史大夫蕭望之除薛廣德為屬，大司馬史高辟匡衡為議曹史，丞相翟方進除李尋為史，大司馬王根奏房鳳補長史。王商位特進，得舉吏，除杜鄴主簿，此以經學舉者也。張湯為甯成掾，以無害言大府，丞相武安侯召湯為史，薦補侍御史，中尉湯召兒寬為掾，廷尉光請路溫舒為奏曹掾，此以文法舉者也。大將軍鳳請王尊補軍中司馬，此以才略舉者也。（王應麟《玉海・漢制篇》。）

今考大臣敬禮名賢之風，蓋始自公孫弘為相，自以起家徒步，於是起客館，開東閣，以延賢人。與參謀議。《西京雜記》謂弘有欽賢館，以待大賢。次曰翹材館，以待大才。次曰接士館，以待國士。然其後李蔡、莊青翟、趙周、石慶、公孫賀、劉屈氂，繼踵為相。自蔡至慶，丞相府客館，丘虛而已。至賀屈氂時，壞以為馬廄車庫奴婢室。（〈弘傳〉。）是其時朝廷大臣禮賢之意，仍不能申，蓋可想。則大臣辟舉名賢之風，亦自昭宣後始盛也。

往者董仲舒有言：「長吏多出於郎中中郎吏二千石子弟，選郎吏又以富貲，未必賢。」漢自文景以來，雖稱郅治，然其郡縣長吏，大率自郎出補。而郎選則以朝臣子弟及富貲二者為主。固不能得賢才。武帝時，吏道既雜，吏治益壞。史稱杜周遷御史大夫，兩子隔河為太守，始周為廷史，有一馬，至是家貲累巨萬。（〈周傳〉。）丞相長史田仁上書，言天下郡太守，多為姦利，三河尤甚。皆內倚中貴人，與三公有親屬，無所畏憚，宜先正三河以警天下姦吏。是時河南河內太守，杜周子弟，河東太守石慶子孫。上使仁刺三河太守，皆下吏。（褚先生補《史記》。）舉此一例，可概其餘。及昭宣以後，儒術既盛，吏治亦重，一時賢士多出吏道。誠如後儒所謂：

自曹掾書史，馭吏亭長，門幹街卒，游徼嗇夫，盡儒生學士為之。才試於事，情見於物，則賢不肖較然。故遭事不惑則知其智，犯難不避則知其節，臨財不私則知其廉，應對不疑則知其辨。如此則察舉易而賢公卿大夫自此出。（劉攽〈送焦千之序〉，見《文獻通考．選舉八》引。）

而當時本儒術，厲治化，修教令，如韓延壽、龔遂、召信臣之徒，其為郡太守，皆確有治績，非文景以來徒守恭儉無為之故步矣。（《漢書．循吏傳》凡六人，一文翁在景帝末，他五人皆宣帝世，王成、朱邑不言通習何經，然〈張山拊傳〉谷永疏朱邑、尹翁歸並稱，則尹、王蓋亦儒者。）凡此皆漢昭宣以後儒術吏治相引為長之大概也。

第三節　博士之增立

一、石渠閣議奏

漢自宣元以後，儒術日盛，其徵又可見之於朝廷博士之增設。〈儒林傳〉贊云：

> 自武帝立五經博士，……初《書》惟有歐陽，《禮》后，《易》楊，（沈欽韓云：《易》楊為《易》田之訛。）《春秋》公羊而已。至孝宣世，復立大、小夏侯《尚書》，大、小戴《禮》，

施、孟、梁丘《易》，《穀梁春秋》。至元帝世，復立《京氏易》。平帝時，又立《左氏春秋》、《毛詩》、《逸禮》、古文《尚書》，所以網羅遺失，兼而存之，是在其中矣。

考孝宣增立博士，事在甘露三年。〈宣紀〉甘露三年：

詔諸儒講五經同異，太子太傅蕭望之等平奏其議，上親稱制臨決焉。乃立梁邱《易》、大小夏侯《尚書》、《穀梁春秋》博士。

此所謂石渠議奏也。時與議者，據〈儒林傳〉所載，有：

《易》家博士沛施讎，（從田王孫受業。）黃門郎東萊梁丘臨。（賀子，受業於施讎。）《書》家博士千乘歐陽地餘，（高孫。）博士濟南林尊，（歐陽高弟子。）譯官令齊周堪，（事夏侯勝。）博士扶風張山拊，（事夏侯建。）謁者陳留假倉。（張山拊弟子。）《詩》家淮陽中尉魯韋玄成，（父賢，受《詩》於瑕丘江公及許生。）博士山陽張長安，（事博士王式。）沛薛廣德。（亦事王式。）《禮》家梁戴聖，（后蒼弟子。）太子舍人沛聞人通漢。（亦后蒼弟子。）《公羊》家博士嚴彭祖，（事眭孟。）侍郎申輓，伊推，宋顯，許廣。《穀梁》家議郎汝南尹更始，（事蔡千秋。）待詔劉向，梁周慶，丁姓，中郎王亥。（《後漢・賈逵傳》注作王彥。）

可考者凡二十三人。其議奏之見於〈藝文志〉者，有：

《書》四十二篇，《禮》三十八篇，《春秋》三十九篇，《論語》十八篇，《五經雜議》十八篇。

凡一百六十五篇。（《易》、《詩》二經無議奏，疑因《易》家與議者惟施氏，《詩》家惟《魯詩》，並事王式，故無異同之對。又石渠議今並無存，惟杜佑《通典》稍存其一二。）

今考漢廷立博士，雖分五經，而其先一經博士似不限於一人。如歐陽地餘為歐陽高孫，林尊師事歐陽高，同為博士議石渠，則歐陽《尚書》同時有兩博士也。又如博士張山拊，事小夏侯建。其與議石渠時，先已為博士。然漢廷增立大小夏侯博士在石渠議後。則張山拊為博士時，猶未稱小夏侯《尚書》博士，僅為《尚書》博士耳。張山拊既不稱小夏侯《尚書》博士，則歐陽地餘、林尊，亦不稱為歐陽《尚書》博士，亦僅稱《尚書》博士可知。然則以《尚書》為博士者，實同時有三人也。又如張長安、薛廣德皆事王式，皆為博士，議石渠。王式治《魯詩》，是張、薛二人同以《魯詩》同時為博士也。又王式徵為博士，同時有江公，亦為博士，世為《魯詩》宗，心嫉式，則江公、王式亦同時以《魯詩》為博士。《史記·儒林傳》，申公「弟子為博士十餘人，孔安國至臨淮太守，周霸膠西內史，夏寬城陽內史，碭魯賜東海太守，蘭陵繆生長沙內史，徐偃膠西中尉，鄒人闕門慶忌膠東內史。」所舉凡七人，其他則缺。然此七人必有同時為博士者。史又言：「其言《詩》雖殊，多本於申公。」則諸人治《詩》，雖同本申公，而亦自有殊也。又〈儒林傳〉石渠議後，《穀梁》學大盛，周慶、丁姓皆為博士，似亦同時為博士者。則一經博士不限一人，似在石渠議後猶然也。

漢廷博士，初不限於一家立一博士，既如上說。而為博士者，亦不限於專治一經。如韋賢並通《禮》、《尚書》，以《詩》教授，徵為博士。（〈本傳〉。）又韋賢治《詩》，事博士大江公及許生，（〈儒林傳〉。）而瑕丘江公受《穀梁春秋》及《詩》於魯申公。韓嬰為博士，傳《詩》，然亦以《易》授人。后蒼事夏侯始昌，始昌通五經，蒼亦通《詩》、《禮》，為博士。董仲舒以治《春秋》，孝景時為博士，然仲舒以通五經見稱。又梁相褚大通五經，為博士時，兒寬為弟子。（見〈兒寬傳〉。）此皆博士初不專治一經之證也。

漢初立博士，既不以一家一博士為限，而博士又不限於專治一經，則疑所謂某家博士之稱，盡屬後起。其先秦廷立博士，掌通古今，員多至數十人。（七十人。）漢初襲秦舊，決未嘗以某家博士為號。及武帝初置五經博士，特罷黜以百家傳記為博士者，而博士之選，始專以通五經為主。然亦非有某經博士之號也。如后蒼通《詩》、《禮》為博士，而於《詩》、《禮》皆有著述，〈藝文志〉：

> 《詩齊后氏》二十卷，《齊后氏傳》三十九卷，《禮曲臺后蒼》九篇，（又〈孝經后氏說〉一篇。）

是也。又其《詩》、《禮》皆有傳人，〈蕭望之傳〉：「望之治《齊詩》，事同縣（疑當作同郡。）后蒼且十年，以令詣太常受業，復事同學博士白奇。」又〈翼奉傳〉：「奉治《齊詩》，與蕭望之匡衡同師。」此后蒼《齊詩》之傳也。又后蒼禮學，授之沛聞人通漢子方，梁戴德、戴勝，沛慶普，此后蒼《曲臺禮》之傳也。然則謂后蒼通《詩》、《禮》為博士者，其在當時，為《齊詩》博士歟，抑為《禮》博士歟，固難定矣。

又考〈儒林傳〉：

漢興，魯高堂生傳《士禮》十七篇，而魯徐生善為頌。（同容。）孝文時，徐生以頌為禮官大夫。（沈欽韓云：「博士、大夫，皆禮官也。」連徐生，故稱禮官大夫，非真有此官。）傳子至孫延、襄。襄，其資性善為頌，不能通經。延頗能，未善也。襄亦以頌為大夫，至廣陵內史。延及徐氏弟子公戶滿意，桓生、（即劉歆所謂魯國桓公。）單次皆為禮官大夫。而瑕丘蕭奮以《禮》至淮陽太守。諸言《禮》為頌者由徐氏。孟卿，東海人也。事蕭奮，以授后蒼、魯閭丘卿。倉說《禮》數萬言，號曰《后氏曲臺記》。

則后蒼以前，治禮者多善為禮容而不知經，其人率為禮官大夫，不為博士。今考博士屬奉常，景帝時更名太常，掌宗廟禮儀。則大夫與博士同為禮官，同屬太常也。又晁錯、匡衡皆為太常掌故，《索隱》：

《漢舊儀》云：「太常博士弟子，試射策中甲科補郎中，乙科補掌故。」

〈儒林傳〉又謂：

治禮掌故，以文學禮義為官，遷留滯。

治禮亦禮官之類。是博士以下，尚有大夫掌故諸目。而漢廷自后蒼以前，治禮者僅有禮官大夫，無博士。即以后蒼言，其為博士，已在孝宣時。（〈百官公卿表〉：孝宣本始二年，博士后蒼為少府，距武帝卒已十五年，距始立五經博士，則六十四年也。）而〈儒林傳〉詳后蒼事於《齊詩》之系。是則后蒼雖通《禮經》，而以《齊詩》為博士，猶如江公雖通《穀梁》，而以《魯詩》為博士也。則自后蒼以前，無以《禮經》為博士者。孝武時雖云立五經博士，而《禮經》顧闕。故知其時所謂五經博士，乃一總名，以別於其前之博士。前之博士，掌通古今，不限五經，此則限以五經為博士也。而博士員數，亦不限於五員。有一經數博士者，如《魯詩》，申公弟子為博士者十餘人。有雖列五經而並無博士者，如《禮》。有一博士而兼通數經者，如上舉申公、董仲舒、瑕丘江公、韓嬰、褚大，皆是也。

又如：

《史記・儒林傳》：「丞相御史言：『謹與博士平等議。』」（武帝元朔五年。）

《史記・三王世家》：「臣謹與諫大夫博士臣安等議。」又曰：「臣謹與諫大夫博士臣慶等議。」又曰：「博士臣將行等曰。」（元狩六年。）

《漢書．武帝紀》：「元鼎三年夏，大水。秋九月，詔遣博士中等分巡行。」

《史記．酷吏傳》：「匈奴求和親，群臣議上前，博士狄山曰：『和親便。』」（山為博士，在張湯為御史大夫時，湯以元狩三年為御史大夫，元鼎二年自殺。）

《漢書．霍光傳》：「臣敞等謹與博士臣霸，（孔霸。）臣雋舍，臣德，臣虞舍，臣射，臣蒼（后蒼。）議。」（昭帝元平元年。）

以上所舉諸博士，皆不詳其業之授受，並不知其為何經博士。要之漢武以來，博士員數頗盛，雖或無往者七十之數，然並不分經各立，限五經立五博士，或總五經諸家各立一博士也。

又武帝元朔五年，公孫弘請為博士官置弟子五十人，謂：

一歲皆輒課，能通一藝以上，補文學掌故缺。（文學掌故秩在百石下，兒寬以文學掌故補文學卒史，具秩百石，可證。）

然則即博士弟子，亦不僅限通一藝矣。故知漢初以來，雖承秦人焚書之後，能通一經之士，已不多遘，然初未有專經之限也。惟自博士官既置弟子，則博士教授亦自漸趨分經專門之途，此則斷可知爾。

二、博士家法之興起

今考漢博士經學，分經分家而言師法，其事皆起昭宣之後。據〈儒林傳〉：「由是《易》有施、孟、梁丘之學。」其事在田王孫後。田王孫為漢武時博士，其先《易》未分也。「由是施家有張、（禹。）彭（宣。）之學，孟家有翟、（牧。）白（光。）之學，梁丘有士孫、（張。）鄧、（彭祖。）衡（咸。）之學。」是《易》三家各有分派，其事更在後。「由是《易》有京氏之學。」京房師焦延壽，延壽嘗從孟喜問《易》。房以延壽《易》即孟氏學，而翟牧、白生不肯認。而京氏《易》立博士，尚在京房後。「由是《易》有高氏學。」高費皆未嘗立學官。費直傳王璜，高相傳毋將永，費高二人同時，皆當在成帝後。是《易》學分家盡屬後起之證也。

「由是《尚書》世有歐陽氏學。」歐陽氏世傳《尚書》，其成家應在歐陽地餘時，即宣帝時也。又云：「歐陽大小夏侯氏學，皆出於兒寬。」是兒寬以前，《尚書》不分派之證也。「由是歐陽有平、（當。）陳（翁生。）之學。」平、陳皆林尊弟子，林尊與地餘同時。「由是《尚書》有大小夏侯之學。」大夏侯勝受《尚書》於夏侯始昌，又事簡卿，簡卿乃兒寬門人。勝傳從兄子建。

則《尚書》大小夏侯分家，亦在兒寬後。「由是大夏侯有孔、（霸。）許（商。）之學。小夏侯有鄭、（寬中。）張、（無故。）秦、（恭。）假、（倉。）李氏（尋。）之學。」此尤在後也。是《尚書》分家亦屬後起之證也。

「由是《魯詩》有韋氏學。」韋賢治《詩》，事瑕丘江公及許生，傳子玄成。玄成及兄子賞，以《詩》授哀帝，乃稱韋氏學。此《詩》韋氏學晚起之證也。「由是《魯詩》有張、（長安。）唐、（長賓。）褚（少孫。）氏之學。」三人皆王式弟子，王式為博士在宣帝時，三人皆為博士，遂分派別。「由是張家有許氏（晏。）學。」其起更在後。此《魯詩》分派盡晚起之證也。「由是《齊詩》有翼、（奉。）匡、（衡。）師、（丹。）伏（理。）之學。」翼匡皆后蒼弟子，師伏則又匡之弟子矣。此《齊詩》分派更晚起之證也。「由是《韓詩》有王、（吉。）食、（子公。）長孫（順。）之學。」王吉食子公為博士，在宣帝時。長孫順受《詩》於王吉，皆晚起。此《韓詩》分派亦晚起之證也。

竊疑《詩》分齊、魯、韓三家，其說亦後起，在初固無此分別。故司馬遷為《史記》，尚無《齊詩》、《魯詩》、《韓詩》之名。惟曰：

> 自是之後，齊言《詩》，皆本轅固生也。諸齊人以《詩》顯貴，皆固之弟子也。

又曰：

> 韓生……其言頗與齊魯閒殊，然其歸一也。……而燕趙閒言《詩》者由韓生。

此尚不明分為《齊詩》、《魯詩》、《韓詩》之證也。至班氏《漢書》，乃始確謂之《魯詩》、《齊詩》、《韓詩》焉。是三家《詩》之派分，亦屬後起。是漢初最先立博士，固不限於經生，逮後改置五經博士，亦不限一經一博士。如申公、轅固生、韓生，皆曾為博士，皆以《詩》教授，中公、轅生皆在文帝時。當時尚無申公為《魯詩》，轅固生為《齊詩》，韓生為《韓詩》之別也。此《詩經》分派晚起之說也。石渠議奏不及《詩》，是《詩》分三家，疑且在石渠後矣。

「由是《禮》有大戴、（德。）小戴、（勝。）慶氏（普。）之學。」三人皆后蒼弟子，則《禮》學分派，亦起宣帝時。「由是大戴有徐氏，（良。）小戴有橋、（仁。）楊（榮。）氏之學。」尤在後。此《禮》學分派後起之證也。

「由是《公羊春秋》有顏、（安樂。）嚴（彭祖。）之學。」二人俱事眭孟，眭孟事嬴公，嬴公事董仲舒。公羊分派，亦起宣帝時。「由是顏家有泠、（豐。）任（公。）之學，復有筦、（路）冥（都）之學。」泠、任已後起，筦、冥益晚出。此《公羊》分派晚起之證也。「由是《穀梁春秋》

有尹、（更始。）胡、（常。）申章、（昌。）房（鳳。）氏之學。」此亦在宣帝後。此《穀梁》分派晚起之證也。

凡《儒林傳》所載由是某經有某家之學者，其事皆晚出，具如上舉。可證其先諸家說經雖有異同，未分派別，不立家名也。劉歆云：「至孝武皇帝，然後鄒魯梁趙，有《詩》，《禮》，《春秋》先師，皆起於建元之間。當此之時，一人不能獨盡其經，或為《雅》，或為《頌》，相合而成。泰誓從得，博士集而讀之。」則其時之不容有派別家數審矣。然又云當時經師不必專治一經者，由其時說經猶疏略，故或謂不能獨盡一經，或謂兼通五經也。

自漢武置五經博士，說經為利祿之途，於是說經者日眾。說經者日眾，而經說益詳密，而經之異說亦益歧。經之異說益歧，乃不得不謀整齊以歸一是。於是有宣帝甘露三年石渠會諸儒論五經異同之舉。其不能歸一是者，乃於一經分數家，各立博士。其意實欲永為定制，使此後說經者，限於此諸家，勿再生歧也。故曰：

詔諸儒講五經同異，太子太傅蕭望之等平奏其議，上親稱制臨決焉。乃立梁丘《易》、大小夏侯《尚書》、《穀梁春秋》博士。

使大臣平奏其異同，而漢帝稱制臨決，此即整齊歸於一是，永不欲再有異說之意也。「乃立梁丘《易》、大小夏侯《尚書》、《穀梁春秋》」者，凡此諸異說，雖與朝廷博士說經不同，而亦自可存，故許其與朝廷博士說並存，亦增立為博士。夫然後言經義者，有漢帝稱制特許之異說。如施博士說《易》以外有梁丘說，歐陽博士說《書》以外有大小夏侯說，公羊家說《春秋》以外有穀梁《春秋》說是也。此所謂兼而存之，是在其中矣。蓋謂異說並存，其中必有一是也。此漢廷增立博士之用意也。當《穀梁春秋》未興以前，漢人言《春秋》即指公羊，因公羊以外無別家。例此為推，未有大小夏侯，歐陽《尚書》只稱《尚書》，無須別號歐陽。施《易》只稱《易》，不必別目施《易》也。然則漢博士經說分家，起於石渠議奏之後，其事至顯矣。

三、齊學與魯學

然諸經說雖有歧異，為差不甚懸絕。其間惟公羊、穀梁兩家說《春秋》，則差別甚大。石渠之議，本自平公穀是非而起。〈儒林傳〉載其事甚詳，謂：

> 瑕丘江公受《穀梁春秋》及《詩》於魯申公，傳子至孫為博士。武帝時，江公與董仲舒並。仲舒通五經，能持論，善屬文。江公吶於口，上使與仲舒議，不如仲舒。而丞相公孫弘本

為公羊學，比輯其議，卒用董生。於是上因尊公羊家，詔太子受《公羊春秋》，由是《公羊》大興。太子既通，復私問《穀梁》而善之。其後浸微，惟魯榮廣王孫、皓星公二人受焉。廣盡能傳其《詩》、《春秋》，高材敏捷，與《公羊》大師眭孟等論，數困之，故好學者頗復受《穀梁》。沛蔡千秋少君、梁周慶幼君、丁姓子孫皆從廣受。千秋又事皓星公，為學最篤。宣帝即位，聞衛太子好《穀梁春秋》，以問丞相韋賢，長信少府夏侯勝，及侍中樂陵侯史高，皆魯人也。言穀梁子本魯學，公羊氏乃齊學也，宜興《穀梁》。時千秋為郎，召見，與《公羊》家並說，上善《穀梁》說，擢千秋為諫大夫給事中，後有過，左遷平陵令。復求能為《穀梁》者，莫及千秋。上愍其學且絕，乃以千秋為郎中戶將，選郎十人從受。汝南尹更始翁君本自事千秋，能說矣，會千秋病死，徵江公孫為博士。劉向以故諫大夫通達待詔，受《穀梁》，欲令助之。江博士復死，乃徵周慶、丁姓待詔保宮，使卒授十人。自元康中始講，至甘露元年，積十餘歲，皆明習。乃召五經名儒太子太傅蕭望之等大議殿中，平《公羊》、《穀梁》同異，各以經處是非。時《公羊》博士嚴彭祖、侍郎申輓、伊推、宋顯，《穀梁》議郎尹更始、待詔劉向、周慶、丁姓並論。《公羊》家多不見從，願請內侍郎許廣，使者亦並內《穀梁》家中郎王亥，各五人，議三十餘事。望之等十一人各以經誼對，多從《穀梁》。由是《穀梁》之學大盛，慶、姓皆為博士。

據此而觀，則石渠議奏，其動機全在平處《公羊》、《穀梁》之異同也。而當時廷臣論《公》、《穀》異同，頗涉於齊學、魯學之辨。考《穀梁》始傳自魯申公，瑕丘江公受之，兼通《魯詩》與《穀梁》。是《穀梁》本與《魯詩》相通也，〈藝文志〉稱申公：

以《詩經》為訓故以教，亡傳，疑者則闕弗傳。

《史記・儒林傳》重一傳字，惟毛本不重，與〈漢志〉文同。蓋申公秖有訓故，不別為傳。無傳，對上為訓為文。闕不傳，對上以教為文。漢儒注經各守義例，故訓傳說，體裁不同。故訓者，疏通其字義。傳說者，徵引於事實。申公獨以《詩經》為訓，無傳，謂申公秖作《詩》故，不別作《詩》傳也。云獨者，以別齊韓《詩》之有故復有傳也。申公之治《詩》，蓋魯學謹嚴之風然也。武帝初即位，申公弟子王臧、趙綰言其師於帝，召申公。至，見天子，天子問治亂之事。對曰：「為治者不在多言，顧力行何如耳。」武帝內實好文詞浮誇，見申公對，默然不悅。後臧綰自殺，申公亦疾免以歸。則申公為人如其學，亦純謹一流也。中公雖弟子受業者百餘人，為博士者十餘人，然於朝廷大政殊不得志。《史記・封禪書》：

上為封禪祠器示群儒，群儒或曰：「不與古同。」徐偃又曰：「太常諸生行禮不如魯善。」周霸屬圖封禪事，於是上絀偃、霸，而盡罷諸儒不用。

徐偃、周霸皆申公弟子，亦謹守舊聞，不事阿合，遂以見斥，蓋仍是申公純謹遺風矣。武帝以封禪事問兒寬，寬逆探上意為對，遂稱旨得親幸，拜御史大夫。寬千乘人，治《尚書》，事歐陽生。又受業孔安國。其人有政治才，蓋齊學恢宏之風也。齊學言《尚書》自伏生，其傳為晁錯，亦擅權用事，伏生《尚書大傳》，特重〈洪範〉五行，為後儒言五行災異之祖。齊學言《詩》自轅固生，韓嬰燕人，亦治《詩》，燕齊學風較近似。故班氏論之曰：

漢興，魯申公為《詩》訓故，而齊轅固、燕韓生皆為之傳。或取《春秋》，采雜說，咸非其本義。與不得已，魯最為近之。（〈藝文志〉。）

是齊學恢奇駁雜，與魯學純謹不同之驗也。夏侯勝族父始昌，通五經，以《齊詩》、《尚書》教授。明於陰陽，先言柏梁臺災日，至期日，果然。勝從受《尚書》及〈洪範五行傳〉，諫昌邑王天陰不雨，臣下有謀上者。其學亦擅陰陽災異，不失恢奇齊風也。董仲舒對策引《尚書・太誓》白魚赤烏之論，以災異言《公羊》，蓋亦與齊學相通。江公受《魯詩》、《穀梁》於申公，然吶於口，議不如仲舒。則大抵治魯學者，皆純謹篤守師說，不能馳騁見奇，趨時求合，故常見抑也。至於治《易》者，施、孟、梁丘皆出於田何，何，齊人也，故諸家亦好言陰陽災變，以推之於人事。惟費氏《易》較不言陰陽，較為純謹。故漢之經學，自申公《魯詩》、《穀梁》而外，惟高堂生傳《禮》，亦魯學。其他如伏生《尚書》，如齊韓《詩》，如《公羊春秋》，及諸家言《易》，大抵皆出齊學，莫弗以陰陽災異推論時事，所謂通經致用者是也。漢人通經本以致用，所謂以儒術緣飾吏治者，而其議論則率本於陰陽及《春秋》。陰陽據自天意，《春秋》本諸人事，一尊天以爭，一引古以爭。非此不足以折服人而自伸其說，非此亦不足以居高位而自安。故夏侯勝言之，曰：

士病不明經術，經術苟明，其取青紫，如俛拾地芥耳。學經不明，不如歸耕。

漢制，丞相太尉皆金印紫綬，御史大夫銀印青綬，此三府官之極崇者。士通經術，為三公如俯拾地芥，此乃漢宣以後儒術日隆之象，其前固不爾。然亦以通經術而能推之吏治，斯上有以箝帝王之口，下有以折卿大夫之舌，而確乎有其所持守。則天意之陰陽，與人事之褒貶，率於經術得之也。《穀梁》自瑕丘江公以下，迄於甘露石渠之議，為時亦數十年。其所以勉自赴於致用之途，以上邀天子之懽心者，其事亦略可推。故至於石渠一會，而終亦得立博士，與《公羊》并峙焉。今觀其書，於周天子特致尊崇。如隱七年冬，天王使凡伯來聘，戎伐凡伯於楚丘以歸。《左氏》、《公羊》皆以戎為戎狄，而《穀梁》獨以戎為衛國，謂衛討天子之使，故貶稱戎。隱九年春，天王使南季來聘，《左氏》、《公羊》皆無傳，《穀梁》獨謂聘諸侯，非正也。此《穀梁》創說特尊王室，蓋亦所以媚漢而爭顯。然則《公》、《穀》異同，仍不外漢儒通經致用風氣。而《穀梁》之為學，亦復與其先《魯詩》專謹於訓詁者異矣。慮其所謂自元康中始講，至甘露積十餘歲者，必有非盡於往日申公所傳之舊說也。

宣帝時既增立博士，又增博士弟子員數。初武帝時，弟子員五十人。昭帝時，增滿百人。宣帝末，增倍之。并增博士秩，本四百石，至是為六百石。元帝好儒，能通一經者皆復。數年，以用度不足，更為設員千人。郡國置五經百石卒史。成帝末，或言孔子布衣，養徒三千人，今天子太學弟子少，於是增弟子員三千人。歲餘復如故。凡此均見漢廷儒教之逐進而逐隆也。

第四節　昭宣以下之學風

漢代學術，迄於武帝時而匯集於中朝。其時也，學術界有三分野。一為儒生，一為方士，又一為文學辭賦家言。漢武之歿，學術隨世運而變，而儒術遂一枝獨秀。辭賦家言，其在諸王國，則為縱橫煽動。其轉而至中央，則為浮誇頌揚。社會中衰，人心已倦，而辭賦鋪張，乃不復為時好所趨。漢宣中興，亦欲追模武帝舊範，重招文學辭賦之士，集之內廷，而風氣終不再盛。後有蜀人揚子雲，方其居僻處陋，慕其鄉先達司馬相如之所為。及其親赴朝廷，意興轉落，晚年自悔，謂雕蟲小技，壯夫不為，下簾寂寂，草其太玄。自此以往，辭賦退處文學之一隅，乃不為政治動力所在。而方士益荒唐，更不為時流所重，其說惟附會於儒家言者，始獲留存，而其持論中心亦復變，則為儒家之言災異。此漢武以後學術運變一大趨也。

一、漢儒論災異

漢廷自武帝以後，儒術日隆，而朝廷論災異者亦日盛。因漢儒經術，本雜方士陰陽家言，其所立說，固靡弗及災異也。最先乃本之董仲舒。史云：

> 漢興，承秦滅學之後，景、武之世，董仲舒治《公羊春秋》，始推陰陽，為儒者宗。（〈五行志〉。）

是也。其言皆本天文以推人事，謂有占驗。每一變必驗一事，歷指將來，有昭然不爽者。舉其著者如：

昌邑王為帝無道，數出微行。夏侯勝諫曰：「久陰不雨，臣下有謀上者。」時霍光方與張安世謀廢立，疑安世漏言。安世實未言。乃召問勝，勝對〈洪範五行傳〉云：「皇之不極，厥罰常陰，時則有下人謀上者。」光、安世大驚，以此益重經術士。（〈勝傳〉。）

宣帝將祠昭帝廟，旄頭劍落泥中，刃向乘輿。帝令梁邱賀筮之，云：「有兵謀，不吉。」上乃還。果有任宣子章匿廟間，欲俟上至為逆。事發伏誅。賀以筮有應，由是近幸，為太中大夫。（〈賀傳〉。）

京房以《易》六十四卦，更直日用事。以風雨寒溫為侯，各有占驗。永光建昭間，西羌反，日蝕，又久青無光，陰霧不晴，房數上疏，先言其將然。近者或數月，遠或一歲，無不屢中。天子悅之，數召見問。（〈房傳〉。）

翼奉以成帝獨親異姓之臣，為陰氣太盛，極陰生陽，恐反有火災。未幾，孝武園白鶴館火。奉自以為中。（〈奉傳〉。）

凡此皆漢儒言災異應驗之著者。然言災異，起於董仲舒。仲舒以遼東高廟、長陵高園殿災，居家推說其意。主父偃私見其藁，竊而奏之。武帝召視諸儒，仲舒弟子呂步舒，不知其師書，以為大愚。於是下仲舒吏，當死，詔赦之，仲舒遂不敢復言災異。繼仲舒言災異者，亦多致刑禍。史言：

漢興推陰陽言災異者，孝武時有董仲舒、夏侯始昌，昭宣則眭孟、夏侯勝，元、成則京房、翼奉、劉向、谷永，哀平則李尋、田終術。此其納說時君著明者也。察其所言，彷彿一端。假經設誼，依託象類，或不免乎「億則屢中」。仲舒下吏，夏侯（勝。）囚執，眭孟誅戮，李尋流放，此學者之大戒也。京房區區，不量淺深，危言刺譏，構怨彊臣，罪辜不旋踵，亦不密以失身，悲夫！（〈李尋傳〉贊。）

且不僅言災異者多罹罪辜，漢制且多以災異策免三公者。蓋災異既為上天之譴告，三公居要職，自當負責也。

丙吉問牛喘，以為三公調和陰陽，今方春，少陽用事，未可太熱，恐牛因暑而喘，則時節失氣，有所傷害。魏相亦奏臣備位宰相，陰陽未和，災害未息，咎在臣等。

此皆漢時三公以調和陰陽引為己職之例也。（按漢初，陳平已有宰相上佐天子理陰陽順四時之說，或係《史記》追述，非當時真實口氣，或漢初雖有此語，然尚未認真，不以災異為三公譴咎。）因而遇有災異，遂有策免三公之制。

〈徐防傳〉：「防為太尉，與張禹參錄尚書事，後以災異寇賊策免。」三公以災異策免，自防始也。然薛宣為丞相，成帝冊曰：「災異數見，比歲不登，百姓饑饉，盜賊並興。君為丞相，無以帥示四方，其上丞相印綬罷歸。」是防之先已有此制。如淳《漢書》注：「謂天文大變，天下大禍，則使侍中以上尊養牛賜丞相，策告殃咎，丞相即日自殺。」則并有不止策免者矣。亦有不待免而自刻者，如元帝永光元年，春霜夏寒，日青無光，丞相于定國自刻歸侯印乞骸骨，是也。（參讀趙翼《廿二史箚記》「災異策免三公」條。）

三公既可以災異策免，故朝廷用人，亦往往因災異而變。如：

成帝以災異用翟方進言，遂出寵臣張放於外，賜蕭望之爵，登用周堪為諫大夫。又因何武言擢用辛慶忌。哀帝亦因災異，用鮑宣言，召用彭宣、孔光、何武，而罷孫寵、息夫躬等。

（參讀《廿二史箚記》「漢儒言災異」條。）

是也。

然朝之正臣，得以災異警其君，使黜邪佞，而朝之邪臣，亦得以災異動其君，使戮忠正。如：

初元二年冬，地震，劉向上變事，遂見劾，蕭望之亦因自殺。

永光元年夏寒，日青無光，弘恭、石顯之徒皆言周堪、張猛用事之咎，堪、猛皆左遷。

是也。而綏和二年熒惑守心，成帝竟藉口命丞相翟方進自殺。而方進議曹李尋，亦并以自殺諷方進。則其時邪佞者固以災異肆其誣，而所謂經學通明之士，則轉以災異陷於愚矣。

然漢儒所以言災異，亦自有故。方漢初興，一切務於無為，斯無足言者。及其後，學術稍茁，一時奮筆撟舌之士，靡弗引秦為說。秦為勝國，二世而亡。所以警動其主而自張吾說者，主要惟在此。自武帝後，朝廷既一反秦之卑近，遠規隆古。立言之士，亦遂不得不棄其譏秦嘲亡之故調，而轉據經術。其大者則曰《春秋》與陰陽。蓋一本人事，一藉天意。藉天意則尊，本人事則切。故漢之大儒，通經達用，必致力於斯二者。班氏云：

漢興，承秦滅學之後，景、武之世，董仲舒治《公羊春秋》，始推陰陽，為儒者宗。宣、元之後，劉向治《穀梁春秋》，數其禍福，傳以〈洪範〉，與仲舒錯。至向子歆治《左氏傳》，其《春秋》意亦已乖矣；言〈五行傳〉，又頗不同。（〈五行志〉。）

仲舒、向、歆三人，最為漢大儒，而其為學，無弗以陰陽比附於《春秋》，斯即漢儒通經達用之大術也。然《春秋》褒貶雖嚴，孔子聖德雖尊，以之繩下則有餘，以之裁上猶不足。故漢儒經術，探其致用之淵，必窮極深微於陰陽災異之變也。仲舒謂：

國家將有失道之敗，天乃先出災害以譴告之，以此見天心之仁愛人君，欲止其亂也。

谷永亦謂：

災異，皇天所以譴告人君過失，猶嚴父之明誡。畏懼敬改，則禍銷福降。忽然簡易，則咎罰不除。

斯二言者，最足以表明漢儒好言災異之本旨。蓋災異本所以譴戒人君之失德，而經術之士，則不啻司天舌以揚聲。漢武一朝，群臣爭頌符瑞。既有符瑞，即有災異。武帝末年，民窮財竭，四海困怨，雄主既殂，人心丕變。於是言符瑞者終不敵於言災異，而仲舒要為開先路之大儒矣。

二、漢儒言禪讓

夫災異所以譴告，遇災異，則三公可以策免，以至於詔令使自殺，此固也。然災異之所譴，固非特於三公也。尚有在三公之上，居一國元首之高位者，其對上天之譴告，容得轉無所當乎。故漢儒言災異，其精神實不屬三公，而屬天子。於是有天子失德，上天譴告，災異迭見，當遜位讓賢之論。此則漢儒說災異至愚至誣之見，一轉而為至精至卓之義矣。今考其論，亦源於符瑞受命之說，而旁通於《春秋》。五德三統，細節雖不同，要之與帝王一姓萬世之思想不相容也。劉向曾言之，曰：

> 王者不可不通三統，明天命所授者博，非獨一姓也。……是以富貴無常，不如是，則王公其何以戒慎，民萌其何以勸勉。……自古及今，未有不亡之國也。

此其言，最為明白剴切矣。以此上較秦始皇帝之欲傳二世、三世，以至於萬世而無窮弗輟者，其意態識趣之相去，為何如耶？專就此一節言之，固不得不謂是漢儒一種明通高豁之見矣。故知後人之譏漢儒，謂其無甚深義趣，亦復非也。

今考漢儒首唱漢家應傳國之說者，蓋為眭弘。孝昭元鳳三年，泰山有大石自立，又上林大柳樹，亦斷枯臥地復立。弘推《春秋》意，以石柳皆陰類，下民之象，而泰山者岱宗，王者易姓告代處。即說曰：

先師董仲舒有言，雖有繼體守文之君，不害聖人之受命。漢家堯後，有傳國之運。漢帝宜誰差天下，求索賢人，禪以帝位，而退自封百里，如殷周二王後，以承順天命。

弘上其書，遂以訞言惑眾，大逆不道，伏誅。弘受《春秋》於嬴公，為仲舒再傳弟子。其言退封百里如二王後，即《公羊》家「存三統」新周、故宋之說也。

宣帝神爵二年，司隸校尉蓋寬饒奏封事，謂：

《韓氏易傳》言：「五帝官天下，三王家天下。家以傳子，官以傳賢，若四時之運，成功

者去。不得其人，則不居其位。」

書奏，廷議以寬饒指意欲求禪，大逆不道，遂下吏。寬饒自剄北闕下。《韓氏易》乃韓嬰所傳，韓嬰與董仲舒同時。所謂四時之運，功成者去，即五德推移之說也。

然自眭、蓋直言見誅，而漢儒好言災異之風曾不少衰。既言災異，則終當推引及於禪讓。此又言思之軌轍，有其自然必遵之道也。成帝初即位，委政元舅大將軍王鳳。是時日食地震，論者多歸咎。谷永陰欲自託於鳳，乃言日食地震，不可歸咎諸舅。謂：

> 此欲以政事過差丞相父子，……皆瞽說欺天者也。……元年正月，白氣起東方，四月黃濁四塞，覆冒京師。白氣起東方。賤人將興之象。黃濁冒京師，王道微絕之應。夫賤人當起，而京師道微，二者已醜，（關比而見也。）推法言之，陛下得繼嗣之間，乃反為福。

夫謂賤人當起，京師道微，此與眭、蓋二人大逆不道之說何異。至勸成帝廣納宜子婦人，求得繼嗣於微賤之間，則其為說之巧於避罪也。故言災異而委過於三公大臣，其說終不圓。若災異之過歸之君上，則警戒修省之外，終不能不及於擇賢而讓之說。無論眭、蓋之直，谷永之佞，其為學運思之徑，蓋有不期而同趨者。成帝延元元年，災異尤數，上又問谷永。永對曰：

臣聞天生蒸民，不能相治，為立王者以統理之。方制海內非為天子，列土封疆非為諸侯，皆以為民也。垂三統，列三正，去無道，開有德，不私一姓，明天下乃天下人之天下，非一人之天下也。……陛下承八世之功業，當陽數之標季，涉三七之節紀，遭无妄之卦運，直百六之災阨，三難異科，雜焉同會。建始元年以來二十載間，群災大異，交錯鋒起，多於《春秋》所書。八世著紀，……彗星，極異也，土精所生，流隕之應出於飢變之後，兵亂作矣，厥期不久，隆德積善，懼不克濟。

按此則竟是漢運已衰，不可復續之一篇命書判決也。三七謂二百十歲，自漢開國，至成帝已近其數。无妄，京房六月七分圖為九月卦，亦所謂陽數之標季也。故《京氏易》以為大旱之卦，萬物皆死，無所復望。（見《周易集解》。）百六者，〈律曆志〉初入元，百六陽九。蓋亦陽數已極，例有災阨之歲。今自武帝太初改曆，至是已踰九十年，適近百六之災歲也。然則九世當陽數之標季，一難也。自漢開國以來二百一十歲，適合三七，七亦陽數，其運三終，二難也。又自漢武改曆紀元以來百六歲，又值陽九之阨，三難也。三難異科而同會，雖隆德積善，猶懼不克濟，則明見漢之曆數已終，天意莫挽矣。〈永傳〉稱其於天官《京氏易》最密，故善言災異。以善言災異者而言之如此，則漢運之不復續，宜其為當時經生之所共信矣。

同時（成帝時，不詳何年。）齊人有甘忠可，詐造《天官曆》，《包元太平經》十二卷，言漢家逢天地之大終，當受命於天。天帝使真人赤精子下教我此道。以教夏賀良等。為劉向所奏，下獄病死。賀良等復私以相教，哀帝立，司隸校尉解光，亦以明經通災異得幸，白上忠可書。李尋治《尚書》，好〈洪範〉災異，亦見漢家有中衰阨會之象，遂助解光白賀良等待詔黃門，數召見，陳說：「漢曆中衰，當更受命。宜急改元易號。」遂以建平二年為太初元將元年，號曰「陳聖劉太平皇帝」。後以賀良等言無驗，下詔窮竟，皆下獄，伏誅。李尋解光徙敦煌。

上舉皆漢儒言禪讓之較著者。其說亦起昭宣之後。蓋既言符瑞，則自及災異，既言受命，則自及禪讓。此乃一體先後轉移之間，為趨勢所必達也。

三、漢儒言禮制

言符瑞受命，則意在頌揚，乃興禮樂以答天眷。而實則禮樂之興，意在鋪張，此武帝一朝之禮樂也。言災異禪讓，則意在警惕，乃求禮樂以卹民瘼，而禮樂之旨在於裁抑，此昭宣以下所言之禮樂也。昭宣以下言禮樂，本之民事，其風自王吉貢禹開之。史言宣帝時，頗修武帝故事，宮室車服，盛於昭帝時。外戚許、史、王氏貴寵，而上躬親政事，任用能吏。吉上疏言得失，謂帝求與太平而不知本務。安上治民，莫善於禮。願與公卿大臣，延及儒生，述舊禮，明王制。而條奏趨務不合於道者，以為：

世俗嫁娶太早，未知為人父母之道而有子，是以教化不明而民多夭。聘妻送女亡節，則貧人不及，故不舉子。

又漢家列侯尚公主，諸侯則國人承翁主，使男事女，夫詘於婦，故多女亂。

古者衣服車馬貴賤有章，以褒有德而別尊卑，今上下僭差，人人自制，是以貪財趨利，不畏死亡。

舜、湯不用三公九卿之世，而舉臯陶、伊尹，不仁者遠。今使俗吏得任子弟，率多驕驁，不通古今，至於積功治人，亡益於民，此伐檀所為作也。

吉因謂宜明選求賢，除任子令，外家故人可厚以財，不宜居位。去角抵，減樂府，省尚方，明視天下以儉。上以其言迂闊，不甚寵異。及元帝即位，遣使徵吉，以老病道卒，而貢禹為諫大夫。奏言：

……高祖孝文孝景皇帝，循古節儉，……後世爭為奢侈，……承衰救亂，矯復古化，在於陛下。……方今宮室已定，亡可奈何矣，其餘盡可減損。……天生聖人，蓋為萬民，非獨使自娛樂而已也。

元帝納而善之。王貢議論大率如此，幾於以前之賈董。知注意於禮俗民生，而欲一返武帝以來漢君臣奢淫之習，以復漢初恭儉之守。而又能文之以《詩》、《書》，澤之以舊訓，較之賈、董，若尤見為醇儒，而與並世尚言災異者不同道，此又昭宣以下漢學一分派也。宣帝不能用王吉，而元帝知重貢禹，遂開晚漢儒生考禮復古之風。一時大儒若韋玄成、匡衡，皆汲王貢之流以建言。元帝永光四年，韋玄成等奏罷祖宗廟在郡國者，遂定宗廟迭毀之禮。成帝即位，匡衡等奏罷甘泉泰畤，河東后土祠，徙置長安，遂定南北郊之制。蓋武帝時所謂禮樂，猶多率循秦舊，間雜以辭客方士之浮說，迎合於在上者之奢心。而元成以後，禮樂改制，則由儒生稽古遵經，講貫道義而立。故王貢以來言禮樂，乃特重於民生俗化，與武帝時之專為對揚上天之休命而言禮樂者，其意義絕不同也。此當於下章再詳之。

四、漢儒治章句

漢儒傳經有章句，其事亦晚起，蓋在昭宣以下。以《易》言，漢之言《易》者本田何。何授王同、周王孫、丁寬、服生四人，皆著《易》傳。史稱丁寬作《易說》三萬言，訓故舉大誼而已。其他三家，蓋亦類是。丁寬再傳為施讎、孟喜、梁丘賀。〈儒林傳〉云：

由是《易》有施、孟、梁丘之學。

〈藝文志〉《易》家：

章句，施、孟、梁丘氏各二篇。

考以前說《易》無章句，則章句即所謂家學也。《易》有施、孟、梁丘三家章句，故云有三家之學。費、高兩家治《易》，皆無章句。而兩家皆未嘗立於學官。然則立學官為博士，成家學者，乃著章句以授弟子。其學不立博士，未置學官，雖時人亦以博士學官之例，稱之為某經某氏之學，而實則無章句也。五經博士置自武帝，而博士分家起於宣帝。則章句之完成，亦當在宣帝之後耳。再以《書》言，有歐陽章句三十一卷，大小夏侯章句各二十九卷。蓋朝廷有歐陽、大小夏侯博士，故有三家章句也。然考〈夏侯建傳〉：

（建）師事勝及歐陽高，左右采獲，又從五經諸儒問與《尚書》相出入者，牽引以次章句，具文飾說。勝非之曰：「建所謂章句小儒，破碎大道。」建亦非勝為學疏略，難以應敵。建卒自顓門名經，為議郎博士，至太子少傅。

據此則小夏侯建次《尚書》章句，而大夏侯勝非之，是其時大夏侯《尚書》尚無章句也。大夏侯《尚書》無章句，則歐陽《尚書》宜亦無章句也。《尚書》三家之有章句，首起於小夏侯建。當時大夏侯雖非之，而其後則三家《尚書》各有章句，則均追隨小夏侯一家而然耳。建之次章句，其意欲求說經之密，俾以應敵。應敵者，如石渠議奏，講五經異同，若不分章逐句為說，但訓故舉大誼，則易為論敵所乘也。故章句必具文。具文者，備具原文而一一說之。則遇有不可說處，終不免於飾說矣。如蜀人趙賓，好小數書，後為《易》，飾《易》文，以為箕子明夷，陰陽氣無箕子，箕子者，萬物方荄茲也。此即具文飾說之例。箕子與陰陽氣無關，說之不能通，又不能略去不說，必欲具文，則陷於飾說也。求為具文飾說，乃不得不左右采獲，備問五經，取其相出入者，牽引以為說矣。小夏侯傳張山拊，山拊傳李尋、鄭寬中、張無故、秦恭、假倉諸人。無故善修章句，守小夏侯說文。恭增師法至百萬言。桓譚《新論》云：

秦延君說日若稽古至二萬言。（《御覽》學部引。）

《文心雕龍》云：

秦延君注〈堯典〉十餘萬字。

此又小夏侯章句之末流矣。古文《尚書》未立於學官，因無章句。

其次如《詩》。〈藝文志〉稱：

申公獨以《詩經》為訓故以教，亡傳，疑者則闕弗傳。（《史記・儒林傳》重一傳字。）

申公傳《詩》，僅為訓故。訓故者，訓通其故字故言，遇不可通者則闕之，此猶丁寬說《易》，訓故舉大誼也。故知訓故為漢儒傳經初興之學，僅舉大誼，不免疏略。章句則漢儒傳經晚起之學，具文為說，而成支離。此二者之大較也。王式亦治《魯詩》，來師事者，問經數篇，式謝曰：「聞之於師，具是矣，自潤色之。」不肯復授。是王式仍守中公以來疑則闕弗傳之旨。故所言簡略，不肯具文飾說也。其弟子：

唐生、（長賓。）**褚生**（少孫。）**應博士弟子選，詣博士，……試誦說，有法，疑者丘蓋不言。諸博士驚問何師，對曰事式。**

是唐褚亦能守王式師法，遇疑不能明者，則闕而不說。而諸博士乃驚問何師，是當時博士學風，已漸以具文飾說相尚，故得唐褚之對而皆驚矣。班氏謂：「漢興，魯申公為《詩》訓故，而齊轅固、燕韓生皆為之傳。或取《春秋》，采雜說，咸非其本義。與不得已，魯最為近之。」蓋訓故僅求通其文義，傳則比傳事實。中公說《詩》家法最純謹，班氏所祖，不為無故。然韓嬰作《詩內外傳》數萬言，今《外傳》猶在。（或疑《內傳》即在《外傳》中。）其書亦略舉大誼，並不循章逐句為說。則傳之與訓故，其體相去猶不遠，同猶是漢初經師家法也。今考洪适《隸釋・漢武榮碑》云：

榮字含和，治魯《詩經》，韋君章句。

是《魯詩》韋氏有章句矣。〈儒林傳〉云：

由是《魯詩》有韋氏學。

是也。今韋氏章句雖不著於史，而猶見於後漢之〈武榮碑〉，則韋氏有章句可信也。又〈儒林傳〉：

由是張家有許氏（晏。）學。

〈陳留風俗傳〉：（《御覽》四百九十六引。）

許晏受《魯詩》於瑯琊王扶，改學曰許氏章句。

則《魯詩》許氏學亦有章句也。然許氏章句亦不著於史。則知當時諸家章句，為今《漢書・儒林傳》、〈藝文志〉所佚而不載者多矣。此證《魯詩》末流亦有章句也。《魯詩》且有章句，《齊》、《韓詩》可推。《後漢書・馬援傳》：

援少有大志，嘗受《齊詩》，意不能守章句。

此《齊詩》在西漢時已有章句之證。又〈伏湛傳〉：

湛弟黯，以明《齊詩》，改定章句，……湛兄子恭傳黯學，減省黯章句為二十萬言。

今按伏理以《詩》授成帝，在西漢。〈儒林傳〉謂由是《齊詩》有翼匡師伏之學是也。伏湛為理子。即伏氏一家，可推《齊詩》章句之繁矣。又《後漢・儒林傳》：

（薛漢）世習《韓詩》，父子以章句著名。漢少傳父業，……建武初，為博士。

則薛氏章句傳自西漢，此又西漢《韓詩》有章句之證矣。

其次如《春秋》，〈藝文志〉有：

《公羊》章句三十八篇，《穀梁》章句三十三篇。

是《公》、《穀》兩家均有章句也。范甯《穀梁傳》敘云：「《穀梁》傳者近十家。」疏引尹更始、唐固、麋信諸人。沈欽韓曰：

尹更始則漢時始為章句者也。《釋文．敘錄》：尹更始《穀梁》章句十五卷。

今按〈儒林傳〉，由是《穀梁春秋》有尹胡、申章、房氏之學，亦尹更始有章句之證也。《穀梁》章句始於尹更始，則亦起宣帝石渠議奏時。《公羊》章句亦可例推。賈誼為《左氏傳》訓故，則亦舉大誼，不具文為說。〈劉歆傳〉：

初《左氏傳》多古字古言，學者傳訓故而已，及歆治《左氏》，引傳文以解經，轉相發明，由是章句義理備焉。

是歆因欲爭立《左氏》博士，而《左氏》亦有章句也。《禮》以明體，明者著見，故無訓也。（〈藝文志〉語。）是漢初治《禮》，并無訓故。其後既立《禮經》博士，則《禮》亦宜有章句矣。

王充《論衡．效力篇》云：

王莽之時，省五經章句，皆為二十萬，博士弟子郭路，夜定舊說，死於燭下。

知其時五經皆有章句，章句之繁，一經盡在二十萬言上矣。班氏慨論之曰：

古之學者耕且養，三年而通一藝，存其大體，玩經文而已，是故用日少而畜德多，三十而五經立也。後世經傳既已乖離，博學者又不思多聞闕疑之義，而務碎義逃難，便辭巧說，破壞形體；說五字之文，至於二三萬言。後進彌以馳逐，故幼童而守一藝，白首而後能言；安其所習，毀所不見，終以自蔽。此學者之大患也。（〈藝文志〉。）

多聞闕疑，此即申公傳《魯詩》之家法也。碎義逃難者，逃難即如夏侯建所謂應敵矣。破壞形體，如趙賓說《易》箕子為荄茲也。便辭巧說，則所謂因求具文而飾說也。其事皆說經重章句之弊也。其源則由於博士弟子之制。班氏又言之曰：

> 自武帝立五經博士，開弟子員，設科射策，勸以官祿，訖於元始，百有餘年，傳業者寖盛，支葉蕃滋，一經說至百餘萬言，大師眾至千餘人，蓋祿利之路然也。（〈儒林傳〉贊。）

此語盡之矣。蓋治經而言災異，雖與言禮制者不同，要尚不失於通經致用之義。惟自治經而為章句，則文字蝕其神智，精神專騖飾說，而通經益不足以致用。於是漢儒之說經，遂僅限於為一儒生，而亦不復為政治動力所在，與夫社會民生治亂盛衰所繫，此亦漢儒學風一大轉變也。

今要而言之，漢儒經學，乃自宣帝後而始躋於全盛之象，而亦自宣帝後而已陷於中衰之境。此則與武帝國運，實具同一軌跡，此亦治史學者所當深識而微窺焉者也。

第六章　西漢一代之政制

第一節　西漢之封建

一、諸王封國之演變

漢高初興，異姓諸侯王者凡九國。曰韓，（韓王信，都晉陽，又徙馬邑，自立至亡凡五年。）曰趙，（張耳，都襄國，再傳，凡六年。）曰淮南，（英布，都壽春，自立至亡八年。）曰齊，（韓信，都臨淄，自立至亡凡二年。）曰梁，（彭越，都定陶，自立至亡凡六年。）曰燕，（盧綰，都薊，自立至亡凡七年。）曰長沙，（吳芮，都臨湘，五傳至文帝時亡，凡五十年。）曰閩越，（無諸，四傳至武帝時亡，凡九十二年。）

曰南粵。（趙佗，五傳至武帝時亡，凡八十五年。）此等皆與高祖素等夷，各據其手定之地。外託君臣，內實為敵國。及漢高十一年，而皆誅滅。惟長沙、閩越、南粵得存，是為漢初第一期之封建。繼是乃大封同姓。班氏謂：

> 漢興之初，海內新定，同姓寡少。懲戒亡秦孤立之敗，於是剖裂疆土，立二等之爵。（大者王，小者侯。）功臣侯者百有餘邑。尊王子弟，大啟九國。自鴈門以東盡遼陽，為燕代。（有雲中、鴈門、代郡，都代。後并太原，除雲中，都晉陽。）常山以南，太行左轉，度河濟，漸于海，為齊、（有膠東、膠西、臨淄、濟北、博陽、城陽。）趙。（都邯鄲。）穀泗以往，奄有龜蒙，為梁楚。（梁都睢陽。楚有薛、東海、彭城，都彭城。）東帶江湖，薄會稽，為荊吳。（高帝六年為荊，十年更名吳，乃一國。有東陽、鄣、吳地，都吳。後都廣陵。）北界淮瀕，略廬衡，為淮南。波漢之陽，亙九疑，為長沙。（長沙吳王芮為異姓，當依《史記》入淮陽，分彭城地，都陳。）諸侯比境，周帀三垂，外接胡越。天子自有三河，東郡、潁川、南陽，自江陵以西至巴蜀，北自雲中至隴西，與京師內史，凡十五郡。公主列侯，頗邑其中。而藩國大者，跨州兼郡，連城數十。宮室百官，同制京師。可謂矯枉過其正矣。雖然，高祖創業，日不暇給，孝惠享國又淺，高后女主攝位，而海內晏如，亡狂狡之憂，卒折諸呂之難，成太平之業者，亦

賴之於諸侯也。（《漢書・諸侯王表》序。）

是為第二期之封建。及文帝立，而山東之國，齊（悼惠王肥始封，高帝子。）七十二城，楚（元王交始封，高祖同父少弟。）四十城，吳（王濞始封，高祖兄子。）五十城，晁錯所謂封三庶孽，分天下半，是也。時諸侯得治其國。有太傅，輔王。內史，治國民。中尉，掌武職。丞相，統眾官。（〈百官表〉。）有御史大夫及諸卿，皆秩二千石，百官皆如朝廷。漢獨為置丞相。其御史大夫以下，皆自置之。（〈後志〉。）勢成尾大不掉。故賈誼痛切言之，曰：

> 夫樹國固必相疑之勢，下數被其殃，上數爽其憂，甚非所以安上而全下也。……其異姓負彊而動者，漢已幸而勝之矣，又不易其所以然。同姓襲是跡而動，既有徵矣，其勢盡又復然。殃禍之變，未知所移，明帝處之尚不能以安，後世將如之何！（〈治安策〉。）

晁錯亦力勸景帝削諸侯地，遂有吳楚七國之變。於是禁諸侯王不得復治國，天子為置吏。改丞相曰相，省御史大夫、廷尉、少府、宗正、博士官。大夫、謁者、郎、諸官長丞，皆損其員。事在孝景中五年。（見〈百官表〉。）自是王國之勢大削。然文帝子孫為王者七國，景帝子孫為王者十七國，徒以親戚相制，勢猶無已。

武帝初即位，大臣懲吳楚七國行事，議者多冤晁錯之策，皆以諸侯連城數十，泰強，欲稍侵削，數奏暴其惡。（〈中山靖王傳〉。）

是時諸王封國者，乃頗為漢吏所侵矣。嗣武帝用主父偃謀，令諸侯以私恩自裂地，分其子弟。而漢為定制封號，輒別屬漢郡。而諸侯地乃自分析弱小。其事在元朔二年。主父偃說上曰：

古者諸侯地不過百里，彊弱之形易制。今諸侯或連城數十，地方千里，緩則驕奢易為淫亂，急則阻其彊而合從以逆京師。今以法割削，則逆節萌起，前日朝錯是也。今諸侯子弟或十數，而嫡嗣代立，餘雖骨肉，無尺地之封，則仁孝之道不宣。願陛下令諸侯得推恩分子弟，以地侯之。彼人人喜得所願，上以德施，實分其國，必稍自銷弱矣。

此其說，即賈誼眾建諸侯之遺意。而從此漢之諸侯，遂永不為患。此誠分解封建勢力一至微妙之方法也。錢大昕曰：

按〈地理志〉，諸侯王國二十，如趙、真定、河間、廣陽、城陽、廣陵，皆止四縣。菑川、泗水，止三縣。高密、六安，皆五縣。魯，六縣。東平、楚，皆七縣。（按〈地理志〉侯國名，據成帝元延末為斷。）竊疑漢初大封同姓，幾據天下之半。文景以後，稍有裁制，然諸侯又始封，往往兼二三郡之地。其以罪削地者，史亦不多見，何至封域若此之小。及讀勝（中山靖王。）傳，始悟諸侯王國所以日削者，由王子侯國之多。以表徵之，城陽五十四人，趙三十五人，河間二十三人，菑川二十一人，魯二十人。王國之食邑，皆入於漢，無怪封圻之日蹙矣。（《廿二史考異》。）

武帝又改漢內史為京兆尹，中尉為執金吾，郎中令為光祿勳。而王國如故，（〈百官表〉。）所以尊異朝廷，別於諸王國。使天下觀聽集於中央。又王國員職，皆朝廷為署，不得自置。（〈後志〉。）然後中央集權之基礎乃大定。班氏又言之，曰：

諸侯原本以大，末流濫以致溢，小者荒淫越法，大者睽孤橫逆，以害身喪國。故文帝采賈生之議分齊、趙，景帝用晁錯之計削吳、楚。武帝施主父之冊，下推恩之令，使諸侯王得分戶邑以封子弟，不行黜陟，而藩國自析。自此以來，齊分為七，（城陽都莒，濟北都盧，今長清。菑川都劇，今壽光。膠東都即墨，膠西都高苑，濟南都東平陵，今濟南。并齊為七。）趙分為六，（河間都樂成，今獻縣。中山都盧奴，今定縣。清河都清陽，今清河。常山都鎮定，廣川都信都，今冀縣。并趙為六。）梁分為五，（濟川都濟陽，今蘭陽。濟東都無鹽，今東平。山陽都昌邑，今金鄉。濟陰都定陶，并梁為五。）淮南分為三。（衡山都六，廬江都江南，并淮南為三。）皇子始立者，大國不過十餘城。長沙、燕、代，雖有舊名，皆亡南北邊矣。景遭七國之難，抑損諸侯，減黜其官。武有衡山、淮南之謀，作左官之律，（仕於諸侯為左官，絕不使仕於朝廷也。如龔舍不願為楚王常侍。而龔勝為郡吏，三舉孝廉，以王國人，不得宿衛，其一例。）設附益之法，（取孔子求也為之聚斂而附益之之義。）諸侯惟得衣食稅租，不與政事。（〈諸侯王表〉序。）

此可謂漢廷封建之第三期。

至於哀平之際，皆繼體苗裔，親屬疏遠，（非始封之君，於天子益疏遠也。）生於帷牆之中，不為士民所尊，勢與富室無異。而本朝短世，國統三絕，（成、哀、平。）是故王莽知漢中外殫微，本末俱弱，亡所忌憚，生其姦心。……顓作威福廟堂之上，不降階序而運天下。……漢諸侯王厥角稽首，奉上璽韍，惟恐在後，或乃稱美頌德，以求容媚，豈不哀哉！（〈諸侯王表〉序。）

則為漢諸王之末路矣。

嘗考漢室同姓眾王，高祖昆弟子孫為王者凡二十國。（呂后立異姓呂氏王，及所名孝惠子王，凡八國。）文帝子孫為王者凡七國。景帝子孫為王者凡十七國。武帝子孫為王者凡六國。宣帝子為王者凡四國。元帝子為王者凡二國。諸帝既各私其子，必一一封王，則前世所封，縱能恪遵朝廷之政令，而封建之制，仍不可久。以歷帝逾多，封王逾增，其勢終於難繼也。況一帝即位，其封王諸子，猶挾私心，必以大城名都畀之。則前帝所封，勢非削奪不可。則前世之所封，縱能恪遵朝廷之政令，其勢亦難自全也。漢文以藩國入承大統。元年，有司請立太子，詔曰：「楚王，季父也。吳王，兄也。淮南王，弟也。」其中外相猜之情已甚顯著。十一年，賈誼上疏，謂：

陛下所以為藩捍及皇太子之所恃者，唯淮陽、（文帝子，武。）代（亦文帝子，參。）二國耳。代北邊匈奴，與強敵為鄰，能自完則足矣。而淮陽之比大諸侯，廑如黑子之著面，適足以餌大國耳，不足以有所禁禦。

文帝從其言，徙淮陽王武為梁王，北界泰山，西至高陽，得大縣四十餘城。是高祖所封，至文帝釐一傳，而已相視為敵體。文帝以齊分王悼惠王肥之六子，使其勢分而弱。此即賈誼所謂各受其祖之分地，地盡而止，天子無所利焉者也。而一方則特畀其親子以大國，用為牽制。然及景帝時，而梁乃儗於天子，其勢又已不可久。太后愛少子，心欲以梁王為嗣，議不果行，而梁王幾於獲罪。幸而得死，景帝乃分梁為五國，盡立梁孝王男五人為王。以為悅太后，實亦師文帝分齊六王之故智也。然則漢之封建，自高祖一傳至文帝，其勢已變。齊分為七，淮南分為三，皆文帝（十五年。）事。趙分為六，（全於景帝中四年。）梁分為五，（景帝中五年。）皆在景帝時。固不俟武帝用主父偃謀，而漢之諸侯封地，屢自分析，早已於文景二世繼續見之。夫一帝臨朝，必封其諸子為王，而所封諸子，又必各自於其封內分封其諸子。即此一端，已足使封建之制決不可久。蓋西周封建，其事等於武裝之移殖，而漢則特為國土之分配。周人向外移殖以宗族為體，故宗子即為大君，支庶則為臣宰，非相依無以自全。漢則天下一統，郡縣相屬，封建非以對外，其勢轉成自裂。又當時宗法之觀念既衰，嫡庶之尊卑已微。故嫡長為天子，支庶為諸侯，而支庶即有覬覦帝位之心。諸侯之嫡長繼為諸侯，而其支庶亦各有覬覦侯位之心。有父母者同愛其子，不願專傳重於嫡子，而親視其支庶為庶人。而諸庶亦平視其嫡，不自甘於天澤之判。則子孫之繁衍無極，而土地之分割有盡。不至於地盡而各為庶人不止也。故賈誼主父偃之為漢謀者，固為至巧。然即無誼偃之謀，漢之封建，亦終必分崩離析，極於不可持而止。此乃後世政理心理之變，終不得重返於古昔舊局之一端也。

二、諸侯封邑之演變

漢制，同姓封王，功臣封侯。高祖得天下，論功定封，訖十二年，侯者百四十有三人。

> 時大城名都，民人散亡。戶口可得而數，裁什二三。是以大侯不過萬家，小者五六百戶。

（〈高惠高后文功臣表〉。）

較之六國以來，孟嘗君封薛，招致天下任俠姦人六萬家，呂不韋封長信侯十萬戶，迴不侔矣。是為漢初功臣封侯之前期。

> 逮文、景四五世間，流民既歸，戶口亦息，列侯大者至三四萬戶，小國自倍，富厚如之。子孫驕逸，忘其先祖之艱難，多陷法禁，隕命亡國，或亡子孫。訖於孝武後元之年，靡有孑遺，耗矣。罔亦少密焉。

此漢室功臣侯者之後期也。孝宣愍錄功臣後裔：

詔令有司求其子孫，咸出庸保之中，並受復除，或加以金帛，用章中興之德。降及孝成，

復加卹問，稍益衰微，不絕如線。

蓋均無足道矣。

今考漢初封侯：

列侯封君食租稅，歲率戶二百。千戶之君則二十萬，朝覲聘享出其中。（〈貨殖傳〉。）

而所封則不必盡一縣：

如蕭何始封酇，食八千戶，後又益封二千戶。元狩中，以酇戶二千四百封其曾孫慶。宣帝

時，以酇戶二千封其玄孫建世。封號雖同，而租入迥別。蓋一縣之戶不止此數。除侯所食

外，其餘歸之有司也。（《廿二史考異》卷八。）

又如：

> 樊噲初封舞陽侯，其後益食邑者再，後乃定食舞陽五千四百戶。則樊噲初封，未能盡食舞陽一縣也。夏侯嬰初封汝陰侯，其後益食邑者三，乃定食汝陰六千九百戶，則滕公初封，未能盡食汝陰一縣也。灌嬰初食潁陰二千五百戶，已號潁陰侯，其後乃定食潁陰五千戶，則灌嬰初封，未能盡食潁陰一縣也。……曹參封平陽，本萬六百戶，及其後裔紹封，僅二千戶，亦號平陽侯。然則列侯但以封戶定其疆界而食之，其外尚有餘地，仍屬有司，理可信矣。（《潛研堂文集》卷三十四。）

考高祖功臣盡食一縣者，惟陳平一人。漢縣本有大小之分。其大小以戶口而定。所謂萬戶以上為令，減萬戶為長也。陳平封五千戶，與曲逆見戶數適相等，故得盡食其縣。然漢之封國，雖計戶口，仍以疆域為斷。史言漢初大侯，不過萬家，小者不過五六百戶，後數世，民咸歸鄉里，戶益息。蕭、曹、絳、灌之屬，或至四萬，小侯自倍。是則後滋戶口在列侯封內者，例得兼食矣。陸賈說陳平云：「足下食三萬戶侯」，乃據秦時版籍言之。平既全食此縣，故舉其縣全盛之數以誇其富。以此知漢廷封侯，先以戶數制疆界，繼則以疆界為準，凡疆界內戶盡食之，不復以戶數為定。

故匡衡初封僮之樂安鄉，為樂安侯，食邑六百四十七戶。所封南以閩陌為界，郡圖誤以閩陌為平陵陌，多四百頃。積三歲，多得田租穀千餘石。是列侯封戶雖有定數，要以封界之廣狹定收入之多寡，不專以戶數為定之證也。

又富平侯張安世，國在陳留，別邑在魏郡，租入歲千餘萬。子延壽嗣侯，上書讓減戶口。徙封平原，并一國，戶口如故，而租稅減半。考〈外戚恩澤侯表〉，安世封凡萬三千六百四十戶，若以戶率二百，千戶二十萬計之，萬三千戶亦不過二百六七十萬耳，何得有千餘萬。即徙封平原減半，亦有五百萬，與戶率二百之說仍不溝合。疑其時所謂戶，容多兼并，與漢初異。故戶數雖同，而所占田畝廣狹縣絕，故租稅亦多寡大殊也。此如匡衡封樂安鄉，食六百四十七戶，而稱鄉本田提封三千一百頃。其收租穀自以畝頃計，不以戶數計也。

又檢〈高祖功臣侯表〉，其戶數率以千計百計，以十數者極少。如昌武侯九百八十戶，宣曲侯六百七十戶，絳陽侯七百四十戶，宋子侯五百四十戶，其他則少見。而孝文以下，極多封戶以十下零數計者。如弓高侯千二百三十七戶，襄成侯千四百三十二戶，故安侯千七百一十二戶，章武侯萬一千八百六十九戶之類。則漢之封侯，蓋亦以疆界為主而計其戶數。漢初戶籍大耗，壤地多曠，故所封戶數多整。文帝後，民戶漸密，壤地漸實，故所封戶數亦多碎。此其大較也。

列侯封戶，既不必盡一縣，而縣之政令，則仍統於中央，列侯不得預也。惟得臣其所食吏民。

而漢廷於侯國置相一人，其秩各如本縣。主治民如令長，而不臣。但納租於侯，以戶數為限。（據〈後志〉。）故列侯之在其國，其勢甚微，遠不比諸王也。

文帝二年詔列侯就國，詔曰：

古者諸侯，各守其地，以時入貢，民不勞苦，……今列侯多居長安，邑遠，吏卒給輸費苦，而列侯亦無由教訓其民。其令列侯之國，為吏及詔所止者，遣太子。

明年詔曰：

前日詔遣列侯之國，辭未行。丞相，朕之所重，其遂率列侯之國。

遂免丞相周勃，遣就國。是列侯皆不願就國，不啻強之使去也。然景帝後二年，即省列侯就國。蓋其事既列侯所不喜，終難行，故卒罷耳。又考〈貨殖傳〉：「七國兵起，長安中列侯封君，行從軍旅，齎貸子錢，子錢家以為侯邑國在關東，關東成敗未決，莫肯與。」吳楚事在景帝三年，則漢廷雖未省列侯就國之令，列侯封君，仍多滯留長安，不就封土之證也。及武帝時，竇嬰為相，又令列侯就國。時諸外家為列侯，列侯多尚公主，皆不欲就國，群毀竇嬰，竟不安其位。蓋諸列侯衣租食稅，居京師，交通顯貴，服用奢靡，就國則胥不可得耳。漢初侯國百四十餘人，國除之後，子孫即占本籍者亦無多，以〈漢表〉所載成、哀間復除之家數之，惟淮南安侯宣虎等十家，蓋為封侯而就國之證。其餘則占籍三輔者殆十之八九。文景之世，蓋已如此。此等皆無補於政教，特分食中央之租稅已耳。

且列侯不願就國，不僅長安富貴，不忍捨棄。一至封邑，則不得不就州郡守尉之法令，此亦列侯所不欲也。史稱：

> 絳侯既就國，每河東守尉行縣至，絳侯自異恐誅，常被甲，令家人持兵以見。人遂言其欲反，絳侯竟入獄。

則其時以大功臣封侯就國，已不免憂讒畏譏，見陵於守尉。不得不視守尉如官長。封爵之寵，近乎黜徙，迫之乃行，與古者建侯之意遠異。而列侯不願就國之意，亦從可見矣。

及武帝時，連年用兵，財用不繼，卜式上書願輸財助邊。下詔褒美以諷天下，而莫有應者。於是列侯坐酎金失侯者百六人。而富人多貲者，則設為告緡以取之。列侯本與富人同等，宜不得坐享封君之供也。又有一事，足見武帝存心奪列侯之國者。洪邁云：

漢自武帝以後，丞相無爵者乃封侯，其次雖御史大夫，亦不以爵封為間。唯太常一卿，必以見侯居之，而職典宗廟園陵，動輒得咎，由元狩以降，以罪廢斥者二十人。意武帝陰欲損侯國，故使居是官以困之爾。表中所載：酇侯蕭壽成，坐犧牲瘦。蓼侯孔臧，坐衣冠道橋壞。鄲侯周仲居，坐不收赤側錢。繩侯周平，坐不繕園屋。睢陵侯張昌，坐乏祠。湯平侯杜相，坐擅役鄭舞人。廣阿侯任越人，坐廟酒酸。江鄒侯靳石，坐離宮道橋苦惡。戚侯李信成，坐縱丞相侵神道。俞侯欒賁，坐雍犧牲不如令。山陽侯張當居，坐擇博士弟子不以實。成安侯韓延年，坐留外國文書。新時侯趙弟，坐鞫獄不實。牧邱侯石德，坐廟牲瘦。當塗侯魏不害，坐孝文廟風發瓦。轑侯江德，坐廟郎夜飲失火。蒲侯蘇昌，坐泄官書。弋陽侯任宮，坐入盜茂陵園物。建平侯杜緩，坐盜賊多。自酇侯至牧邱十四侯，皆奪國，武帝時也。自當塗至建平五侯，但免官，昭、宣時也。（《容齋隨筆》。）

馬端臨亦曰：

漢之所謂封建，本非有公天下之心，故其予之甚艱，而奪之每亟。至孝武之時，侯者雖眾，率是不旋踵而褫爵奪地。……以有功侯者七十五人，然終帝之世失侯者已六十八人，其能保者七人而已。……以王子侯者一百七十五人，然終帝之世失侯者已一百一十三人，其能保者五十七人而已。外戚恩澤侯者九人，然終帝之世失侯者已六人，其能保者三人而已。

（《文獻通考》。）

蓋漢至武帝時，不僅諸王國皆衰，即封侯者亦幾盡。故曰訖於孝武後元之年，靡有孑遺也。然則封建餘波，蓋至是始平，漢廷之集權中央，亦至是始定也。

漢封侯國，其地有不盡在中央直轄之郡，而錯在王國者。漢初，中央直轄凡十五郡，而公主列侯，頗邑其中，則明多不邑其中矣。〈淮南厲王傳〉，薄昭予王書諫曰：

皇帝（文。）初即位，易侯邑在淮南者，大王不肯，皇帝卒易之。使大王得三縣之實甚厚。

《新書・准難篇》云：

侯邑之在其國者，畢徙之他所。陛下於淮南王，不可謂薄。蓋侯邑所在，租稅即歸之，易其侯邑，無異於與之地。故曰甚厚。而漢之為此，則自欲使政令一統，易於為治，故不欲侯封錯在王國也。漢初列侯封，其錯在王國之可考者，如彭城，楚王封地也，而張良封彭城之留。琅邪，齊王封地也，而周定封琅邪之魏其。鉅鹿，趙王封地也，而任敖封鉅鹿之廣阿。曲逆縣亦在燕趙之間，而陳平封曲逆。皆其證。及於景帝以後，王國日益削。而王子封侯者皆割屬漢郡。自是列侯食邑無有在王國者矣。（《廿二史考異》。）此亦漢廷努力中央集權之進步也。

第二節　西漢之郡縣

一、秦分三十六郡及以後之增置

秦廢封建而行郡縣，《史記・秦始皇本紀》，載始皇二十六年從廷尉李斯議，分天下以為三十六郡。按之班氏《漢書・地理志》，列舉秦郡，適得三十六。

（一）河東：按〈秦始皇本紀〉，始皇即位時，秦地已并巴蜀漢中，越宛有郢，置南郡。北收上郡以東，有河東太原上黨郡。此秦郡有河東之證。據〈秦本紀〉，秦置河東郡，應在昭襄王二十一年。

（二）太原：〈秦本紀〉，莊襄王四年，初置太原郡。

（三）上黨：說見河東下。據〈秦本紀〉，置郡應在昭襄王四十八年後。

（四）三川：（漢河南。）〈秦本紀〉，莊襄王元年，初置三川郡。

（五）東郡：〈秦始皇本紀〉，五年初置東郡。

（六）潁川：〈秦始皇本紀〉，十七年攻韓，以其地為郡，名曰潁川。

（七）南陽：〈秦本紀〉，昭襄王三十五年，初置南陽郡。

（八）南郡：〈秦本紀〉，昭襄王二十九年，白起攻楚取郢，為南郡。

（九）九江：《水經・江水注》，秦始皇二十四年置九江郡。

（一〇）泗水：（漢沛郡。）《水經・睢水注》，始皇二十三年置。

（一一）鉅鹿：《水經・濁漳水注》，始皇二十五年滅趙，以為鉅鹿郡。

（一二）齊郡：當為二十六年滅齊後置。

（一三）琅邪：亦當為二十六年滅齊後置。

（一四）會稽：〈始皇本紀〉，二十五年王翦定荊江南地，降越君，置會稽郡。

（一五）漢中：〈秦本紀〉，惠文王後十三年，攻楚漢中，取地六百里，置漢中郡。

（一六）蜀郡：《水經・江水注》，秦惠文二十七年，遣張儀司馬錯等滅蜀，遂置蜀郡。〈秦本紀〉惠王後元十四年，蜀相壯殺蜀侯來降，即惠王二十七年也。

（一七）巴郡：《水經・江水注》，秦惠王遣張儀等救苴侯於巴。儀貪巴苴之富，因執其王以歸，置巴郡。又見河東下。

（一八）隴西：〈匈奴傳〉，昭襄王時有隴西北地上郡。《水經・河水注》，秦昭王二十八年置。

（一九）北地：見〈匈奴傳〉，秦昭王伐殘義渠，於是有北地郡。

（二〇）上郡：〈秦本紀〉，惠文王十年，魏納上郡十五縣。《水經・河水注》，昭王三年置上郡。

（二一）九原：（漢五原。）〈趙世家〉，武靈王二十六年復攻中山，攘地北至燕代，西至雲中九原。（《通典》，趙置九原郡，秦因之。蓋誤，說詳下。）

（二二）雲中：〈匈奴傳〉，趙武靈王北破林胡、樓煩，而置雲中、雁門、代郡。《水經・河水注》，秦始皇十三年，因之置雲中郡。

（二三）雁門：見雲中下。

（二四）代郡：見雲中下。〈秦始皇本紀〉，二十五年王賁攻燕，還攻代，虜代王嘉。置郡應在是年。

（二五）上谷：〈匈奴傳〉，燕置上谷、漁陽、右北平、遼西、遼東郡以拒胡。《水經・聖水注》，秦始皇二十三年置上谷郡。

（二六）漁陽：《水經・鮑邱水注》，始皇二十二年置。

（二七）右北平：《水經・鮑邱水注》，始皇二十二年滅燕，置。

（二八）遼西：《水經・濡水注》，始皇二十二年置。

（二九）遼東：《水經・大遼水注》，始皇二十二年滅燕置。

（三〇）南海：〈秦始皇本紀〉，三十三年，略取陸梁地，為桂林、象郡、南海。以適遣戍。

（三一）桂林：（漢鬱林。）見南海下。

（三二）象郡：（漢日南。）見南海下。

（三三）邯鄲：（漢趙國。）〈秦始皇本紀〉，十九年盡定取趙地。置郡當在此年。

（三四）碭郡：（漢梁國。）《水經・睢水注》，始皇二十二年為碭郡。

（三五）薛郡：（漢魯國。）《水經・濟水注》，始皇二十四年置。〈泗水注〉云二十三年。

（三六）長沙：（漢長沙國。）當為始皇二十三四年滅楚後置。

上舉三十六郡，南海、桂林、象郡，置於始皇三十三年。九原郡據〈匈奴傳〉，趙有雁門、代郡、雲中三郡以備胡，九原特雲中北界，未置郡也。始皇二十五年以前，邊郡多仍前舊，不聞增設。三十三年蒙恬闢河南地四十餘縣，（〈本紀〉作三十四縣。）蓋以此四十餘縣置九原。則九原郡亦不當在始皇二十六年所分三十六郡內。（全祖望說。）又〈秦始皇本紀〉，三十五年除道，道九原，抵雲陽。自是九原之名始見。故三十二年始皇之碣石歸，巡北邊，自上郡入。至三十七年，始皇崩於沙邱，其喪乃從井陘抵九原，從直道至咸陽。明始皇三十二年前，未有九原郡也。（王國維說。）然則上列三十六郡內，南方之南海、桂林、象郡，北方之九原，皆在始皇二十六年後。始皇二十六年所分天下三十六郡，〈漢志〉實尚缺其四也。歷來考史者於此頗多爭議。或主三十六郡乃秦一代郡數，以班說為信。（錢大昕《潛研堂集》。）或以三十六郡乃始皇二十六年所分，後此所置者不與。（裴駰《史記集解》。）今從後說，再為補列。

（一）廣陽：《水經．漯水注》，秦始皇二十一年滅燕，以為廣陽郡。全祖望曰：「漁陽、上谷、右北平、遼東、遼西五郡，皆燕所舊置，以防邊也。漁陽四郡在東，上谷在西，而其國都不與焉。自薊至涿三十餘城，始皇無不置郡之理。亦無反并內地於邊郡之理。且始皇并六國，其國都如趙之邯鄲，魏之碭，楚之江陵，陳之九江，齊之臨淄，無不置郡，何以燕獨無之。」故知《水經注》說實可信。

（二）楚郡：〈楚世家〉，王負芻五年，秦將王翦、蒙武破楚國，虜楚王負芻，滅楚，名為楚郡云。其事在始皇二十三四年。全祖望曰：「秦滅楚，置楚、九江、泗水、薛、東海（東海後置，說詳後。）五郡。及定江南，又置會稽。楚郡蓋自淮陽以至彭城，泗水則沛也，薛則魯也，東海則郯以至江都也。皆江北地。會稽則江南地。惟九江兼跨江介。」又〈陳涉世家〉有陳守。全祖望曰：「楚郡，即陳郡也。楚郡治陳，故亦稱陳郡。」

（三）黔中：〈秦本紀〉，昭襄王三十年，伐取巫郡及江南，為黔中郡。〈漢志〉亦失載。

（四）閩中：〈東越列傳〉，秦并天下，廢閩越王無諸，及越東海王搖，以其地為閩中郡。據〈秦始皇本紀〉，二十五年，王翦遂定荊江南地，降越君，置會稽郡。則閩中亦當置於是年，而史失載。或閩中之置稍後，故史不與會稽並及。然至遲亦在二十六年定天下為三十六郡時也。

增此四郡，則適符三十六郡之數。其他尚有秦時郡名可考者，為：

（五）東海：〈陳涉世家〉，秦嘉等圍東海守慶於郯。守乃郡官名。及〈絳侯世家〉，因東定楚地泗水、東海郡。皆秦時已有東海郡之證。班志東海郡高帝置，蓋誤。

然東海郡固為何時所置乎。若謂置在始皇二十六年前，則上列三十六郡之數又未可定。若謂置在二十六年後，則史無明文可考。惟〈始皇本紀〉三十四年有云：

於是立石東海上朐界中，以為秦東門。

竊疑秦廷分置東海郡，殆即在其時也。始皇三十二年，蒙恬發兵三十萬人略取河南地。三十三年，又略取陸梁地，為桂林、象郡、南海三郡。又北逐匈奴，開初縣三十四。即以後之九原郡也。三十四年，謫治獄吏不直者築長城及南越地。三十五年，除道，道九原抵雲陽。塹山堙谷直通之。九原之名始見。然則蒙恬雖於三十二年取河南，三十三年斥逐匈奴，而九原置郡，蓋有待於三十四年，或遲至三十五年，可知。九原之置郡既然，桂林、象郡、南海亦無不然。史言三十三年略取陸梁地為桂林、象郡、南海三郡者，特終言其事，未必其事之竟於是年也。三十四年謫戍南越，即繼略地而來。然則此桂林、象郡、南海三郡者，亦或絡續置在三十四年，乃竟遲至於三十五年也。是時秦之疆土，南北大擴，乃遂於東方立石東海中、標為秦之東門，以誇其盛德廣業焉。惜乎其文不傳於後世，而其事由於南北之擴地而起，其辭亦或及之，未可知也。於是因立石海中，標稱秦之東門，而遂劃置東海一郡，其名與南海相映照，其事亦一時之隆典。雖史文疏略，未為大書於是乃置東海之郡，而東海一郡，或者即置於此年，固理有可推矣。是歲，始皇以咸陽宮廷小，乃大營作，建阿房宮。又造麗山。遂徙三萬家麗邑，五萬家雲陽，於其時而立石海中，以為秦之東門，其增制東海一郡，固宜爾也。故知桂林、象郡、南海九原四郡之立，當在始皇二十六年定天下為三十六郡之後，而東海郡之立，則猶在桂林、九原四郡之後。至是凡得五郡，合之以前三十六郡，秦郡之確可考信者，凡四十一郡也。

二、漢郡及十三部刺史之設置

漢高初興，懲秦孤立，剷除功臣，大封同姓，而漢廷所有僅得十五郡。

太史公之言曰：「漢初內地自山以東盡諸侯地。漢獨有三河，東郡、潁川、南陽，自江陵以西至蜀，北自雲中至隴西，與內史凡十五郡。」此十五郡者，河東一、河內二、河南三，所謂三河也。東郡四、潁川五、南陽六，自江陵以西至蜀則南郡七、巴郡八、蜀郡九。北自雲中至隴西，則雲中十、上郡十一、北地十二、隴西十三。而自山以西尚有上黨，巴蜀之北尚有漢中，共十五郡。加內史為十六，此高帝五年初定天下時之郡數也。六年以雲中屬代，則并內史得十五郡。至十一年，復置雲中，而罷東郡以益梁，罷潁川郡以益淮陽，則并內史得十四郡。……由是言之，則高帝末年之郡，除王國支郡外，并內史唯得十四而已。（王氏《漢郡考》上。）

而漢初諸國土地，則大者七八郡，小者二三郡，總計高祖時諸侯之郡，可得三十九。（王氏《漢郡考》下。）則漢初中央政制之不及於全國，未臻於鞏固，即此可見矣。漢郡之增，當在孝景之世。

元年，削趙之常山郡。二年，削楚之東海郡。三年，削吳之會稽鄣郡。是歲，七國反。既平其地，又以其餘威削諸侯，於是始得平原、千乘、濟南、北海、東萊之地於齊，得涿、渤海、上谷、漁陽、右北平、遼西、遼東之地於燕，得鉅鹿、清河於趙，得太原、雁門於代，得沛郡於楚，得廬江、豫章於淮南，得武陵、桂陽於長沙。而諸侯之地以新封皇子者，尚不與焉。故《史記・諸侯王表》序言之曰：「吳楚時，前後諸侯或以謫削地，是以燕、代無北邊郡，吳、淮南、長沙無南邊郡，齊、趙、梁、楚支郡名山陂海咸納於漢。諸侯稍微……」此實善道當時之大勢者也。（《漢郡考》上。）

故漢自高帝時，中央轄地，不過什二。而王國各自領郡，其時則國大而郡小。及景帝後，裁抑宗室，雖皇子受封，亦不過一郡之地。武帝用主父偃策，使諸王分地封子弟為侯，侯國皆別屬漢郡，不領於王國，而王國日益削。故其時遂郡大而國小。郡國之消長，封建郡縣比率之升降，亦漢廷政治隆衰一大關鍵也。

及武帝開廣三邊，（增郡見第三章。）而又有十三部刺史之制。其事在元封五年。今略舉其分部之大略如次。（據全祖望《漢書地理志稽疑》考定。）

（一）豫州刺史部：潁川、汝南、沛、梁、淮陽，（〈前志〉屬兗州，此據〈續志〉。）凡二郡三國。

（二）冀州刺史部：魏、鉅鹿、常山、清河、趙、廣平、真定、中山、信都、河間，凡四郡六國。
（三）兗州刺史部：陳留、山陽、濟陰、泰山、東郡、城陽、東平，凡五郡二國。
（四）徐州刺史部：琅邪、東海、臨淮、廣陵、魯、〈前志〉屬豫，此據〈續志〉，光武始改屬豫。）泗州、楚，凡三郡四國。
（五）青州刺史部：平原、千乘、濟南、北海、東萊、齊、菑川、膠東、高密，凡六郡三國。
（六）荊州刺史部：南陽、江夏、桂陽、武陵、零陵、南郡、長沙，凡六郡一國。
（七）揚州刺史部：廬江、九江、會稽、丹陽、豫章、六安，凡五郡一國。
（八）益州刺史部：漢中、廣漢、犍為、越巂、益州、牂柯、蜀、巴，凡八郡。
（九）涼州刺史部：武都、隴西、天水、安定、北地，凡五郡。
（一〇）并州刺史部：太原、上黨、上郡、西河、雲中、定襄、雁門，凡七郡。
（一一）幽州刺史部：勃海、上谷、漁陽、右北平、遼西、遼東、玄菟、樂浪、涿、代、廣陽，凡十郡一國。
（一二）交阯刺史部：南海、鬱林、蒼梧、交阯、合浦、九真、日南，凡七郡。
（一三）朔方刺史部：朔方、五原、金城、武威、張掖、酒泉、敦煌，凡七郡。

其後又置司隸校尉，不在十三部之列。其所察為京兆、馮翊、扶風、弘農、河東、河內、河南，又七郡。總凡郡國百有三。（內惟昭帝增置金城一郡。縣邑千三百十四，道（縣有蠻夷者）三十二，侯國二百四十。疆東西九千三百二里，南北一萬三千三百六十八里。）遂以訖於孝平，洵漢之極盛矣。

第三節　西漢之中央官制

漢官大率沿秦舊，中央官最高者為三公。曰丞相。（秦有左右丞相，高帝置丞相一人，後更名相國。高后置二丞相，文帝時復置一丞相。）掌丞天子助理萬機。（丞者承也。相者助也。）曰太尉，為武官長。曰御史大夫，掌副丞相。其次為九卿。

（一）太常，（秦官稱奉常。景帝改太常。）掌宗廟禮儀。屬官有太樂、太祝、太宰、（主宰牲牢也。）太史、太卜、太醫六令丞。又博士官，亦屬太常，員多至數十人。今按：太常列九卿之首，按實則特帝皇宗廟之守官耳。古代政治自鬼神宗教漸次分離之情，於此尚可見。又太史與樂宰祝卜醫諸官並列，故司馬遷謂：「文史星歷，近乎卜祝之間，固主上所戲弄，倡優所畜」（〈報任少卿書〉。）也。博士掌通古今，為學官，亦隸太常。是古者學術起於廟祝，掌於宗廟，劉歆所謂王官之學散而為百家，亦信有其徵也。

（二）光祿勳，（秦官稱郎中令，武帝時更名光祿勳。）掌宮殿掖門戶。屬官有大夫，郎，謁者。

大夫掌論議，有太中大夫、中大夫、諫大夫，皆無員，多至數十人。郎掌守門戶，出充車騎。有議郎、中郎、侍郎、郎中，皆無員，多至千人。謁者掌賓讚受事，員七十人。今按：光祿勳者，如淳曰：「勳之言，閽也。閽者，古主門官也。」光祿，猶《尚書》云納於大麓，古者王公居險。登高邱，則大麓猶後世之主門矣。伊尹為阿衡，（〈商頌〉。）又稱保衡，（《書．君奭》。）《左傳》：「山林之木，衡鹿守之。」鹿即麓，衡光橫古字通，故漢時為天子主門官，又有黃門。然則光祿即衡麓，即閽也。（參看章炳麟〈神權時代天子居山說〉，又〈專制時代宰相用奴說〉。）太常為帝皇守宗廟之官，而光祿則為天子守宮殿之官耳。至漢之郎選，則其途頗雜。有以父任者，漢制，吏二千石以上，視事滿三歲，得任同產若子一人為郎。（如蘇武、韋玄成皆是。此即戰國趙老臣觸讋見趙太后，願其少子「得補黑衣之數」之類也。）有以訾選者，漢制，貲五百萬得為常侍郎。（如張釋之、司馬相如皆是。蓋高貲者得上書自請宿衛，祿不豐而所費大。張釋之為郎十年不得調，謂其兄曰：「久宦減仲產」，欲免歸，是也。）有以才技進者，（如衛綰以戲車為郎，荀彘以御見侍中，此如戰國馮煖為孟嘗君客，孟嘗君問客何能，天子之郎，亦猶門客，亦應以一技進耳。）有經大臣之薦舉者，（如王吉以郡吏舉孝廉為郎。）有上書自炫鬻者，（如東方朔上書，得為常侍郎是也。）有射策為郎者，（此最後起，如蕭望之、何武皆是。）郎之得名，蓋猶《周官》轡人、圉人、雞人之人。郎之體制，蓋猶戰國以來貴族之有食客門人。大夫則郎之高選也。

（三）衛尉，（秦官，景帝改名中大夫令。後復稱衛尉。）掌宮門衛屯兵。屬官有公車司馬，衛士，旅賁（旅眾也。賁與奔同，任奔走。）三令丞。今按：衛尉掌衛宮門，與光祿勳別者，以其為武職耳。

（四）太僕，（秦官。）掌輿馬。今按：此其初，蓋尤近臣之微末者。（秦時謁者掌賓讚受事，尚書屬少府，博士通古今，與侍中皆帝皇近臣，而皆有僕射以領之。檀弓有僕人、射人，秦始合為一名。此可見朝廷公卿大僚，其先乃以帝皇私養僕從之人為之也。）

（五）廷尉，（秦官。）掌刑辟。今按：廷尉司法，宜非帝皇之私臣。然以九卿全體論之，則廷尉所司，亦帝皇之私法，非國家之公憲矣。

（六）大鴻臚，（秦官為典客，景帝改名大行令。武帝更名大鴻臚。）掌諸歸蠻夷。今按：應劭曰：「郊廟行禮讚，九賓鴻聲臚傳之。」此則古之所謂介，又為行人，為典客，皆帝王之私臣，非國家之公職也。

（七）宗正，（秦官。）掌親屬。今按：九卿始太常，奉侍皇室之祖先者也。次光祿勳、衛尉、太僕，則均侍衛皇室。廷尉糾其違犯，大鴻臚交其賓從，亦皆侍衛皇室之官也。宗正則為皇室掌親屬，與太常之為皇室掌宗廟者，亦同為帝皇一家之私臣也。

（八）大司農，（秦官，名治粟內史，景帝改名大農令，武帝更名大司農。）掌穀貨。

（九）少府，（秦官。）掌山海池澤之稅以給共養。屬官有尚書、（為內廷主書。）符節、（為內廷主符節也。）太醫、（太常有太醫，此復有之，比徵醫學自鬼神迷信漸進而為藥物衛養矣。）太官、（主膳食。）湯官、（主餅餌。）導官、（主擇米。）樂府、（太常有太樂，此有樂府，亦徵音樂自鬼神宗教轉為娛樂奉養也。）若盧、（主治庫兵。）考工、（主作器械。）左弋居室、甘泉居室、左右司空、（左弋甘泉皆地名，居室司空皆繫罪人。既有廷尉，復有少府之居室司空者，見刑法之未為朝廷公器也。）東織、西織、（主織造。）東園匠（主作陵內器物。）十二官令丞。今按：少府者，小庫也。蓋皇室私蓄所藏，故其屬官，尤見為皇室之打雜差遣矣。大司農與少府之分別，見上第三章，茲不再詳。大司農所掌，雖供國用。然以九卿全體言，大司農亦不能如後代為國家之財政部，特為皇室大藏，與少府同為帝皇掌產業。蓋九卿官制，固儼然一富室巨家規模也。

且不僅九卿為皇室之私臣，即丞相御史大夫，就實言之，亦皇室私臣耳。漢制：御史大夫有兩丞，一曰中丞，在殿中蘭臺，掌圖籍秘書，外督部刺史，內領侍御史，員十五人。受公卿奏事，舉劾按章。是御史大夫雖列職在外，而其屬官有在內廷也。御史大夫為丞相之副，御史大夫得治王室內廷事，則丞相職權自及王室內廷可知。故文帝時，太中大夫鄧通愛幸，丞相申屠嘉得為檄召通詣丞相府責之，是丞相得治及王室內廷之證也。漢之九卿，其性質，既自王室私臣蛻化而來，故王室不需復有私臣。孝惠時，郎侍中皆冠鵕鸃，貝帶，傅珠粉，而其人皆士人也。漢初尚以士人侍中，不盡宦豎，所以內外之勢不甚隔閡，而丞相御史，其權亦得及王室之內廷。後之治制度者，謂為漢制近古，是已。實則乃當時歷史演化未深，猶留往昔封建貴族時代之遺型耳。故《周官》太宰，其屬乃有宮正、宮伯、膳夫、庖人，乃至於內宰、內小臣、閽人、寺人、世婦、女御之屬。說者謂周公之設官，使內外相維，乃聖人之用心。實則宰本膳庖之職，為王室之私臣。及封建之制漸變而為郡縣，往者貴族既就漸滅，或則膨大，化家為國，遂以主庖膳之宰夫，一躍而為天子之丞相。若以漢制說之，則丞相猶《周官》之太宰也，御史大夫猶小宰也，御史中丞則猶宰夫也。其先乃係貴族家庭之私僕，漸變而為國家朝廷之大僚焉。然則漢之初年，以政治疆域言，仍不免古者封建割裂之狀態，以政治組織言，亦仍不脫古者貴族私家之模型。此徵歷史演化，以漸不以驟。時代雖變，固不能劃然成為一新物也。

漢之丞相、御史大夫，仍不失古者家宰僕御之遺意，故其職權乃得及於王室之內廷，其義既如上述。而漢自高祖創業，文景守成，外則封建諸王之波瀾常作，內則列侯功臣之基盤方廣，王室之權，多見侵逼，固無如何也。及於武帝，雄材大略，席三世之餘蔭，又值削平封建，王朝一統，其意時欲大有所作為，而頗不便於外廷宰相之權重。乃始貴幸常侍，使得與聞朝政，如嚴助、朱買臣等，皆以文學入內朝，往往奉天子意旨，與外廷丞相大臣相詰難。公孫弘為丞相，諫築朔方，朱買臣等難之，發十策，弘不得一。當時內朝文學侍從之臣，其氣燄如此。及弘後，諸丞相皆鹿鹿備位，內朝置尚書，列屬分曹，都受外事，而政權重心，乃始全移於中朝。衛青、霍去病皆由侍中進，權勢遠出宰相右。及武帝臨崩，幼主嗣重，而霍光、金日磾皆以侍中受顧命。霍光為大司馬大將軍，領尚書事，為中朝之長。其次有侍中，中常侍之屬，皆加官，始得入禁中。而所加或列侯卿大夫將都尉尚書之屬，皆得加官，而丞相御史大夫獨否。於是外廷中朝，劃然判別，而權重則在中朝。故霍光廢昌邑王，丞相楊敞不得預議。自是以來，列朝遺詔，皆以大司馬大將軍輔政，而其人選，則皆外戚也。是漢之政制，其權重所歸，乃由家宰轉移而至於戚鄙，其仍為不脫古者封建貴族私家臨御之體制，則一也。

第四節　西漢之地方官制

一、郡太守及都尉

漢之地方官，最要者為太守。〈百官表〉：「郡守秦官，掌治其郡，秩二千石。有丞，秩皆六百石。」常得召見，或賜璽書。朝廷於太守極尊禮，太守祿位略當九卿。漢廷宰相，亦往往歷試郡事。如宣帝察蕭望之材任為相，欲詳試其政事，復以為馮翊，自少府左遷。王駿為少府，成帝欲大用之，復出為京兆尹，是也。郡守之於朝廷，堂陛之間不甚闊絕。而太守在郡，亦得自申其意為治。得自辟掾屬，一也。得專蒞政事，二也。得主理財政，三也。得綰軍權，四也。上二者其例不勝舉。即如：

（文翁）為蜀郡守，……見蜀地僻陋有蠻夷風，……乃選郡縣小吏開敏有材者張叔等十餘人親自飭厲，遣詣京師，受業博士，或學律令。減省少府用度，買刀布蜀物，齎計吏以遺博士。數歲，蜀生皆成就還歸，文翁以為右職，用次察舉，官有至郡守刺史者。（〈循吏傳〉。）

則當時郡太守得專行其意，教化一方也。漢中央財政，有大司農少府之別。疑郡邑財計，亦做中央。文翁減省少府用度，師古曰：

少府，郡掌財物之府，以供太守者也。

是郡太守亦自有少府，其用度固宜得專主矣。（蓋寬饒劾奏長信少府檀長卿，以列卿而沐猴舞，則太后亦得別置少府。）馮唐告孝文帝，魏尚為雲中守：

軍市租盡以給士卒，出私養錢，五日壹殺牛，以饗賓客軍吏舍人。是以匈奴遠避，不近雲中之塞。（〈馮唐傳〉。）

漢制，山川園池市井租稅之入，自天子至於封君湯沐邑，皆為私奉，不領於天下之經費。疑郡邑財計，亦分公私。故魏尚得盡以軍市租給士卒，猶之文翁之得減少府用度供諸生也。韓延壽在東郡，放散官錢千餘萬，蕭望之問其事，延壽即案校望之在馮翊時，廩犧官錢放散百餘萬，此等官錢，郡守為興利便民，固得主用也。

〈百官表〉：

郡尉，秦官，掌佐守典武職甲卒，秩比二千石。有丞，秩皆六百石。（景帝更名都尉，郡太守缺，都尉行事。光武建武六年，省諸郡都尉，并職太守。）

而太守實總綰之。

韓延壽為潁川太守，傳中述其都試講武甚備。翟義為東郡太守，以九月都試日，勒車騎材官士起事。〈淮南王安傳〉，安欲發兵反，先令人作旁近郡太守都尉印。可見守尉互掌兵權也。又尹翁歸為東海太守，于定國稱曰：「此賢將。」孫寶為京兆尹，吏侯文亦稱寶為將。嚴延年為涿郡太守，掾蠡吾趙繡稱延年為新將。注：「新為郡將也」。謂守為將，以其兼領武事。（《十七史商榷》。）

又西漢太守都尉，各有治所，不同一地。如東郡太守治，大率在首縣濮陽，而都尉治在東阿。（見〈地理志〉。）兵權掌於都尉，都試之事亦都尉掌之。故翟義起兵，必待九月都試日。（《徵季雜著．漢都試考》。）是漢郡兵民分治，而都尉又上受郡守節制也。故漢之郡守，實兼得辟官蒞政理財治軍之四權。於其所守，可以自建白。大抵漢之太守，猶有古者諸侯封國自專之遺意，惟不得世襲耳。

二、縣之令與長

太守下為縣令長。縣令長之於太守，雖稱屬吏，亦往往得自行其意，不為上官所奪。如：

蕭育為茂陵令，會課育第六。（中下。）而漆令郭舜殿，見責問。育為之請，扶風怒曰：「君課第六，裁自脫，何暇為左右言。」及罷出，傳召茂陵令詣後曹，以職事對。育徑出曹，書佐隨牽育。育案佩刀曰：「蕭育，杜陵男子，何詣曹也。」遂趨出，欲去官。明旦，詔召入，拜為司隸校尉。此在後世，即同列所難堪，而當時以行之上官。漢時長吏之能自樹立，可見於此矣。（《日知錄》卷九。）

又漢時縣令，多取郡吏尤異者選補，故於吏事皆通曉。而其他郡縣吏，亦頗極人才之選。良以在上之守令，既留意於辟進掾屬，而朝廷大臣亦多由吏道進身，故賢者不以為卑恥也。（參看上章所舉。）

三、少　吏

〈百官表〉：

縣令、長，皆秦官，掌治其縣。萬戶以上為令，秩千石至六百石。減萬戶為長，秩五百石至三百石。皆有丞、尉，秩四百石至二百石，是為長吏。百石以下，有斗食、佐史之秩，是為少吏。大率十里一亭，亭有長。十亭一鄉，鄉有三老，有秩、嗇夫、游徼。三老掌教化。嗇夫職聽訟，收賦稅，游徼徼循禁賊盜。縣大率方百里，其民稠則減，稀則曠，鄉、亭亦如之，皆秦制也。

所謂亭者，有居舍，如今之公署。霸陵尉止李廣宿亭下，張禹奏請平陵肥牛亭部處，上以賜禹，徙亭他所。而《漢書》注云：「亭有兩卒，一為亭父，掌開閉掃除。一為求盜，掌逐捕盜賊」，是也。又有城池，如今之村堡，《韓非子》：「吳起為西河守，秦有小亭臨境，起攻亭一朝而拔之」，〈匈奴傳〉：「見畜布野而無人牧者，怪之，乃攻亭」，是也。又有人民，如今之鎮集，漢封功臣有亭侯，是也。（《日知錄》卷二十二。）

漢少吏亦以次遷。《漢官儀》云：「就田里民應令選為亭長。」《史記・田叔列傳》，褚先生云：「任安為求盜亭父，後為亭長，後為三老，舉為三老，舉為親民，出為三百石長治民。」《漢書・朱博傳》：「以亭長為功曹。」〈朱邑傳〉：「以嗇夫為太守卒史。」〈張敞傳〉：「以鄉有秩補太守卒史。」其階由里魁、亭父而亭長。亭長或為功曹，或為游徼。由游徼而嗇夫、鄉三老。由嗇夫、鄉三老而縣三老。或為縣門下游徼，或為郡太守卒史。郡太守卒史百石。鄉三老惟郡署者百石，〈趙廣漢傳〉：「奏請長安游徼秩百石」，他游徼不百石也。（俞正燮《癸巳類稿・少吏考》。）又按《莊子・達生篇》，孫休賓於鄉里，逐於州部。〈楚策〉：汗明見春申君，曰：僕之不肖，阨于州部。《管子・小匡》，鄉長進德修賢，名之曰三選，罷士無伍。《韓非・問田》，闕於州部。是鄉選之制，亦由戰國來。）

少吏之職，舉其要者，約有四。其一用以徵調軍旅，其一用以知戶口賦稅，其一以察姦弭盜，其一用為官役。（均詳俞氏〈少吏考〉。）而少吏之間，亦多賢才。如新城三老董公，遮說漢王為義帝發喪，壺關三老茂，上書明戾太子冤，皆見稱史冊。（〈高紀〉及〈倉頡碑〉陰有縣三老，〈袁良碑〉及《後書・王景傳》尚有郡三老、國三老。董公與茂皆縣三老也。）文帝詔三老，各率其意以道民。則朝廷之於鄉少吏，禮意亦甚優異矣。三老嗇夫，治行尤著者，可累擢至大官。而朱邑自舒桐鄉嗇夫官至大司農，病且死，屬其子曰：「我故為桐鄉吏，其民愛我，必葬我桐鄉。後世子孫奉嘗（蒸嘗之嘗也。）我，不如桐鄉民。」及死，其子葬之桐鄉西郭外，民共為起冢立祠，歲時祠祭不絕。即此可見漢時地方風俗之醇，吏治之美。蓋由其時政制，猶未全脫古人封建時代之遺意，轉使地方有自由自治之權，不必一一關其上。故在上者得以無為為治，與民休息，而民間亦以少受在上者政治之侵擾，而得自力於其切身利弊之興革。而賢才長者，亦往往雜出於其間。不如後世中央之政權日大，地方政權日削。一國之俊傑人才，相率趨於朝廷，而地方之吏治日壞。亦以地方自由自治之權既小，雖有長才，亦無所施，而朝廷長官，遂亦惟可徒勞於文書簿籍之間。循至於捨徵租督役之外，乃無地方政務可言也。

四、西漢之刺史

漢代地方行政之權，全在一郡之太守，無異於往古封建之諸侯。而中央朝廷，則特設官以監察之。其制亦始於秦。〈百官表〉：

監御史，秦官，掌監郡。漢省，丞相遣史分刺州，不常置。武帝元封五年初置部刺史，掌奉詔條察州，秩六百石，員十三人。

師古引《漢官典職儀》云：

刺史班宣，周行郡國，省察治狀，黜陟能否，斷治冤獄，以六條問事，非條所問，即不省。一條，強宗豪右田宅踰制，以強淩弱，以眾暴寡。二條，二千石不奉詔書遵承典制，倍公向私，旁詔守利，侵漁百姓，聚歛為姦。三條，二千石不卹疑獄，風厲殺人，怒則任刑，喜則淫賞，煩擾刻暴，剝截黎元，為百姓所疾，山崩石裂，祅祥訛言。四條，二千石選署不平，苟阿所愛，蔽賢寵頑。五條，二千石子弟恃怙榮勢，請託所監。六條，二千石違公下比，阿附豪強，通行貨賂，割損正令。

其間第一條，察豪宗強右，下五條，皆察二千石。鮑宣為豫州牧，以聽訟所察過詔條，被劾。（見〈本傳〉。）翟方進為朔方刺史，居官不煩苛，所察應條，輒舉。（見〈本傳〉。）是刺史惟以六條察郡國，其他守令事，刺史不當與也。

然考當時居此官者，頗以督察藩國為事。如：

〈高五王傳〉，青州刺史奏淄川王終古罪。〈文三王傳〉，冀州刺史林奏代王年罪。〈武五子傳〉，青州刺史雋不疑知齊孝王孫劉澤等反謀，收捕以聞。（亦見〈不疑傳〉。）又昌邑王賀封海昏侯，揚州刺史柯奏其罪。〈張敞傳〉，拜冀州刺史，既到部，而廣川王國群輩不道，賊發不得，敞圍王宮搜得之。捕格斷頭，懸王宮門外。因劾奏廣川王，削其戶。蓋自賈誼在文帝時，已慮諸國難制。吳楚反後，防禁益嚴。部刺史總率一州，故以此為要務。（王鳴盛《十七史商榷》。）

從知武帝分部設刺史之初旨，亦欲裁抑封建餘勢，以謀中央政權之廣大。《漢儀》云云，自據後事言之，部刺史之初設，用意或不盡在此也。

刺史統轄一州，其所轄州中郡國守相，皆為屬官，得彈劾。如：

〈魏相傳〉，相為揚州刺史，考案郡國守相多所貶退。〈何武傳〉，武為刺史，所舉奏二千石長吏，必先露章。服罪者，虧除免之。不服，極章奏之，抵罪或至死。〈王嘉傳〉云，司隸、部刺史，察過悉劾，二千石益輕。或持其微過，言於刺史、司隸。眾庶知其易危，小失意則離畔，以郡相威權素奪也。〈京房傳〉，房奏考功課吏法，元帝以房為魏郡太守，得以考功法治郡，房自請願無屬刺史，可見守相畏刺史如此。〈朱博傳〉，為冀州刺史行部，吏民數百人遮道自言，博使從事勅告，吏民欲言縣丞尉者，刺史不察黃綬，（丞尉職卑，皆黃綬。）各自詣郡。欲言二千石墨綬長吏者，使者行部還，詣治所，（刺史所止理事處。）其所彈劾如是。而所舉薦，則如〈王褒傳〉，王襄為益州刺史，使褒作中和、樂職、宣布詩，奏褒有軼才。〈王莽傳〉，莽風公卿奏言州郡所舉茂才異等吏，率多不稱。是刺史有舉揚人才之任，亦可見其權重矣。（王鳴盛《十七史商榷》。）

然刺史秩僅六百石。（〈百官表〉。）每歲以秋分行部，（師古引《漢官舊儀》。）歲盡，詣京都奏事。（〈翟方進傳〉師古注。）依故事，居部九歲，乃得遷相。（〈朱博傳〉。）

黃霸、陳咸、張敞、王尊、馬宮，皆由刺史為太守。〈馮奉世傳〉，子參，由渭陵寢中郎超遷代郡太守。中郎出為太守云超遷，而刺史則多有以卑秩得之者，故京房請以中郎補是職。〈孔光傳〉云，博士選高第為尚書，次乃為刺史。而滿宣由謁者為冀州刺史，（見〈賈捐之傳〉。）張敞由太僕丞出為豫州刺史，（見〈本傳〉。）皆以朝臣卑者充之。其內遷，則如翟方進、何武，僅得為丞相司直，特丞相之門下屬官耳。王尊為郿令，遷益州刺史，（見〈本傳〉。）令可以徑遷刺史，亦由秩卑故也。（《十七史商榷》。翟方進為丞相，更置州牧，秩真二千石，位次九卿。九卿缺，以高第補。哀帝時朱博奏罷之，置刺史如故。）

蓋秩卑則其人激昂，權重則能行志。（劉元城《語錄》。）然刺史雖權重，又內隸於御史中丞。〈百官志〉：

御史中丞在殿中蘭臺，掌圖籍秘書，外督部刺史，內領侍御史，員十五人。受公卿奏事，舉劾按章。

是也。此其內外相維小大相制之意，可謂甚美。凡此皆漢代官制之大略可論者也。

第五節　西漢之封爵

漢之官制率本於秦，而漢復有封爵，其制亦自秦沿襲而來。〈百官表〉：

爵一級，曰公士。二，上造。三，簪裊。四，不更。五，大夫。六，官大夫。七，公大夫。八，公乘。九，五大夫。十，左庶長。十一，右庶長。十二，左更。十三，中更。十四，右更。十五，少上造。十六，大上造。十七，駟車庶長。十八，大庶長。十九，關內侯。二十，徹侯。皆秦制。

〈續志〉劉昭注引荀綽晉〈百官表〉注曰：

古者天子寄軍政於六卿，居則以田，警則以戰，……秦依古制，其在軍賜爵為等級，其帥人皆更卒也，有功賜爵，則在軍吏之例。自一爵以上至不更四等，皆士也。大夫以上至五大夫五等，比大夫也。……一爵曰公士者，步卒之有爵為公士者。二爵曰上造。造，成也。古者成士升於司徒，曰造士，雖依此名，皆步卒也。三爵曰簪褭，御駟馬者。要褭，古之名馬也。駕駟者，其形似簪，故曰簪褭也。四爵曰不更。不更者，為車右，不復與凡更卒同也。五爵曰大夫。大夫者，在車左者也。六爵以上至九爵為五大夫，皆軍吏也。吏民爵不得過公乘者，得貰與子若同產。公乘者，軍吏之爵最高者也，雖非臨戰，得公卒車，故曰公乘也。（按：民爵所以不得過公乘者，因五大夫以上當復除也。）十爵左庶長以上至大庶長，皆卿大夫，皆軍將也。所將皆庶人、更卒也。故以庶更為名。大庶長，即大將軍也，左右庶長即左右偏裨將軍也。

蓋商鞅變貴族世襲之封建為軍國，即觀其二十等爵而可知矣。《韓非子》：

斬一首者爵一級，欲為官者，為五十石之官。斬二首者爵二級，欲為官者，為百石之官。

據此，則里魁亭長所謂少吏，殆多由爵士任之。而爵則由軍功來，此與朝廷以軍功封侯，非封侯不得為丞相，皆可見其時一切政制，乃初由封建貴族進而為軍國組織之一種遺影也。高祖詔縣三老勿復繇戍，是鄉三老以下，仍不免戍役。又文帝時，晁錯言五大夫乃得復一人。豈第九級爵略當於縣三老乎。要之漢初封侯，率由軍功，其地方吏亦與軍爵相通，未脫秦人以軍制國之遺意。自武帝後而此風亦變，因並附於此，見漢政先後不同之一端焉。

第七章　王莽之新政

第一節　王莽之篡漢

秦并六國，創統一之新局。不二十年而漢興，開後世以征誅得天下之始。漢室傳世二百載，而王莽篡位，開後世以禪讓得天下之始。然漢高君臣，遵循秦法，勿能有所興革。王莽銳意復古，欲舉秦漢以來二百餘年相沿之成法，一變而返之於《詩》、《書》六藝所稱述之上世。然亦不二十年而覆亡。惟秦祚雖移，而秦之政制仍行於漢。新室既敗，而新廷所欲建樹者均滅。然其當時措施之意，則亦治史者所不可不考而知也。

一、外戚地位之憑藉

漢之初興，一時握權柄者，盡屬軍伍同起之功臣，在外則為封王，在朝則為卿宰。及高祖夷滅異姓諸王而代以劉氏，於是內朝為功臣，而外封為宗室。其時諸呂頗為劉助，實以外戚而兼功臣也。高后之崩，功臣宗室相依而剷諸呂，外戚一系遂斷。文景兩朝，內則諸老功臣及其嗣侯相繼秉政，外則宗室同姓互為覬覦。以文景兩帝因應之宜，宗室諸王分析敗亡，俯首聽命。而功臣卿宰，亦斂手退讓，歸其權重。故自武帝時而漢之為漢者乃定，而中央帝室之尊嚴始確立。武帝以雄才大略，拔公孫宏起徒步，為相封侯。公孫宏前後，雖仍不脫以前功臣嗣侯為卿宰之舊例。然昭宣以下為相者，則多由書生平地拔起，大率拜相始侯，不限於侯者而始得為相矣。惟相臣之權重威望，亦因此頗見輕減。而且政治既上軌道，民生樂業，四裔無事，兵革不起，即功臣一系亦漸滅。天下之重，帝皇孤立於上，則必有與共者。於是昭宣以來，朝廷大權，遂無意中仍流入外戚一系之手。霍光自武帝時受遺詔輔政，昭帝不壽，在位十三年（年二十三。）而崩。昌邑王賀，入嗣大位，百日見廢。並殺其群臣二百餘。出死，號呼市中，曰：「當斷不斷，反受其亂。」則霍氏在當時，權勢之重，不啻諸呂，而猶過之也。霍光死，宣帝盡誅霍氏，乃用許、（妻黨。）史。（母黨。）臨崩，亦詔以祖母史良娣子高，受遺詔輔政。霍光在時，嘗從驂乘，帝嚴憚之，若有芒刺在背。乃今所以為其子謀者，仍不免以外戚為輔。良以同姓宗室，宜於封建，不宜於內朝為輔政。功臣嗣侯，數世而衰，亦難繼盛。白徒孤仕，威信均有不孚。故君主政體之演進，當宗室封建，功臣世襲，兩途衰絕，乃折而入於外戚之代興，此亦趨勢之自然，有所必至也。自是以後，元帝任許、史，成帝任王氏，哀帝任丁、傅，平帝仍任王氏，皆以外戚擅權。其間有宦者，如元帝之信弘恭石顯，有師傅，如元帝之相蕭望之，成帝之相張禹，哀帝之相師丹，雖亦親幸，勢終不敵外家。而王氏自成帝時，王鳳以元舅為大司馬大將軍秉政，諸舅譚、商、立、根、逢時，同日封侯。世謂之五侯。子弟分據勢要，郡國守相刺史皆出門下。王氏一姓，乘朱輪華轂者二十三人。王鳳既卒，從弟音，及商、根，相繼當國。根病免，莽以從子繼四父執政。及哀帝即位，中廢。哀帝在位僅六年，二十三歲而崩，無子，丁、傅二后皆先卒，太皇太后（元帝后王氏。）仍詔莽為大司馬，迎立平帝。而王氏遂重握朝柄。莽之篡漢，其憑藉於外戚之勢者，至厚至重，此其所由以默移漢祚，而使人心相安於不自覺也。

二、王莽之名譽

至論莽之為人，在當時，亦實有足以見信重者。史稱：

莽家凡九侯五大司馬，唯莽父曼，蚤死不侯。莽群兄弟，皆將軍五侯子，乘時侈靡，以輿馬聲色佚游相高。莽獨孤貧，因折節為恭儉。受禮經，師事沛郡陳參，勤身博學，被服如儒生。事母及寡嫂，養孤兄子，行甚敕備。又外交英俊，內事諸父，曲有禮意。

年三十，當世名士，咸為莽言，得封新都侯。（成帝永始元年。）莽：

爵位益尊，節操愈謙。散輿馬衣裘，振施賓客，家無所餘。收贍名士，交結將相卿大夫，故在位更推薦之。

嗣以白太后姊子淳于長罪過，長伏誅。莽擢為大司馬，繼四父輔政。時年三十八。（綏和元年。）

遂克己不倦，聘諸賢良以為掾史。賞賜邑錢，悉以享士，愈為儉約。母病，公卿列侯遣夫人問疾，莽妻迎之，衣不曳地，布蔽膝，見之者以為僮使。問知其夫人，皆驚。

及哀帝即位，莽移病自免讓丁傅，公卿大夫多稱之。

> 莽在國三歲，吏上書訟莽冤者以百數。

會哀帝不壽，莽遂復起。史言：

> 王莽始起外戚，折節力行，以要名譽。宗族稱孝，師友歸仁。及其居位輔政，成、哀之際，勤勞國家。直道而行，動見稱述。……又乘四父歷世之權，遭漢中微，國統三絕，（成、哀、平。）而太后壽考，為之宗主，（自孝元元年立為后，至平帝卒，凡歷四世，五十三年。）故得……成篡盜之禍。推是言之，亦天時，非人力之致矣。

此言可謂得當時之真相。

三、王莽居攝前政治上之措施

然王莽所以得舉世人心之歸嚮，而安移漢祚於廟廊之間，其事固不止如上述門第之鼎盛，制行之謹飭而已也。蓋莽之所以震動一世之視聽，而得時人之信仰者，尤在其對於政治上之主張。其最先措施，猶在成哀之際，莽為大司馬時。〈哀帝紀〉，帝以綏和二年四月即位，六月，即下詔議田宅奴婢限列。詔曰：

制節謹度，以防奢淫，為政所先。……諸侯王、列侯、公主、吏二千石及豪富民多畜奴婢，田宅亡限，與民爭利。百姓失職，重困不足，其議限列。

有司條奏：

諸王、列侯得名田國中，列侯在長安及公主名田縣道，關內侯、吏民名田，皆無得過三十頃。

諸侯王奴婢二百人，列侯、公主百人，關內侯、吏民三十人。年六十以上，十歲以下，不在數中。

賈人皆不得名田、為吏。

犯者以律論。諸名田畜奴婢過品，皆沒入縣官。

齊三服官、諸官織綺繡，難成，害女紅之物，皆止，無作輸。

除任子令及誹謗詆欺法。

掖庭宮人年三十以下，出嫁之。官奴婢五十以上，免為庶人。

禁郡國無得獻名獸。

益吏三百石以下奉。

察吏殘賊酷虐者，以時退。

有司無得舉赦前往事。

博士弟子父母死，予寧三年。

今按：哀帝以元帝庶孫入承大統，即位，年十九。自四月即位至六月，未滿兩月，而先下詔罷樂府，繼以議田宅奴婢限列，此決非出哀帝之意，而自有為之主者。有司條奏諸端，皆極大善政。以漢家故事言之，惟武帝初即位，詔舉賢良，以丞相言罷治申、韓、蘇、張之言者一事，差為近之，然猶遠不能相比並，其他更不論也。然〈帝紀〉並不言主其事者何人。〈食貨志〉乃謂：

哀帝即位，師丹輔政，建言：「古之聖王莫不設井田，然後治乃可平。孝文皇帝承……兵革之後，……務勸農桑，帥以節儉，民始充實，未有并兼之害，故不為民田及奴婢為限。今累世承平，豪富吏民訾數巨萬，而貧弱俞困。……宜略為限。」天子下其議。丞相孔光、大司空何武奏請：「諸侯王、列侯皆得名田國中。列侯在長安，公主名田縣道，及關內侯、吏民名田皆毋過三十頃。諸侯王奴婢二百人，列侯、公主百人，關內侯、吏民三十人。期盡三年，犯者沒入官。」時田宅奴婢賈為減賤，丁、傅用事，董賢隆貴，皆不便也。詔書且須後，遂寢不行。

是謂其事主於師丹、孔光、何武。然大司馬王莽病免，以師丹為大司馬，事在七月。議田宅奴婢限列在六月，則其時輔政者，乃王莽，非師丹也。王莽為大司馬當國，在綏和元年十一月，二年三月成帝崩，相去五月耳。莽蓋不暇有所建白。及哀帝以藩王弱冠，入承大統。莽居中朝，內仗太皇太后之尊，方謂可以大有所興革。即據其議田宅奴婢限列條奏諸端，已可見其時王莽政治抱負之一斑。孔光、何武、師丹，亦承莽意云云耳。而哀帝在王國，已不滿王氏僭盛。及即位，遽封拜丁、傅，期奪王氏權。莽遂乞退，帝亦聽之。時莽方以奏言淳于長罪過得政，不失為忠直。以避丁、傅退位，不失為磊落。而為大司馬前後八月，所建議雖不行，要其所以得天下之人望者，則實在於斯矣。

據〈貨殖傳〉：

成、哀間，成都羅裒訾至鉅萬。臨菑姓偉，訾五千萬。

成、哀、王莽時，雒陽張長叔、薛子仲訾亦十千萬。

自元、成訖王莽，京師富人杜陵樊嘉，茂陵摯網，平陵如氏、苴氏，長安丹王君房，豉樊少翁、王孫大卿，為天下高訾。樊嘉五千萬，其餘皆鉅萬矣。

此言以貨殖積貲致富者。至朝廷公卿仕宦之家，據〈王嘉傳〉：

孝元皇帝……都內錢四十萬萬，水衡錢二十五萬萬，少府錢十八萬萬。……賞賜節約。是時外戚貲千萬者少耳，故少府水衡見錢多也。……寵臣淳于長、張放、史育，育數貶退，家貲不滿千萬。

〈佞幸傳〉則稱：

石顯賞賜及賂遺訾一萬萬。

淳于長賂遺賞賜，亦累鉅萬。

董賢旬月間賞賜累鉅萬。……死後……縣官斥賣董氏財，凡四十三萬萬。

〈元后傳〉稱：

王氏五侯群弟，爭為奢侈，賂遺珍寶，四面而至。後庭姬妾，各數十人，僮奴以千百數。

蓋漢自昭宣以來，休養生息，元氣漸復。神爵五鳳之間，天下殷富，（〈王褒傳〉語。）不啻武帝之全盛。元成因之，未能有所制限。社會財富，一任其自然為發展，自易走入鉅富極貧之境。時雖中朝一統，外無強國，而外戚佞幸，奢僭淫放，則較往者封王亦不殊。於是前朝賈、晁、董生所扼腕嘆息之現象，乃一一重見。而一時學者，如王吉、貢禹之徒，乃復盛唱制節謹度之議。元帝時，貢禹言官奴婢十餘萬，游戲亡事，稅良民以給，乏藏費五六鉅萬，宜免為庶人。（〈禹傳〉。）成帝永始四年詔，公卿列侯，親屬近臣，多畜奴婢，被服綺縠，車服過制。申敕有司，以漸禁之。是皆綏和元年下詔議奴婢限列之先聲。至限民名田，董仲舒已早為武帝言之。元光中，曾令賈人有市籍，及家屬，皆無得名田，以便農。至是乃推及諸王列侯吏二千石，蓋即遙師仲舒之意。除任子令，其議創自王吉。其他如：

元帝初元元年，令諸宮館希御幸者勿繕治，太僕減穀食馬，水衡省肉食獸。二年，詔罷黃門乘輿狗馬，水衡禁囿，宜春下苑，少府佽飛外池。嚴籞池田，假與貧民。四年，令太官所具各減半，……罷角抵，……齊三服官。……博士弟子毋置員，以廣學者。

（是年貢禹卒。）

此等意見，皆自貢禹發之。議田宅奴婢限列前，先詔罷樂府，此議亦王貢所唱。及哀帝永始四年，詔曰：

聖王明禮制以序尊卑，異車服以章有德。雖有其財，而無其尊，不得踰制，故民興行。……方今世俗，奢僭罔極，靡有厭足。公卿列侯，親屬近臣，四方所則，未聞修身遵禮，……或乃奢侈逸豫，……車服嫁娶葬埋過制，吏民慕效，寖以成俗。

此可徵當時以時平世泰，奢風日熾。而制節謹度之意，實一時上下所共希。王莽所抱政治理想，亦自此等時代背景及時代思潮下醞釀而來，並無足異。惟莽出王氏極盛之門第，而奉王、貢書生謹節之論，修己治人，堅守敢為，此則不易得耳。

然綏和二年限列之議，不久即廢。〈王嘉傳〉謂：「詔書罷苑，而以賜賢（董賢。）二千餘頃，均田之制從此墮壞。」是也。及哀帝崩，董賢見誅，王莽重柄朝政，平帝元始三年，莽奏車服制度，吏民養生、送終、嫁娶，奴婢、田宅、器械之品。蓋即承綏和二年夙議。及莽既篡漢，始建國元年，下詔禁買賣田宅奴隸有云：

> 予前在大麓，始令天下公田口井，時則有嘉禾之祥，遭反虜逆賊且止。

即指此而言也。

王莽行政，重禮制，恤民生，著眼於社會經濟，其本原皆出於王、貢，而其病則在拘古。此即王、貢亦不免。其最著者莫如改幣制一事。〈食貨志〉：

> 王莽居攝，變漢制，以周錢有子母相權，於是更造大錢，……重十二銖，文曰「大錢五十」。又造契刀、錯刀。……契刀五百。錯刀，以黃金錯……「一刀直五千」。與五銖錢凡四品，並行。

〈莽傳〉，謂莽既改幣制，民多盜鑄者。並禁列侯以下不得挾黃金，輸御府受直。今按排斥黃金之論，遠自鼂錯已言之。而貢禹主之尤力。禹言：

古者不以金錢為幣，專意於農。故一夫不耕，必有受其飢者。今漢家鑄錢采銅，一歲十萬人不耕。民坐盜鑄，陷刑者多。富人藏錢滿室，猶無厭足。商賈求利，不出租稅。民棄本逐末，耕者不能半。貧民雖賜之田，猶賤賣以賈。窮則起為盜賊，姦邪不可禁，其原皆起於錢。宜罷采珠玉金銀鑄銀錢之官，毋復以為幣。除其販賣租銖之律。租稅祿賜，皆以布帛及穀，使百姓一意農業。復古道便。（兼採〈禹傳〉及〈食貨志〉。）

時議者以為交易待錢，布帛不可尺寸分裂，禹議亦寢。後哀帝時，復有上書言：

古者以龜貝為貨，今以錢易之，民以故貧。宜可改幣。（見〈師丹傳〉。）

是當時頗有主取消錢幣，以復古而利民者。蓋田宅奴婢之賣買，其事起於貧富不均。貧富不均，則因於商人階級之崛起。而商賈之所挾以牟利而為兼并之資者，則為貨幣。故求均貧富，抑兼并，而徒為田宅奴婢議限列，其事尚非根本辦法。而當時人之見解，則頗有以廢金銀貨幣為抑兼并均貧富之根本辦法者。莽茲所為，亦師其意。而推行尚有漸。禁列侯以下挾黃金，即為廢金幣之初步。明與議田宅奴婢限列，同出一意，皆求抑兼并，均貧富，勸農桑，厚民生。遠承賈、晁、董生，近師王、貢。推本古昔，著意小民。其意不可謂不美，惟其智則甚見其為迂固耳。

當時所謂禮制，亦有並不關涉民生，而徒以稽古為尚者。漢自武帝以來，始有甘泉泰畤，汾陰后土，祭祀天地。韋玄成、匡衡等主徙甘泉、汾陰祀於長安南北郊，（竟寧元年。）自匡衡以後三十餘年，凡五徙五復，此亦漢廷一大爭議。至莽時，卒奏定南北郊之禮。（元始四年。）又如貢禹倡毀廟之說，孔光、何武、劉歆諸人，迭有論奏。（綏和二年。）至莽而奏尊孝宣廟為中宗，孝元廟為高宗，上承劉歆勿毀武帝廟為世宗，以符殷三宗之序。（元始四年。）劉向卒年奏興辟雍，會成帝崩，事不果，而群臣引以定謚。及莽，乃奏立明堂辟雍，並立《樂經》博士，以足六經之數。（元始四年。）又元始元年放鄭聲，五年，徵天下通知音律者。成帝時，詔劉向校中秘書，而使謁者陳農求遺書於天下。（河平三年。）及劉歆繼之，爭立古文《尚書》、《逸禮》、《左氏春秋》諸博士。（建平元年。）莽時，益徵天下通知逸經、古記、天文、曆算、鐘律、小學、史篇、文字者皆詣公車。（元始五年。）凡此皆見漢廷自昭宣以下，稽古之風日盛，而王莽乃亦順應此潮流以得美譽。平帝卒，莽定吏六百石以上服喪三年之禮。莽之信古敢為，不顧輿情率如此。莽之長處得人尊信者在此，其短處卒以召亂致敗，亦在此也。

莽之為政，亦有並不關涉禮制，而徒以慕古為尚者。此亦承當時風氣而來。如何武、翟方進等主改三公官名，以御史大夫為大司空，又罷刺史，更置州牧。（綏和元年。）及朱博奏罷之，復御史大夫刺史如故。（建平二年。）其後又立三公，（元壽二年。）及莽當國，遂置羲和官，（元始元年。）更定官名及十二州界。（元始四年。）史稱：

更公卿大夫八十一元士官名位次，及十二州分界郡國所屬，罷置改更，天下多事，吏不能紀。（〈平帝紀〉。）

此等事實無意義，徒滋紛擾。亦如變更幣制，皆刻意泥古，自生厲階。而莽自為宰衡，繼稱居攝，終乃受禪，其所以移漢祚，亦自當時刻意慕古之風氣下得之也。

四、禪讓論之實現

王莽既以外戚，四世當國，權重莫比。而其為政措施，又有以合夫一時學者之議論，以深中於民間之所想望。而漢世經學相傳符瑞災異、三統五德、禪國讓賢之說，亦足為王莽篡漢一大助。

哀帝建平二年六月，待詔夏賀良等言：「赤精之讖，漢家歷運中衰，當再受命，宜改元易號，大赦天下，以建平二年為太初元將元年。號曰陳聖劉太平皇帝。」後月餘，賀良等議欲變政，大臣爭以為不可，賀良等下吏伏誅。今考陳聖劉者，以時人皆言漢為堯後，漢運既衰，以五德終始之說推之，繼起者自應為舜後。今漢帝自稱陳聖劉，陳即舜後，蓋藉其名以為厭勝也。然改號未久，賀良等即繼之以議變政，蓋依漢世經生受命改制之理論言之，新王受命，自當改制以應符瑞。當時雖閭閻無事，邊圉差安，而漢廷政治，已如秋果之熟，不擊將自墜。人心向倦，無可維繫，皆求一變故常以為快。故自昭宣以下，言禪國讓賢伏誅者屢有其人，而恬不知戒。漢廷亦習聞生信，至於改號陳聖劉太平皇帝，自謂可以禳災降福，太平無禍，其事儼如兒戲。惟賀良等所議欲變之法，疑必有荒誕甚不經者，故為諸大臣所力爭而中輟。蓋晚漢學風，一言禮制，淵源魯學，重恤民生。一言災異，本自齊學，好測天意。王莽論政源自王、貢，亦魯學禮制之遺風，後更緣飾以五德符瑞之讖，以齊學為助瀾。二流同匯，又濟之以外戚之權籍，遂移漢祚。其間因果至複雜，固非盡王莽一人之姦詐，所得以成事也。

第二節　王莽始建國後之政治

王莽既受禪，始建國元年，即下令禁買賣田宅奴婢。其詔曰：

> 古者，……一夫一婦田百畝，什一而稅，則國給民富而頌聲作。……秦……壞聖制，廢井田，是以兼并起，貪鄙生，強者規田以千數，弱者曾無立錐之居。又置奴婢之市，與牛馬同蘭。……繆於「天地之性人為貴」之義。……漢氏減輕田租，三十而稅一，常有更賦，罷癃咸出，而豪民侵陵，分田劫假。厥名三十稅一，實什稅五也。……故富者……驕而為邪；貧者……窮而為姦。俱陷於辜，刑用不錯。予前在大麓，始令天下公田口井，……遭反虜逆賊且止。今更名天下田曰「王田」，奴婢曰「私屬」，皆不得買賣。其男口不盈八，而田過一井者，分餘田予九族鄰里鄉黨。故無田，今當受田者，如制度。敢有非井田聖制……者，投諸四裔。

此詔用意本甚是。凡今世所唱土地國有均產廢奴諸說，莽詔中皆及之。然非常之原，黎民所懼。社會經濟，有其自然生長之過程，亦有其相當合理之背景。今欲以在上者之一紙詔令，一旦為之改絃而更張，其勢有所不能。史稱其時：

> 坐賣買田宅奴婢鑄錢，自諸侯卿大夫至於庶民，抵罪者不可勝數。

其後三年，始建國四年，有中郎區博諫曰：

> 井田雖聖王法，其廢久矣。……秦……順民之心，……滅廬井而置阡陌。……訖今海內未厭其敝。今欲違民心，追復千載絕跡，……無百年之漸，弗能行也。天下初定，萬民新附，誠未可施行。

莽遂下書重令民得買賣田及奴婢。自是均田、廢奴之制卒不行。惟天鳳四年，調上公以下諸有奴婢，率一口出錢三千六百。則仍寓懲禁之意。然其時社會勢力既尚在富民豪家之手。則此等政令，實並不足示惠於奴婢，而僅足以招怨於豪民。民心已去，一切全敗。為政者徒有美意，不明時勢，不講法術，亦僅以致亂而兩損耳。然至光武時屢詔免奴，（趙翼《廿二史劄記》有「光武多免奴婢」條。）實受莽政影響。則莽政雖在身後，亦猶有效應也。

莽政關涉民生最切者，公田廢奴之外，厥為幣制。漢自孝武時（元狩五年。）鑄五銖錢，迄於平帝元始，無所變改。莽始更造大錢、契刀、錯刀，與五銖四品並行。及始建國元年，罷錯刀、契刀及五銖錢，更作小錢，直一，與五十者為二品並行。以防民盜鑄，乃禁不得挾銅炭。翌年，始建國二年，又造寶貨五品。〈食貨志〉：

> 莽更作金、銀、龜、貝、錢、布之品，名曰寶貨。……錢貨六品，……銀貨二品，……龜寶四品，……貝貨五品，……布貨十品，凡寶貨五物六名二十八品。……百姓憒亂，其貨不行。……農商失業，食貨俱廢，民涕泣於市道。

此蓋最為莽之秕政矣。夫龜、貝、布貨，已成芻狗，豈得仍與錢幣同行。莽徒知慕古，不通物情，迂愚如此。然亦遠自晁錯，近自貢禹，漢廷學者，存此想者非一人。彼輩知豪民兼并之可恨，貧富不均之可慮，而不知所以為消弭之術，乃歸罪於金銀貨幣。謂廢金錢，革貨幣，則富民之所挾以為兼并者失其資。而不悟社會生事，牽涉至廣，拔其一髮，痛及全身。而況幣制，尤為民間生業所繫至巨微妙之一事。豈得以一二人，不察民間實況，不通社會真情，空依古代文字記載，強為變易。甯有不大為擾民之理。而王莽強志敢為，遂以鑄此大錯也。始建國五年，以犯挾銅炭者多，除其法。明年天鳳元年，又改大、小錢為貨泉、貨布。〈食貨志〉：

> 天鳳元年，復申下金銀龜貝之貨，頗增減其賈直，而罷大小錢。改作貨布，……重二十五銖，直貨泉二十五。貨泉，……重五銖，……枚直一，與貨布二品並行。又以大錢行久，罷之，恐民挾不止，乃令民且獨行大錢，與新貨泉俱枚直一並行。盡六年，毋得復挾大錢

> 矣。每壹易錢，民用破業而大陷刑。及地皇元年，（此據〈莽傳〉。）莽以私鑄錢死及非沮寶貨投四裔，犯法者多，不可勝行，乃更輕其法。私鑄作泉布者，與妻子沒入為官奴婢。吏及比伍知而不舉告，與同罪。非沮寶貨，民罰作一歲，吏免官。犯者愈眾，及五人相坐皆沒入。郡國檻車鐵鎖，傳送長安鍾官，（主鑄錢者。）愁苦死者什六七。

可知改革幣制，為莽政始終擾民一大端也。

王莽之行公田，廢奴婢，改貨幣，其初意皆在抑兼并，齊眾庶，而行之不免於擾民。以此等皆牽涉民間生業，未可以政府一紙詔令，強為驟易也。其用意相類者，尚有六筦之令。其事在始建國二年。所謂六筦者：一鹽，二酒，三鐵，四名山大澤，五錢布銅冶，六五均賖貸是也。五均賖貸，其議起於劉歆，見〈周官〉泉府有賖貸之法，而莽依其意推行之。〈食貨志〉：

> 於長安及五都（洛陽，邯鄲，臨淄，宛，成都。）立五均官。……皆為五均司市師。
>
> 工商能采金銀銅連（鉛。）錫登龜取貝者，皆自占司市錢府，順時氣而取之。
>
> 又以〈周官〉稅民，凡田不耕為不殖，出三夫之稅。城郭中宅不樹藝者為不毛，出三夫之布。民浮游無事，出夫布一匹。不能出布者，冗作，聯官衣食之。

> 諸取眾物鳥獸魚鼈百蟲於山林水澤及畜牧者，嬪婦桑蠶織紝紡績補縫，工匠醫巫祝卜及它方技商販賈人坐肆列里區謁舍，皆各自占所為其在所之縣官，除其本，計其利，十一分之，而以其一為貢。
>
> 敢不自占，自占不以實者，盡沒入所采取，而作縣官一歲。

此其制，略似於武帝時之算緡，而性質頗不同。根據上列諸項，五均殆以徵收一切地稅為主。故凡采礦畜牧坐肆列里區謁舍，工商之就地生利者，五均皆得征其貢。蓋自耕稼以外之凡據地以為利者，胥由五均主之也。其田不耕，宅不樹藝，民浮游無事，此雖不生利，而亦不能無占地，故亦征其稅，乃是寓禁於征之意矣。五均一語，原於〈樂語〉，河間獻王所傳，鄧展注其文云：

> 天子取諸侯之土以立五均，則市無二價，四民常均。（臣瓚注。）

故知五均有稅地之義。蓋古人惟以農為正業，其他則目為姦利。又以為凡生利者必有賴於地。故於田租正稅外，立此五均一稅也。

五均之名，又見於《周書・大聚解》，云：

市有五均，早暮如一。送行逆來，振乏救窮。

莽復師其意，使

諸司市常以四時仲月……，為物上中下之賈，各自用為其市平……。眾民賣買五穀布帛絲綿之物，周於民用而不讎者，均官有以考檢厥實，用其本賈取之，毋令折錢。萬物昂貴，過平一錢，則以平賈賣與民。其賈低賤減平者，聽民自相與市，以防貴庾者。民欲祭祀喪紀無用者，錢府以所入工商之貢但賒之，祭祀毋過旬日，喪紀毋過三月。民或乏絕，欲貸以治產業者，均授之，除其費，計所得受息，毋過歲什一。

此又略似於武帝之均輸，而性質實亦不同。蓋五均所司，在即徵工商之貢稅，而仍為工商謀便益。如定物價，收滯貨，平買賣皆是。其有賒貸，意在振乏救窮，則與征田不耕、宅不樹藝、民浮游無事者，其立法之用意，正為相反而相成也。蓋重利盤剝，亦為兼并一大事。今賒貸由官營治，則子錢家無所牟利。而官家母金，即以徵工商之所得稅充之，此五均一制之大概也。

其他如鹽鐵酒酤之官賣，名山大澤錢布銅冶之由國營，此在武帝時業已先行。武帝尚志在增國庫，王莽則確為抑兼并。後世以成敗論事，乃若莽政一無足取。即如六筦之令，言其用意，亦未為全非矣。史稱其時：

督五均六筦，郡有數人，皆用富賈，……乘傳求利，交錯天下，因與郡縣通姦。多張空簿，府藏不實，百姓愈病。（〈食貨志〉。）

此則弊在奉行之不得其人，是亦改革政制之進程中所時有之現象，不足專為莽病也。其後天鳳四年，莽復下詔重申六筦之令。曰：

夫鹽，食肴之將。酒，百藥之長，嘉會之好。鐵，田農之本。名山大澤，饒衍之藏。五均賖貸，百姓所取平，仰以給贍。錢布銅冶，通行有無，備民用也。此六者，非編戶齊民所能家作，必仰於市，雖貴數倍，不得不買，豪民富賈，即要貧弱。先聖知其然也，故幹之。

（依《通鑑》在此年。）

此詔申述設六筦一制之用意甚顯。用近代人術語說之，此等皆是一種國家社會主義政策之推行也。

然莽之推行此等政策，則仍多有流弊。史稱：

每一筦下，為設科條防禦，犯者罪至死，吏民抵罪者寖眾。……納言馮常，以六筦諫，莽大怒，免常官。（〈莽傳〉。）

地皇二年，或言羲和魯匡設六筦以窮工商，宜誅以慰天下，莽以百姓怨非故，左遷魯匡為五原卒正。明年，地皇三年，莽以天下畔己，

除井田、奴婢、山澤、六筦之禁，即位以來詔令不便於民者，皆收還之。（〈莽傳〉。）

是莽亦未嘗不悟其所抱政治理想之不克急切推行矣。然莽遣使未發，會光武兄弟已起兵。莽終以覆滅。蓋莽之所禁行，如井田、奴婢、山澤、六筦諸端，皆關涉社會民生之全部。以當時境土之廣，人民之眾，一政府高高在上，於此諸端，苟能精心密慮，推行以漸，猶懼不克濟。今莽徒以志在民生，事慕古昔，遂謂可以一意孤行，企足而待效，則宜乎其種天下之大亂也。

莽之為政，並有全不關涉民生實際，徒以慕古而滋紛擾者。如：

始建國元年，策命群司，置九卿、二十七大夫、八十一元士更諸官名，定諸侯王號皆稱公，四夷僭號稱王者皆更為侯。二年，匈奴單于求故璽，莽不與，遂寇邊。又始建國元年，立九廟。二年，置六經祭酒。四年，下書言巡狩。天鳳元年，依《周官》、《王制》，悉更官名，分州郡。其後歲復變更，一郡至五易名，而復還復其故。每下詔書，輒繫其故名。

其繁碎輕率，拘泥文字，不通情實，有如此。史稱：

莽意以為制定，則天下自平，故銳思於地理，制禮作樂，講合六經之說。公卿旦入暮出，論議連年不決，不暇省獄訟……縣宰缺者，數年守兼……中郎將、繡衣執法在郡國……傳相舉奏。又十一公士分布勸農桑，班時令，……交錯道路……莽……務自攬眾事，有司受成苟免。……又好變改制度，政令煩多……前後相乘，憒眊不渫。莽常御燈火至明，猶不能勝。尚書因是為姦寢事，上書待報者連年不得去，拘繫郡縣者逢赦而後出，衛卒不交代三歲矣。……邊兵二十餘萬人仰衣食縣官愁苦。

此蓋王莽當時致敗之實情也。

又莽制吏祿薄，天鳳三年下詔曰：

歲豐穰則充其禮，有災害則有所損，與百姓同憂喜也。其用上計時通計天下，……即有災害，……以十率多少而損其祿。

於是：

課計不可理，吏終不得祿，各因官職為姦，受取賕賂，以自共給。

此等皆莽之不通政情，故遂以求治者致敗也。

蓋嘗論之，漢儒論災異，而發明天下非一姓之私，當擇賢而讓位。此至高之論也。漢儒論禮制，而發明朝廷措施，一切當以社會民生為歸，在上者貴以制節謹度，抑兼并齊眾庶為務，此又至高之論也。然前者為說，往往失之荒誕。後者之立論，又往往失之拘泥。前說尊天，後議信古，而此二者，皆使其迷暗於當身之實事。莽之為人，荒誕拘泥，兼而有之。竟以是得天下，而亦竟以是失之。然富民豪族之兼并，貧富之不均，社會經濟所形成之階級，起而代古者封建貴族之世襲。惟此一事，厥為西漢二百年最大待決之問題。賈、晁、董生極論於前，王、貢諸儒深唏於後。而漢之諸帝，實鮮有能注意及此，而了解其問題之嚴重者。惟王莽銳意變法，欲舉賈、晁、董生以來，迄於王、貢諸儒之所深慨而極論者，一一見之於實政。此不可謂非當時一傑出之人物。不幸而莽以一書生，不達政情，又無賢輔，徒以文字議論為政治，坐召天下之大亂。而繼此以往，帝王萬世一家之思想，遂以復活，五德三統讓賢禪國之高調，遂不復唱。而為政言利，亦若懸為厲禁。社會貧富之不均，豪家富民之侵奪兼并，乃至習若固然，而新莽一朝井田奴婢山澤六筦諸政，遂亦煙消火滅，一爐不再燃。西漢諸儒之荒誕拘泥。後世雖稍免。而西漢諸儒之高論，後世亦漸少見。是王莽一人之成敗，其所繫固已至鉅。至於其人之賢奸誠偽，猶是對於王莽身後一人之評騭，可無斤斤焉深辨為也。

中國歷代政治得失

本書提要鉤玄，專就漢、唐、宋、明、清五代治法方面，有關政府組織、百官職權、考試監察、財經賦稅、兵役義務，種種大經大法，敘述其因革演變，指陳其利害得失，將歷史上許多專門知識，簡化為現代國民之普通常識，於近代國人對自己的傳統政治、傳統文化多誤解處，一一具體明白的交代，實為現代知識分子所必讀。

八十憶雙親、師友雜憶（合刊）

本書為《八十憶雙親》、《師友雜憶》二書之合編，皆為賓四先生對自己生平所作的記敘。《八十憶雙親》為先生八旬所誌，概述其成長的家族環境、父親的影響和母親的護恃。《師友雜憶》繼述其生平經歷，以饗並世。不僅補前書之不足，使讀者對賓四先生有更完整、更深刻的認識；亦可藉由先生的回憶，了解其時代背景，追仰前世風範。

中國思想通俗講話

本書以「道理」、「性命」、「德行」、「氣運」四題及補文一篇，共五個部分，拈出目前社會習用的幾許觀念與名詞，由此上溯全部中國思想史，並由淺入深地闡述此諸觀念、諸名詞的內在涵義，及其相互會通之點，藉以描繪出中國傳統思想的大輪廓，均足供讀者作更深入的引申思索。

中國史學名著

本書賓四先生剖析《尚書》之真偽、《春秋》之褒貶、「三傳」之異同，申論《史記》之創新體例、《漢書》之編錄原則、《後漢書》及《三國志》之剪裁考量，比較《高僧傳》、《水經注》以及《世說新語》之時代表現特性、「三通」之內容，闡發《資治通鑑》之得失、《明儒學案》及《宋元學案》之價值、《文史通義》之見解；附論古人為學之真，著史、考史、評史之不易，嘆清末民初學絕道喪。

孔子傳

儒學影響中華文化至深，討論孔子生平言論行事之著作，實繁有徒，說法龐雜，本書為賓四先生以《論語》為中心底本，詳列一生行跡，並針對古今雜說，從文化脈絡推論考辨，以務實的治學態度辨明真偽，力求貼近真實的孔子。

人生十論

本書為賓四先生之講演稿合集，由「人生十論」、「人生三步驟」以及「中國人生哲學」等三編匯集而成。所論人生，雖皆從中國傳統觀念闡發，但主要不在稱述古人，而在求古今之會通和合。讀者淺求之，可得當前個人立身處世之要；深求之，則可由此進窺古籍，乃知中國傳統思想之精深，以及與現代觀念之和合。

國家圖書館出版品預行編目資料

秦漢史／錢穆著.－－三版一刷.－－臺北市：東大，2021
面；　公分.－－（錢穆作品精萃）

ISBN 978-957-19-3274-3（平裝）
1. 秦漢史

621.9　　　　110007634

秦漢史

作　　者　錢　穆
發 行 人　劉仲傑
出 版 者　東大圖書股份有限公司
地　　址　臺北市復興北路 386 號 (復北門市)
　　　　　臺北市重慶南路一段 61 號 (重南門市)
電　　話　(02)25006600
網　　址　三民網路書店 https://www.sanmin.com.tw

出版日期　初版一刷 1957 年 4 月
　　　　　二版三刷 2015 年 10 月
　　　　　三版一刷 2021 年 7 月
書籍編號　E620010
I S B N　978-957-19-3274-3

東大圖書公司